왕초보도 때려잡는 영어회화 Upgrade 1

지은이	이상민
펴낸이	이상민
펴낸곳	(주)매드포스터디

초판 1쇄 발행	2019년 8월 1일

개발참여	매드포북스 LAB
	JD Kim
	Jodi Lynn Jones

기획/책임편집	이상민
편집디자인	한지은, 이상민
표지/본문디자인	한지은
일러스트	이동윤

매드포스터디

주소	서울시 성동구 성수일로 89, 906호
이메일	publish@m4study.com
연락처	1661-7661
팩스	(02)6280-7661
출판등록	2010년 11월 2일 제 2010-000054호

값 17,000원
ISBN 979-11-967588-3-7 14740
ISBN 979-11-967588-0-6 14740 (세트)

www.m4books.com
매드포스터디 홈페이지를 방문하시면 MP3 자료를 비롯한
유용한 학습 콘텐츠들을 무료로 이용하실 수 있습니다.

▶▶▶
Getting
Started!
▶▶▶

왕초보도 때려잡는 영어회화

Upgrade 1

이상민 지음

Hello~

!!!

Show'em Who's Boss!

" 머리말

선택이냐, 필수이냐의 차이는 있겠지만, 우리나라 대부분의 사람들이 갖고 싶어 하는 최고의 능력 중 하나에는 반드시 "유창한 영어회화 실력"이 포함되지 않을까 싶어요. 적어도 제 주변에서는 "난 영어회화에 관심 없어.", "우리 애들은 영어회화 못해도 돼."라고 말하는 사람은 못 봤거든요. 이렇게 많은 관심에도, 왜 우린 늘 왕초보 수준에서 벗어나지 못하고 "영어회화 정복"을 매년 새해 목표로 삼게 되는 걸까요?

"영어회화"는 "영어로 이야기를 나누는 것"이에요. 즉, 영어회화를 잘하려면 영어로 말을 많이 해야 하죠. 설마, 말하지 않고도 영어회화 실력을 늘릴 수 있는 방법이 있을 거라고 믿는 분이 계시진 않겠죠? 깊이 생각해보지 않아도 너무나도 분명한 이런 사실에도 불구하고, 주위를 둘러보면 가장 소극적인 "시청 활동"만을 요하는 동영상 강좌에 그토록 원하는 "영어회화 실력 향상"을 의존하는 사람들이 너무나 많은 것 같습니다. 아마도, 가장 익숙하면서도 편한 방법이기 때문에 그렇지 않나 싶어요.

동영상 강좌가 전혀 도움이 안 된다는 건 아니에요. 요즘에는 현지의 생생한 표현을 알려주는 재미 있는 동영상 강좌도 많더군요. 제 말은, "시청"에서 끝나면 안 된다는 거예요. 반드시 자기 입으로 직접 연습해야만 자기 실력이 된답니다. 전쟁에 나가려면 총알이 있어야겠죠? 동영상 강좌 시청은 총알을 비축하는 여러 방법 중 하나일 뿐이에요. 책을 통해서도 총알은 비축할 수 있죠. 문제는, 총알 비축만으로는 전쟁에서 승리할 수 없다는 사실이랍니다.

요즘은 동영상 강좌 서비스를 제공하는 교육업체들도 약간의 훈련 툴을 제공하기도 하고, 아예 훈련 툴을 핵심 서비스로 제공하는 업체들도 있지만, 무엇보다도 가장 좋은 회화학습 방법은 원어민 강사가 있는 어학원을 이용하든, 원어민에게 과외를 받든, 원어민 전화/화상영어 서비스를 이용하든, 어떤 식으로든 원어민과 직접 대화를 나누는 것이 아닐까 싶어요.

『왕초보도 때려잡는 영어회화』, 줄여서 『왕때영』은 원어민과 함께 영어회화를 공부하고자 하는 학습자들을 위해 개발했습니다. 사실, 만드는 과정이 그리 순탄치는 않았어요. 패턴영어처럼 어느 정도 고정된 틀이 있는 타 교재들과는 달리, 회화 교재는 주제마다 가르쳐야 할 방법이 달라서 레슨 마다 어떤 식으로 가르쳐야 할지 고민해야 했는데, 참고로 할 만한 시중 교재들이 딱히 없었거든요. 시중 교재 중 국내 출판사들이 만든 것들은 대부분 수업용 교재가 아닌 독학서였고, 해외 원서 교재들은 매일 조금씩 꾸준히 학습해야 하는 국내 학습자들에겐 약간 아쉬운 부분이 있었어요. 제작 과정 중 많은 우여곡절이 있었지만, 어찌 됐건, 영어교육 사업을 시작할 때부터 지금까지 늘 하나쯤 완성하고 싶었던 영어회화 교재를 이제 마무리하게 되니 정말 속 시원하네요. 『왕때영』이 저처럼 "영어회화 실력은 자기 입으로 직접 연습한 시간에 비례한다."라는 생각을 가진 영어회화 학습자들에게도 동일한 속 시원함을 드릴 수 있길 바랍니다.

이 책의 개발을 위해 함께 고생해주신 JD 선생님과 Jodi 선생님께 감사의 말씀 드립니다. 아울러, 늘 곁에서 큰 힘이 되어주는 제 아내와, 오랜 친구이자 든든한 파트너인 이왕태 이사, 그리고 한 분 한 분 다 언급할 순 없어도 늘 응원해주시고 저희를 위해 기도해주시는 모든 분께도 감사의 말씀 전하며, 모든 영광을 하나님께 돌립니다. 감사합니다.

이 상 민

이 책의 특징

**① 지금 왕때영을 잡은 당신은 초보이며,
왕때영은 바로 당신을 위한 책입니다.**

온라인 영어교육 서비스 중 "회화 학습"에 가장 효과적이라고 할 수 있는 전화/화상영어 분야에서 약 15년간 레벨테스트를 제공하며 쌓인 DB를 살펴보면 학습자들 가운데 약 70%는 8단계 레벨 중 2~3레벨에 속합니다. 즉, 좋게 말하면 "초보", 좀 더 심하게 말하면 "왕초보"란 말이죠. 토익 900점, 문법 박사, 듣기 천재, ... 이런 것들은 전혀 필요 없습니다. 그냥 회화 실력만 놓고 보면, 영어회화 때문에 고민하는 대부분의 학습자들은 초보라고 볼 수 있어요. 그런데도 초보 학습자들은 대부분 이 사실을 인정하지 않아요. 분명, 본인의 회화 실력이 낮아서 어떻게든 도움을 구하기 위해 전화/화상영어 서비스를 찾아온 학습자인데도, 레벨 테스트 점수가 낮게 나오면 기분 나빠 하고, 회화책 1권은 너무 쉽다며 2~3권부터 시작하곤 하죠. 사실, "회화"라는 것 자체가 어렵지 않아요. 평상시 대화가 어려우면 그게 오히려 이상한 것이겠죠. 수능 영어나 토익에 어느 정도 익숙한 학습자들이 보면 회화책은 아주 쉬운 책에 속합니다. 물론, 이는 "독해"라는 측면에서 그렇단 말이지, 정작 대화 시엔 아주 간단한 문장도 제대로 내뱉지 못하는 분들이 많아요. "회화 학습"에서는 아무리 쉬운 문장도 적시에 자기 입으로 말할 수 없으면 완벽히 학습했다고 볼 수 없답니다. 자, 인정할 건 인정합시다. 『왕때영(왕초보도 때려잡는 영어회화)』이라고 해서 다른 사람 쳐다보지 마세요. 지금 이 책을 잡은 당신은 초보이며, 이 책은 바로 당신을 위한 책입니다.

**② 업그레이드 편에서는
베이직 편과 동일한 또는 비슷한 주제에 관해
반복/심화 학습할 수 있도록 구성했어요.**

가끔 저는 누군가에게 영어를 가르쳐줄 때 더 많이 알려주고 싶은 욕심에 이것저것 관련된 내용들까지 한꺼번에 가르쳐주곤 해요. 학습자가 어느 정도 실력이 될 때는 재밌어하겠지만, 초보자일 경우엔 그로기 상태에 빠지게 되죠. 사실, 초보자들은 주제별로 쉬운 내용들만 먼저 쭉 배우고, 나머지 심화 내용들은 다시금 복습할 때 다루면 훨씬 더 이해하기 쉬운데, 『왕때영』은 이러한 점을 고려해 베이직 편과 업그레이드 편으로 나누었어요. 베이직 편 140개 레슨과 업그레이드 편 140개 레슨은 서로 같거나 비슷한 주제를 다루고 있으며, 베이직 편에는 초보 학습자들이 이해할 수 있는 내용들을, 업그레이드 편에는 그보다 심화된 내용들을 담았습니다.

**❸ 핵심 부분은 원서 형태를 취하면서도
원서 파트에 대한 번역과 해설,
그리고 팁까지 포함하고 있어요.**

하루에 4~6시간 정도 1:1 원어민 과외를 할 수 있고 온종일 영어로 말할 수 있는 환경에서
회화를 학습할 수 있다면 좋겠지만, 국내 학습자들에겐 꿈같은 이야기겠죠. 국내 환경에서
회화를 학습하려면 매일 꾸준히 하는 것이 제일 중요한 것 같아요. 아쉽게도, 작심하고 해외
어학연수를 떠나지 않는 한 하루 1시간 이상 회화 학습에 꾸준히 투자할 수 있는 사람은 많지
않죠. 학습한 내용을 복습하고 자기 입으로 직접 훈련하는 시간도 있어야 하므로, 원어민과
실제로 학습할 수 있는 시간은 최대 30분 정도에 불과하다고 볼 수 있습니다. 그러려면 내용을
빨리 이해할 수 있도록 어느 정도 떠먹여 주는 부분이 있어야 하는데, 이러한 이유로『왕때영』은
원어민과의 학습을 위해 핵심 부분은 원서 형태를 취하면서도 원서 파트에 대한 번역과 해설,
그리고 팁까지 포함하고 있답니다.

**❹ 상황별 회화를 중심으로,
각 수준에서 소화할 수 있는 어휘 및 유용한 표현,
그리고 문법까지 종합적으로 다루고 있어요.**

『왕때영』은 상황별 회화를 중심으로, 각 수준에서 소화할 수 있는 어휘 및 유용한 표현, 그리고
문법까지 종합적으로 다루고 있어요. 이 책을 가지고 회화 학습을 시작하는 시점에서는 "왕초보"
겠지만, 네 권으로 구성된 이 책의 마지막 장을 덮는 순간에는 어느새 중상급 단계에 올라 있을
거예요. 정말로 회화 실력 향상을 꿈꾼다면, 이 책 저 책 고민하지 말고,『왕때영』하나만 때려
잡으세요.『왕때영』만으로도 충분합니다.

자, 이제 시작해볼까요?

이 책의 구성과 활용

Basic 편 (레슨당 2페이지로 구성)

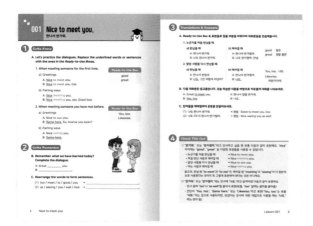

1 Gotta Know
  - 핵심 학습 내용이 담긴 코너

2 Gotta Remember
  - 복습 및 응용 코너

3 Translations & Answers
  - 번역 및 정답 제공 코너

4 Check This Out
  - 해설 및 팁 제공 코너

수업 전 · Translations & Answers 코너와 Check This Out 코너의 내용을 미리 가볍게 읽고 예습합니다. (처음에는 일부 내용이 이해가 안 될 수도 있습니다.)

· 음원(MP3)을 활용해 당일 학습할 내용을 두세 번 가볍게 들어봅니다.

· 익숙지 않은 어휘나 표현들은 따로 정리하여 암기합니다.

수업 중 · 교사의 리드에 따라 Gotta Know 코너(당일 배워야 할 핵심 내용이 담긴 코너)와 Gotta Remember 코너(복습/응용 코너)를 학습합니다.

수업 후 · Translations & Answers 코너와 Check This Out 코너의 내용을 다시 읽으며 당일 학습 내용을 꼼꼼히 복습합니다. (예습 시에는 이해가 안 되었던 내용들이 교사와의 수업 후 이해가 되면서 학습 효과가 배가됩니다.)

· 학습 내용 중 유용한 문장은 따로 정리한 후 거의 암기할 수 있을 때까지 소리 내어 연습합니다. 이때 음원(MP3)을 활용해 "따라 읽기(음원을 먼저 듣고 따라 읽기)" 및 "동시에 말하기(음원을 재생함과 동시에 말하기)" 훈련을 하면 발음/억양/강세 훈련은 물론, 문장 암기 효과까지 기대할 수 있습니다.

Upgrade 편 (레슨당 4페이지로 구성)

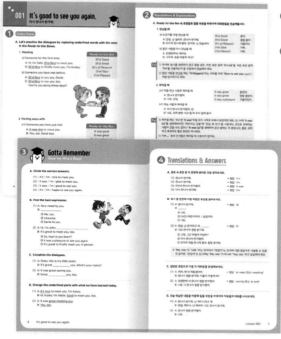

❶ Gotta Know
 - 핵심 학습 내용이 담긴 코너

❷ Translations & Explanations
 - Gotta Know 코너에 대한
  번역, 해설 및 팁(일부 문제에
  대한 정답) 제공 코너

❸ Gotta Remember
 - 복습 및 응용 코너

❹ Translations & Answers
 - Gotta Remember 코너에
  대한 번역 및 정답(일부 문제에
  대한 해설 및 팁) 제공 코너

 · 업그레이드 편은 베이직 편에서 다룬 주제와 같거나 또는 비슷한 주제에 대해 반복/심화 학습하기 때문에 수업 전 베이직 편을 먼저 복습하면 훨씬 효과적입니다. (레슨 번호는 같을 수도 있고 ±1 정도 차이가 있을 수도 있습니다.)

· Translations & Explanations 코너와 Translations & Answers 코너의 내용을 미리 가볍게 읽고 예습합니다. (처음에는 일부 내용이 이해가 안 될 수도 있습니다.)

· 음원(MP3)을 활용해 당일 학습할 내용을 두세 번 가볍게 들어봅니다.

· 익숙지 않은 어휘나 표현들은 따로 정리하여 암기합니다.

수업 중 · 교사의 리드에 따라 Gotta Know 코너(당일 배워야 할 핵심 내용이 담긴 코너)와 Gotta Remember 코너(복습 및 응용 코너)를 학습합니다.

수업 후 · Translations & Explanations 코너와 Translations & Answers 코너의 내용을 다시 읽으며 당일 학습 내용을 꼼꼼히 복습합니다. (예습 시에는 이해가 안 됐던 내용들이 교사와의 수업 후 이해가 되면서 학습 효과가 배가됩니다.)

· 학습 내용 중 유용한 문장은 따로 정리한 후 거의 암기할 수 있을 때까지 소리 내어 연습합니다. 이때 음원(MP3)을 활용해 "따라 읽기(음원을 먼저 듣고 따라 읽기)" 및 "동시에 말하기(음원을 재생함과 동시에 말하기)" 훈련을 하면 발음/억양/강세 훈련은 물론, 문장 암기 효과까지 기대할 수 있습니다.

9

회화 잘하는 법

2014년 6월쯤, 어릴 적부터 알고 지낸 한 친한 동생이 갑자기 절 찾아와서는 "형, 회화 실력을 늘릴 수 있는 방법 좀 알려줘."라고 물었습니다. 가르치는 것에서 손 뗀 지 15년 가까이 됐는데도, 아직 내게 이런 상담을 구하는 게 고맙기도 했지만, 한편으로는 답답함이 밀려왔습니다. 그 동생은 오랫동안 어학연수도 받아보고, 학원도 다녀보고, 전화/화상영어도 이용해본 애였거든요. 저는 영어 교육학 박사는 아닙니다만, 나름 오랫동안 영어를 공부하면서 많은 고민을 해봤기에 그 애 입장에서 같이 해답을 찾아보려고 노력했습니다.

이야기를 나눠본 결과, 그 애가 정말 단순하면서도 중요한 사실 하나를 놓치고 있다는 것을 알게 됐습니다. 바로 "말하기(Speaking)는 직접 자신의 입으로 말해야만 실력이 는다"는 것이죠. 어찌 보면 너무나 당연한 말이기에, 한 편으로는 맥 빠지는 해답일 수도 있지만, 스스로에게 한번 물어 봅시다. 그걸 알면서 왜 실천하지 못하는지.

인터넷 서핑을 하다가 어떤 분이 이렇게 말씀하시는 걸 봤습니다. "너네가 왜 공부를 못하는 줄 알아? 너흰 공부를 안 해! (그러니까 못하는 거야.)" 와... 이런 걸 팩트 폭력이라고 하더군요. 맞는 말이라서 반박도 하기 힘든... 이것을 회화 버전으로 바꿔서 표현해보겠습니다. "여러분이 왜 회화를 못하는 줄 아세요? 여러분은 영어로 말을 안 해요."

"말하기(Speaking)는 직접 자신의 입으로 말해야만 실력이 는다"

사람들은 어떤 분야가 되었건 영어공부에 있어 소극적이며, 수동적입니다. 토익을 잘하려면 토익 학원에 가고, 회화를 잘하려면 어학연수를 가며, 문법을 배우려면 과외를 받습니다. 어떻게 해야 토익을 잘할 수 있고, 회화를 잘할 수 있으며, 문법을 잘 알 수 있는지 고민하기보다, 그런 것들을 가르쳐주는 장소나 사람에 의존하죠. 하지만 정작 학습법 자체를 모르면 그런 장소나 사람을 활용 해도 크게 효과를 못 보게 됩니다.

어학연수를 떠났던 한 청년이 있었습니다. 나름 문법에 자신 있었던 그는 어학원에 다닌 지 한 달 만에 회화책 4권을 끝냈습니다. 별로 어려운 내용이 없었던 거죠. 하지만 한 달 후에도 여전히 회화 실력은 "어버버"였습니다. 부끄럽지만 바로 어릴 적 제 경험입니다. "회화"라는 게 어려울까요? 사람들이 평소에 주고받는 말을 "회화"라고 한다면, 그게 어려우면 이상하겠죠. 회화는 쉽습니다. 문법 전문가가 아니더라도 회화책을 그냥 쭉 읽어보면 대부분 이해가 될 정도로 쉽습니다. 제가 한 달 후에도 회화 실력이 늘지 않았던 이유는 회화책을 독해책 공부하듯 공부했기 때문이었습니다. 눈으로 보고 이해만 되면 학습을 끝냈다고 생각하고 진도 빼기 바빴던 것이죠. 사실, 독해책보다 회화책이 내용적인 면에서는 훨씬 쉽습니다.

회화 실력이 늘지 않았던 이유는
회화책을 독해책 공부하듯 공부했기 때문이었습니다.

"독해책 공부와 회화책 공부가 어떻게 다르길래 그러냐?"라고 물으신다면, "천지 차이"라고 답변 드리겠습니다. 언어에 있어 듣기(Listening)와 읽기(Reading)가 정보를 받아들이는 INPUT 영역에 해당한다면, 말하기(Speaking)와 쓰기(Writing)는 습득한(또는 획득한) 정보를 사용하는 OUTPUT의 영역에 해당합니다. 독해는 정보를 읽고 이해하는 것이 목적이지만, 회화는 의사소통이 목적입니다. 목적 자체가 다르며, 당연히 학습법도 다르죠.

여기서 한 번 생각해볼 문제는, 내가 내 입으로 말할(Speaking) 수 있는 내용을 상대방의 입을 통해 듣게(Listening) 되면 귀에 더 잘 들리며, 내가 글로 쓸(Writing) 수 있는 내용을 책으로 읽었을(Reading) 때 더 눈에 잘 들어오더라는 사실입니다. 하지만 반대로, 눈으로 봐서 이해한 내용을 다시 글이나 말로 표현하라고 하면 어려운 경우가 많습니다. 즉, 영어 학습 시 말하기와 쓰기 위주로 학습하면 듣기와 읽기 능력은 어느 정도 함께 상승하는 사례가 많지만, 듣기와 읽기를 잘한다고 해서 말하기나 쓰기 실력이 눈에 띄게 상승하는 사례는 드뭅니다. 물론, 네 가지 영역을 골고루 학습할 수 있다면 더욱 좋겠지만, 그럴 수 없다면, OUTPUT 영역을 위주로 학습하는 것이 훨씬 좋다고 말씀드리고 싶습니다.

다시 돌아와서, 저는 OUTPUT을 위한 회화책을 INPUT을 위한 독해책처럼 학습했습니다. 따라서 한 달이 지났을 때 책의 스토리는 대충 이해가 되었지만(당연히 글처럼 읽었으니) 배운 내용 중 그 어느 것도 제 입으로 쉽게 표현할 수는 없었습니다. 저는 비싼 돈 주고 책을 읽은 셈이었습니다.

저는 비싼 돈 주고 책을 읽은 셈이었습니다.

전 제 나이 또래 대부분의 사람들처럼 어릴 적부터 일본식 영어 발음에 익숙해 있었습니다. 따라서 발음은 엉망진창이었죠. 어떤 발음은 잘 들리지도 않고, 입으로 잘 나오지도 않았죠. 분명히 아는 발음인데도 제 머리와 제 입은 따로 놀았습니다. 하지만 토익 L/C 자료로 문장을 "따라 읽고", "동시에 말하는" 훈련을 하던 중 제 입으로는 불가하다고 생각했던 발음이 제대로 나오기 시작했습니다. 오호라~ 그때 비로소 깨닫게 되었습니다. 언어라는 건 머릿속으로 이해하는 것과 내 몸(입과 귀)이 습득하는 게 다르다는 사실을요. 즉, "안다는 것"과 "말할 수 있다는 것"이 다르다는 것을 알게 됐습니다.

회화는 아무리 쉬운 표현이라도 필요한 상황에 자신의 입으로 툭 튀어나오지 않으면 "회화를 학습했다"고 말할 수 없는 것입니다. 그러려면 머릿속 지식이 육체적인 감각, 즉 입을 통해 자연스럽게 나올 수 있도록 훈련하는 수밖에 없습니다. 이러한 의미에서 "말하기(회화)는 말하기를 통해 학습해야 한다"는 "아주 단순하면서도 대부분의 사람들이 실천하지 않는 진리"가 나오는 것이랍니다.

"안다는 것"과 "말할 수 있다는 것"이 다르다는 것을 알게 되었습니다.

회화를 학습할 때 원어민의 역할은 절대적이지 않습니다. 원어민 강사의 노하우나 체험에서 우러나오는 자세한 설명이 필요한 경우가 아니라면 자신이 알고 있는 내용을 써먹을 대화상대로, 더 정확히 말하자면 배운 내용을 입으로 훈련시켜줄 트레이너로 필요한 경우가 대부분이죠. 실제로 내용 이해는 한국 강사의 설명을 듣거나 한국말로 설명된 교재를 보는 게 더 빠릅니다. 그럼에도 불구하고 어학연수 가서 회화 수업을 받는 사람들을 보면, 하루에 6시간 넘게 1:1 수업을 하면서도 원어민 선생님의 설명을 듣고 이해하거나, 또는 책을 보고 이해하느라 수업 중 대부분의 시간을 낭비하는 학생들을 많이 봅니다. 이것은 전화영어나 화상영어 학습 때도 그대로 나타납니다. 제 말의 핵심은 어학연수나 전화영어, 화상영어가 효과가 없다는 말이 아닙니다. 그것을 활용하는 방법이 잘못되었다는 말이죠. 즉, 원어민과의 수업 시간은 자신이 아는 내용이나 학습한 내용을 훈련해야 할 시간인데, 그제서야 머릿속에 정보를 집어넣고 있다는 것입니다.

회화 공부는 훈련할 내용을 학습하고 이해하기 위한 시간과, 그것을 실제로 내 입으로 훈련하기 위한 시간이 필요합니다. 어학연수나 전화영어, 화상영어 학습의 관점에서 보자면 예습의 시간이 있어야 한다는 말입니다. 정보는 미리 머릿속에 담아와야 하고, 실제 수업 시간에는 그것을 내 입으로 훈련하는 시간으로 삼아야 합니다. 예습이 총알을 장전하는 시간이라면, 본 수업은 전투의 시간입니다. 매우 공격적이어야 하죠. 특히, 어학연수와는 수업 시간이 비교가 안 될 정도로 짧은 전화영어와 화상영어 학습은 수업 후에도 약 30분가량 자기만의 훈련 시간을 따로 가져야 합니다.

예습이 총알을 장전하는 시간이라면, 본 수업은 전투의 시간입니다.

이제, 지금까지 구구절절하게 설명한 내용을 요약해 "회화 잘하는 법"에 대한 결론을 짓겠습니다.

첫째, 회화는 '독해'가 아니라 '말하기'입니다. 읽지(Reading) 말고 말(Speaking)하십시오.
둘째, 원어민과의 수업 시간을 낭비하지 마십시오. 총알은 미리 장전해야 합니다.
셋째, 수업 시간에는 훈련에 집중하십시오.
넷째, 학습한 내용을 자신의 입으로 훈련하는 시간을 하루 최소 30분 이상 가지세요.

혼자서 훈련하는 시간을 꼭 가지세요. 훈련 시간을 낼 수 없다면, 어학연수나 전화영어, 화상영어 수업은 앞서 제 경험처럼 "비싼 돈 내고 책 읽는" 학습이 되기 쉽습니다. 훈련할 시간이 없다는 건, 회화 학습을 하기 싫다는 말입니다.

훈련할 시간이 없다는 건, 회화 학습을 하기 싫다는 말입니다.

마지막으로 한 말씀 드리고 글을 마무리하겠습니다. 아무리 좋은 교재가 나오고, 아무리 좋은 학습법이 개발되어도, "회화 실력은 자신이 직접 자기 입으로 훈련한 시간에 비례한다"는 사실은 변하지 않습니다! 이 책을 선택한 여러분은 "회화를 잘했으면 좋겠다"라는 막연한 바람에서 머물지 않고, 직접 책을 선택해 학습하려는 적극적인 의지가 있는 분들이라 믿습니다. 그러니 이제 같이 훈련을 시작합시다. 여러분은 할 수 있습니다.

회화 실력은 자신이 직접 자기 입으로 훈련한 시간에 비례합니다!

문장 연습은 이렇게...

혹시 "러브액츄얼리"라는 영화를 보셨나요? 영화에서 등장하는 여러 커플 중 어느 커플이 가장 기억에 남으세요? 보통은 스케치북으로 청혼하는 장면만 기억하시더군요. "TO ME, YOU ARE PERFECT" 기억나시죠? 제 경우엔 서로 언어가 달라 의사소통이 안 되던 작가 제이미와 포르투갈 가정부 오렐리아 커플이 가장 인상에 깊게 남았습니다. 제이미가 오렐리아를 바래다주는 상황에서 제이미는 영어로 "난 널 바래다주는 이 순간이 가장 행복해."라고 말하고, 오렐리아는 포르투갈어로 "전 당신과 곧 헤어져야 하는 이 순간이 가장 슬퍼요."라고 말하는데, 어쩜 같은 순간 같은 감정을 이처럼 다르게 표현할 수 있는지... 그 장면과 더불어 기억에 남는 건 제이미가 어학원 랩실에서 헤드셋을 끼고 열심히 포르투갈어를 공부하는 장면입니다. 눈치채셨나요? 바로 이 장면을 소개하기 위해 러브액츄얼리 이야기를 꺼낸 것이랍니다. 제이미가 오렐리아에게 청혼하기 위해 어학원에서 열심히 훈련했듯, 회화를 끝장내려는 의지가 있는 여러분이라면 적어도 제이미 이상의 노력을 기울여야 한답니다.

회화는 표현이 생명입니다. 특정 상황에서 얼마나 적절한 표현을 사용하는가가 중요하죠. 그러려면 많은 표현을 알고 있어야겠죠? 표현은 하나의 "단어(word)"일 수도 있고, "구(phrase)"일 수도 있고, "문장(sentence)"일 수도 있는데, 어차피 대화는 대부분 문장 단위로 할 것이므로 문장 단위로 연습하는 것이 좋습니다.

훈련에 앞서 가장 먼저 해야 할 것은 어떤 표현을 훈련할 것인지 "선택"하는 것입니다. 보통, 의욕이 앞서는 학습자는 맞닥뜨리는 표현을 몽땅 외우려고 덤볐다가 일주일도 못 가 포기하곤 하는데, 표현을 선택할 때에는 반드시 자신이 소화할 수 있는 양에서 최대 110% 정도만 선택하는 것이 좋습니다. 또한, 특이하고 재미있다고 해서 자주 쓰이는 건 아니므로 자신이 평소 자주 사용할 법한 표현들로만 선택하도록 합니다.

훈련할 표현을 정리했다면 제일 첫 단계는 "따라 읽기"입니다.

> **1-1** 음원을 먼저 재생한 후 귀 기울여 듣습니다.

> **1-2** 음원과 최대한 비슷하게 따라 읽어봅니다.

➡ 이렇게 한 문장당 최소 15회 이상 반복합니다.

두 번째 단계는 "동시에 말하기"입니다.

> **2-1** 음원 재생과 동시에 말하기 시작합니다.

> **2-2** 음원이 끝날 때 같이 끝날 수 있게 합니다.

➡ 이 단계 역시 한 문장당 최소 15회 이상 반복합니다.

이처럼 20~30여 회 이상 신경 써서 읽은 문장은 입에 익어서 적시에 무의식적으로 튀어나오기도 합니다. 이와 더불어 첫 번째 단계에서는 발음이 개선되고, 두 번째 단계에서는 억양과 강세까지 개선되는 효과를 기대할 수 있습니다. 연습해보면 알겠지만 두 번째 단계에서는 문장이 조금만 길어져도 비슷한 억양과 강세로 말하지 않으면 동시에 끝나지 않는답니다.

이 훈련에서는 주의해야 할 것이 세 가지 있습니다.

첫째, 간혹 반복 횟수에만 신경 쓰고, 정작 문장 내용이나 발음에는 신경을 안 쓰는 학습자들이 있는데, 그러면 그냥 멍 때리는 것과 같답니다. 반드시 문장 내용과 발음에 신경 쓰면서 읽어야 합니다.

둘째, 단계별 훈련 방법 소개에서 첫 번째 단계는 따라 "읽기"라고 표현했고, 두 번째 단계는 동시에 "말하기"라고 표현한 것 눈치채셨나요? 첫 번째 단계에서는 눈으로는 문장을 보고 귀로는 음원을 들으면서 연습하는 것입니다. 반면, 두 번째 단계에서는 보지 않고 "말해야" 합니다. 암기하면서 훈련하는 것이죠.

셋째, 말하는 내용은 다시 자신의 귀를 통해 2차 자극을 주게 됩니다. 즉, 자신이 말하는 내용이 다시 자신의 귀에 들리게 되면서 뇌에 반복 자극을 준다는 것이죠. 하지만 귀는 자신이 평상시 말하는 소리 크기에 익숙해져 있어서 평상시보다 더 크게 말해야 한답니다. 이러한 이유로 지금까지 이 방법으로 훈련해본 적이 없었던 학습자들은 하루 이틀 만에 목이 쉬기도 합니다.

자, 이제 문장 연습 방법을 충분히 이해하셨죠? 소금물 가글 준비하시고, 오늘부터 꾸준히 30분 이상 이 방법으로 훈련해보세요! 한 달이 지날 즈음엔 표현력과 더불어 발음/억양/강세가 눈에 띄게 향상돼 있을 거예요. 쌀라쌀라 영어 방언이 터지는 날을 기대하며, 화이팅!

Contents
목차

▶▶▶

Let's Get Started!

▶▶▶

It's good to see you again.

다시 만나서 반가워.

A. Let's practice the dialogues. Replace the underlined words with the ones in the *Ready-to-Use Boxes*.

1. Meeting

   a) Someone for the first time.

      A: Hi, I'm Sally. <u>(It's) Nice</u> to meet you.
      B: <u>(It's) Nice</u> to finally meet you. I'm Ansley.

   b) Someone you have met before.

      A: <u>(It's) Nice</u> to see you, David.
      B: <u>(It's) Nice</u> to see you, too.
         How're you doing these days?

Ready-to-Use Box
(It's) Good
(It's) Great
(It's a) Pleasure
(I'm) Glad
(I'm) Pleased

2. Parting ways with

   a1) Someone you have just met.

      A: <u>It was nice</u> to meet you.
      B: You, too. Good-bye.

   b1) Someone you know.

      A: <u>It was nice</u> to see you again, Jin.
      B: Same here. Swing by my house sometime.

Ready-to-Use Box
It was good
It was great
It was a pleasure

   a2) Someone you have just met.

      A: <u>(It was) Nice</u> meeting you, Tom.
      B: You, too. Take care.

   b2) Someone you know.

      A: <u>(It was) Nice</u> seeing you.
      B: You, too. Say hi to your sister.

Ready-to-Use Box
(It was) Good
(It was) Great
(It was a) Pleasure

A. Ready-to-Use Box 속 표현들로 밑줄 부분을 바꿔가며 대화문들을 연습해봅시다.

1. 만났을 때

a) 누군가를 처음 만났을 때

A: 안녕. 난 샐리야. 만나서 반가워.
B: 드디어 만나게 됐네. 반가워. 난 앤슬리야.

b) 알던 사람을 다시 만났을 때

A: 오랜만이네, 데이빗.
B: 그러게. 요즘 어떻게 지내?

(It's) Good	좋아.
(It's) Great	정말 좋아.
(It's a) Pleasure	기쁨이야.
(I'm) Glad	기뻐.
(I'm) Pleased	기뻐.

Tip

1) 주어와 동사를 생략하지 않고 말할 경우, 어떤 표현 앞에 "It's (a)"를, 어떤 표현 앞에 "I'm"을 사용하는지 잘 구분해서 연습해야 해요.

2) 알던 사람을 만났을 때는 "다시(again)"라는 의미를 더해 "Nice to see you again." 처럼 인사하기도 해요.

2. 헤어질 때

a1) 처음 만난 사람과 헤어질 때

A: 만나서 반가웠어.
B: 나도. 안녕.

b1) 아는 사람과 헤어질 때

A: 다시 만나서 반가웠어, 진.
B: 나도. 언제 한번 시간 될 때 우리 집에 들러.

It was good	좋았어.
It was great	정말 좋았어.
It was a pleasure	기쁨이었어.

Tip

3) 헤어질 때는 "It's"만 "It was"처럼 과거 시제로 바꿔서 표현하면 돼요. 단, 이때 "It was (a)"를 생략해버리면 "헤어지는 상황"에 "만날 때 인사"를 사용하는 것으로 오해하는 사람이 있을 수도 있으니 "It was (a)"를 생략하지 않고 말하는 게 좋답니다. 물론, 생략하고 표현해도 틀린 표현은 아니에요.

4) "I'm ..." 류의 인사들은 헤어질 때 사용되지 않아요.

a2) 처음 만난 사람과 헤어질 때

A: 만나서 반가웠어, 톰.
B: 나도. 잘 가.

b2) 아는 사람과 헤어질 때

A: 다시 만나서 반가웠어.
B: 나도. 네 여동생/누나/언니에게 안부 전해줘.

(It was) Good	좋았어.
(It was) Great	정말 좋았어.
(It was a) Pleasure	기쁨이었어.

Tip

5) 헤어질 때는 종종 "to meet"을 "meeting"으로, "to see"를 "seeing"으로 바꿔서 표현하기도 하는데, 이때는 "It was (a)"를 생략하고 말하는 경우도 자주 있어요.

Gotta Remember
Show'em Who's Boss!

A. Circle the correct answers.

(1) (It's / I'm) nice to meet you.

(2) (It was / I'm) glad to meet you.

(3) (It was / I'm) good to see you.

(4) (It's / I'm) happy to see you again.

B. Find the best expression.

(1) A: Nice meeting you.
　 B: _____

　　　ⓐ Me, too.
　　　ⓑ Likewise.
　　　ⓒ Same to you.

(2) A: Hi, I'm John. _____
　 B: It's great to meet you, too.

　　　ⓐ So, how've you been?
　　　ⓑ It was a pleasure to see you again.
　　　ⓒ It's great to finally meet you in person.

C. Complete the dialogues.

(1) A: Peter, this is my little sister.
　 B: It's great _____ you. What's your name?

(2) A: It was great seeing you.
　 B: Great _____ you, too.

D. Change the underlined parts with what we have learned today.

(1) A: <u>It's nice</u> to meet you. I'm Kasey.
　 B: Hi, Kasey. I'm Abbie. <u>Good</u> to meet you, too.

(2) A: It was <u>great meeting you</u>.
　 B: <u>You, too</u>.

Translations & Answers

A. 괄호 속 표현 중 각 문장에 올바른 것을 골라보세요.

(1) 만나서 반가워. → 정답 : It's
(2) 만나서 반가워. → 정답 : I'm
(3) (다시) 만나서 반가웠어. → 정답 : It was
(4) 다시 만나서 반가워. → 정답 : I'm

B. 보기 중 빈칸에 가장 적절한 표현을 골라보세요.

(1) A: 만나서 반가워. → 정답 : ⓑ
   B: _____
   ⓐ 나도.
   ⓑ (나도) 마찬가지야. / 동감이야.
   ⓒ 너도.

(2) A: 안녕, 난 존이라고 해. _____ → 정답 : ⓒ
   B: 나도 만나서 정말 반가워.
   ⓐ 그래, 그간 어떻게 지냈어?
   ⓑ 다시 만나서 반가웠어.
   ⓒ 드디어 직접 만나게 됐네. 정말 반가워.

> ※ "Me, too."도 "나도."라는 뜻이라서 "반갑다"는 인사에 대한 응답으로 사용할 수 있을 것 같지만, "반갑다"는 인사에는 "Me, too."가 아니라 "You, too."라고 응답해야 해요.

C. 알맞은 표현으로 다음 각 대화문을 완성해보세요.

(1) A: 피터, 앤 내 여동생이야. → 정답 : to meet (또는 meeting)
   B: 만나서 정말 반가워. 이름이 어떻게 돼?

(2) A: 오랜만에 너 만나서 정말 반가웠어. → 정답 : seeing (또는 to see)
   B: 나도 너 만나서 정말 반가웠어.

D. 오늘 학습한 내용을 이용해 밑줄 부분을 바꿔가며 자유롭게 대화를 나눠보세요.

(1) A: 만나서 반가워. 난 케이시라고 해.
   B: 안녕, 케이시. 난 애비야. 나도 만나서 반가워.

(2) A: 만나서 엄청 반가웠어.
   B: 나도.

002 Just call me Peter.

그냥 피터라고 불러.

Gotta Know

A. Let's practice the dialogues. Replace the underlined words with the ones in the *Ready-to-Use Boxes*.

1. Asking someone's name.

   (1) A: <u>What's</u> your name?
   B: <u>My name's</u> Kevin. What's yours?
   A: <u>I'm</u> Bernard.

   (2) A: <u>What's</u> your name, please?
   B: <u>It's</u> Greg Turner.

Ready-to-Use Box
May I have
Can I have
Can you tell me

2. Telling someone to call you by your nickname.

   (1) A: What's your name?
   B: I'm Peter Jackson. <u>Just call</u> me Pete.

   (2) A: Hello, I'm Kelly O'Brien.
   B: Hi, I'm Yeonju Hong, but <u>just call</u> me Angela.

Ready-to-Use Box
please call
you can call
everyone calls
people call
my friends call

B. In Western culture, people's names consist of a first name, middle name and last name. Use the *Cheat Box* to fill in the blanks.

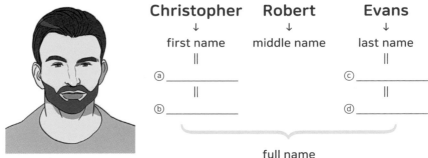

Christopher   Robert   Evans
↓   ↓   ↓
first name   middle name   last name
‖   ‖

ⓐ _____   ⓒ _____
‖   ‖
ⓑ _____   ⓓ _____

full name

Cheat Box			
family name	personal name	given name	surname

Translations & Explanations

A. Ready-to-Use Box 속 표현들로 밑줄 부분을 바꿔가며 대화문들을 연습해봅시다.

1. 이름 묻기

(1) A: 넌 이름이 뭐야?
　　B: 내 이름은 "케빈"이야. 넌?
　　A: 난 "버나드"야.

(2) A: 성함이 어떻게 되시죠?
　　B: "그렉 터너"입니다.

May I have	~을 (알려)줄래요?
Can I have	~을 (알려)줄래?
Can you tell me	~을 말해줄래?

Tip

1) 상대방의 이름을 물을 때는 보통 "What's your name?"이라고 해요. 그 외 표현들은 다소 공손한 느낌을 주기도 하므로 상황에 맞게 사용해야 한답니다.

2) 보통은 "I", "you", "he", "she", "it" 등의 대명사를 "am", "are", "is"와 같은 be동사와 축약하는 게 일반적이지만, 대화 시에는 그 외에도 여러 다양한 명사들이 be동사와 축약돼요. "My name's"도 그러한 예죠.

3) 자신의 이름을 밝힌 후 상대방의 이름을 되물을 땐 간단히 "What's yours?"라고 묻기도 하는데, 이때 "yours"는 "your name"을 뜻해요.

2. 별명으로 불러 달라고 말하기

(1) A: 넌 이름이 뭐야?
　　B: 난 "피터 잭슨"이야. 그냥 피트라고 불러.

(2) A: 안녕, 난 "켈리 오브라이언"이야.
　　B: 안녕, 난 "연주 홍"이라고 해. 하지만 그냥 "앤젤라"라고 불러줘.

please call	... 불러줘.
you can call	... 불러도 돼.
everyone calls	다들 ...불러.
people call	사람들은 ... 불러.
my friends call	친구들은 ... 불러.

Tip

4) 자신의 이름을 알려준 후 추가로 "별명(nickname)"을 알려주는 경우에는 접속사 "but"을 이용해 두 문장을 이어서 말할 수도 있고, 그냥 두 문장을 끊어서 말할 수도 있어요. 단, 후자의 경우엔 새로 시작하는 문장의 첫 글자를 대문자로 표현해야 해요.

B. 서양인들의 이름은 "first name(이름)"과 "last name(성)", 그리고 우리에겐 없는 "middle name(미들 네임)"으로 구성돼 있습니다. Cheat Box 속 표현들을 이용해 빈칸을 채워보세요.

크리스토퍼　　　로버트　　　에번스
↓　　　　　　↓　　　　↓
이름　　　　미들 네임　　　성

ⓐ, ⓑ → 정답 : given name
　　　　= personal name (이름)

ⓒ, ⓓ → 정답 : family name
　　　　= surname (성)

풀 네임 (성명)

Tip

5) 우리말과는 달리 영어권에서는 이름을 먼저 말하고 성을 뒤에 말하기 때문에 "이름"을 "first name", "성"을 "last name"이라고 해요. "first name"을 뜻하는 또 다른 표현인 "given name"과 "personal name", 그리고 "last name"을 뜻하는 또 다른 표현인 "family name"과 "surname"은 일상적인 대화 시에는 잘 사용되지 않고, 문서 작성 시에만 간혹 보게 되는 표현들입니다.

Gotta Remember
Show'em Who's Boss!

A. Practice the dialogue with your partner using your real name.

A: Hello, I'm _____.
B: Hi, _____, but you can call me _____.
   It's my _____.

B. Respond to each question with the names below. (Some answers may vary.)

(1) Q: What's your first name?
    A: It's _____.

(Jamie Lee Curtis)

(2) Q: What's your middle name?
    A: I don't have _____.

(Jisung Park)

(3) Q: What's your last name?
    A: _____.

(Michael Jeffrey Jordan)

(4) Q: What's your full name?
    A: My full name is _____.

(Emma Charlotte Watson)

C. Rearrange the words to form sentences.

(1) you / me / tell / name / your / can → _____?
(2) call / me / Daniel / can / you → _____.

Translations & Answers

A. 다음 대화문은 참고용입니다. 파트너와 함께 실제 이름으로 자유롭게 대화를 나눠보세요.

A: Hello, I'm <u>Jack Nicholson</u>.
B: Hi, <u>I'm Jihoo Lee</u>, but you can
   call me <u>Jaden</u>. It's my <u>English name</u>.

A: 안녕, 난 "잭 니컬슨"이라고 해.
B: 안녕, 난 "지후 리"야. "제이든"이라고
   불러도 돼. 그게 내 영어 이름이거든.

B. 다음 각 사람의 이름을 이용해 질문에 응답해보세요. (일부 정답은 응답자에 따라 다를 수 있음)

(1) Q: 네 이름은 뭐야?   (제이미 리 커티스)
     A: 제이미야.   → 정답 : Jamie

(2) Q: 네 미들 네임은 뭐야?   (지성 박)
     A: 난 미들 네임이 없어.   → 정답 : one / a middle name

(3) Q: 네 성은 뭐야?   (마이클 제프리 조든)
     A: 조든이야.   → 정답 : Jordan / It's Jordan
                                       / My last name is Jordan

(4) Q: 네 풀 네임은 뭐야?   (에머 샬럿 왓슨)
     A: 내 풀 네임은 에머 샬럿 왓슨이야. → 정답 : Emma Charlotte Watson

> ※ 미들 네임이 없는 경우에는 다음과 같이 응답할 수 있어요.
> • I don't have one.
> • I don't have a middle name.

C. 단어들을 재배열하여 문장을 만들어보세요.

(1) 이름 좀 알려줄래? / 너 이름이 어떻게 돼?   → 정답 : Can you tell me your name?
(2) (날) 대니얼이라고 불러도 돼.   → 정답 : You can call me Daniel.

003

Are you free this evening?
너 오늘 저녁에 시간 돼?

Gotta Know

A. Let's complete the dialogues using either *this* or *that*.

(1) A: How did you know about it?
    B: I was here early _____ morning.

(2) A: Why didn't Suzy show up?
    B: She said she was busy _____ evening.

B. Let's complete the dialogues using either *early* or *late*.

(1) A: When did Johnny come?
    B: He came _____ in the evening.

(2) A: When did he drop by?
    B: _____ this afternoon.

C. Let's complete the sentences using *morning*, *afternoon*, *evening* and *night*.

(1) I'm a _____ owl, not a morning person.

(2) I have _____ sickness.

(3) It's a girls' _____ out.

(4) What're you doing this _____, after lunch?

(5) The _____ is still young.

(6) I have an _____ class at 7 p.m.

A. "this" 또는 "that"을 이용해 각 대화문을 완성해봅시다.

(1) A: 너 그거 어떻게 알았어?
    B: 오늘 아침 일찍 여기 있었거든. (← this)
    B: 그날 아침 일찍 여기 있었거든. (← that)

(2) A: 수지는 왜 안 온 거야?
    B: 오늘 저녁에 바빴대. (← this)
    B: 그날 저녁에 바빴대. (← that)

→ 정답 : 두 대화문 모두에 "this"와 "that" 중 아무것이나 사용 가능
    (단, 의미는 위와 같이 달라짐)

Tip

1) "오늘 아침에", "오늘 오후에", "오늘 저녁에"처럼 "오늘"이라는 의미를 추가하려면 "morning", "afternoon", "evening" 앞에 "in the"를 빼고 그 대신 "this"를 붙여 주면 돼요. 단, "오늘 밤에"라고 말할 때는 "this night"이라고 하지 않고 "tonight" 이라고 표현하죠.

2) 과거 또는 미래의 특정한 날을 이야기할 때는 "morning", "afternoon", "evening", "night" 앞에 "that"을 붙여주면 돼요. 이때 "that"은 "그날"이라는 뜻이에요.

B. "early" 또는 "late"를 이용해 각 대화문을 완성해봅시다.

(1) A: 쟈니는 언제 왔어?
    B: 초저녁에 왔어. (← early)
    B: 저녁 늦게 왔어. (← late)

(2) A: 걔 언제 왔다 갔어?
    B: 오늘 오후 일찍. (← Early)
    B: 오늘 오후 늦게. (← Late)

→ 정답 : 두 대화문 모두에 "early"와 "late" 중 아무것이나 사용 가능
    (단, 의미는 위와 같이 달라짐)

Tip

3) "early(일찍)"나 "late(늦게)"을 활용하면 특정 시간대 내에서도 다소 이르거나 늦은 시점을 표현할 수 있어요. 비슷한 의미로 "earlier(더 일찍)" 또는 "later(더 늦게, 나중에)"을 이용하기도 하죠. 하지만 정확히 따지면 "earlier"은 "특정 시점보다 더 이른 시기"를, "later"은 "특정 시점보다 더 늦은 시기"를 의미하기 때문에 각 표현이 주는 느낌에는 미묘한 차이가 있답니다.

C. "morning", "afternoon", "evening", "night"을 이용해 각 문장을 완성해봅시다.

(1) 난 올빼미 체질이야. 아침형 인간이 아니라. → 정답 : night
(2) 나 입덧해. → 정답 : morning
(3) 오늘은 여자들끼리만 놀 거야. → 정답 : night
(4) 너 오늘 오후에 점심 먹고 뭐 해? → 정답 : afternoon
(5) 아직 초저녁이야. → 정답 : night
(6) 난 오후 7시에 저녁 수업 있어. → 정답 : evening

Tip

4) 보통, 여성들이 임신 초기에 경험하는 **"입덧"**은 주로 이른 아침 공복 때 발생하는 경우가 많기 때문에 "morning sickness"라고 표현해요.

5) 남편 또는 남자 친구는 빼놓고 여자들끼리만 뭉쳐서 시간을 보내는 밤을 "girls' night out"이라고 해요. 이에 비해 드물긴 하지만, 반대로 아내 또는 여자 친구는 빼놓고 남자들끼리만 뭉쳐서 시간을 보내는 밤은 "boys' night out"이라고 하죠.

Gotta Remember
Show'em Who's Boss!

A. Circle the correct answers.

(1) A: I overslept (this / that) morning.
    B: That's why you should've gone to bed early last night.

(2) A: Are you free (this / that) evening?
    B: Sure. I'm pretty much free today. Why?

(3) A: What happened to you the other night? I called you like 10 times.
    B: I was busy (tonight / that night).

B. Complete the dialogues.

(1) A: My wife has bad morning _____.
    B: She'll be just fine in a few weeks.

(2) A: Can I come with you guys?
    B: Sorry, but it's a girls' _____.

(3) A: Are you a morning person?
    B: Nah, I'm more of a _____.

(4) A: Let's call it a night.
    B: Already? But the night's still _____.

C. Rearrange the words to form sentences.

(1) you / evening / this / are / free
    → _____ ?

(2) still / young / the / is / night
    → _____ .

(3) this / later / afternoon / doing / you / what're
    → _____ ?

(4) later / I'll / evening / by / stop / this
    → _____ .

(5) was / that / drunk / I / night / so
    → _____ .

Translations & Answers

A. 괄호 속 표현 중 올바른 것을 골라 각 대화문을 완성해보세요.

(1) A: 난 오늘 아침에 늦잠 잤어.
    B: 그러게 어제 일찍 잤었어야지.   → 정답 : this

(2) A: 너 오늘 저녁에 시간 돼?
    B: 응. 나 오늘은 별일 없어. 왜?   → 정답 : this

(3) A: 너 요전 날 밤에 무슨 일 있었어?
    내가 10번 정도는 전화했었는데.   → 정답 : that night
    B: 나 그날 바빴어.

B. 알맞은 표현으로 다음 각 대화문을 완성해보세요.

(1) A: 내 아내는 요즘 입덧이 심해.
    B: 몇 주만 지나면 괜찮아질 거야.   → 정답 : sickness

(2) A: 나 너희랑 같이 가도 돼?
    B: 미안하지만, 오늘은 여자들끼리만 놀 거야.   → 정답 : night out

(3) A: 넌 아침에 부지런한 타입이야?
    / 너 아침에 일찍 일어나?   → 정답 : night owl
    B: 아니, 난 야행성에 더 가까워.

(4) A: 오늘은 이만 놀자.
    B: 벌써? 근데 아직 초저녁밖에 안 됐는데?   → 정답 : young

C. 단어들을 재배열하여 문장을 만들어보세요.

(1) 너 오늘 저녁에 시간 돼?   → 정답 : Are you free this evening?
(2) 아직 초저녁이야.   → 정답 : The night is still young.
(3) 너 이따 오후에 뭐 해?   → 정답 : What're you doing later this afternoon?
(4) 내가 이따 저녁에 들를게.   → 정답 : I'll stop by later this evening.
(5) 난 그날 밤에 너무 취했었어.   → 정답 : I was so drunk that night.

004

How's it going?

어떻게 지내? / 요즘 어때? / 잘 지내지?

Gotta Know

A. Let's practice the dialogues. Replace the underlined sentences with the ones in the *Ready-to-Use Boxes*.

1-a. Greetings to ask about how things are going with someone.

A: <u>How's everything (going) (with you)?</u>

B: Terrific!

Ready-to-Use Box
How's it going? How're things (going) (with you)? How's your day so far?

1-b. Responses you can use for greetings like "**How's it going?**"

A: How're things with you?

B: <u>Pretty good.</u>

Ready-to-Use Box
Couldn't be better. Going great. Terrific. Not that bad. Not so good. Horrible. Can't complain. (Same,) Same. Same as usual. (Just) Same old, same old. Busy as usual.

2-a. Informal greetings that are often used among close friends, especially men.

A: <u>What's up (with you)?</u>

B: Nothing much.

Ready-to-Use Box
What's new (with you)? What's going on (with you)? What's good?

2-b. Responses you can use for greetings like "**What's up?**"

A: What's going on?

B: <u>Nothing special.</u> I'm just chilling.

Ready-to-Use Box
Not much. Nothing (much).

A. Ready-to-Use Box 속 표현들로 밑줄 부분을 바꿔가며 대화문들을 연습해봅시다.

1-a. 안부를 묻는 또 다른 표현들

A: 잘 지내?
B: 엄청 잘 지내지.

How's it going?
　　어떻게 지내? / 요즘 어때? / 잘 지내지?
How're things (going) (with you)?
　　어떻게 지내? / 하는 일들은 잘 되고 있지? / 잘 지내지?
How's your day so far?
　　지금까진 어때? / 지금까진 별일 없지?

1-b. "**How's it going?**" 류의 인사에 대한 응답들

A: 어떻게 지내?
B: 꽤 잘 지내.

Couldn't be better.	더할 나위 없이 좋아.
Going great.	아주 잘 지내.
Terrific.	아주 잘 지내. / 끝내줘.
Not that bad.	잘 지내. / 그리 나쁘지 않아.
Not so good.	그리 좋지 않아.
Horrible.	엄청 안 좋아. / 끔찍해.
Can't complain.	불평할 정도는 아냐. / 그냥 그렇지, 뭐.
(Same,) Same.	똑같지, 뭐.
Same as usual.	늘 똑같지, 뭐.
(Just) Same old, same old.	맨날 똑같지, 뭐.
Busy as usual.	늘 바쁘지, 뭐. / 여전히 바빠.

Tip 1) 안부를 물을 때는 "**How're you?**"처럼 상대방이 어떠한지를 묻기도 하지만, 하는 일은 잘되고 있는지, 상황이나 사정은 어떠한지 등으로 묻기도 하죠. 이럴 때 "**How's it going?**" 류의 인사를 이용해요.

2-a. "**별일 없지?**" 류의 인사 표현들

A: 별일 없지?
B: 별일 없어.

What's new (with you)?
= What's going on (with you)?
= What's good?
　　별일 없지? / 별일 없어?

2-b. "**별일 없지?**" 류의 인사에 대한 응답들

A: 별일 없지?
B: 특별한 건 없어. 그냥 쉬고 있어.

Not much.	별일 없어.
Nothing (much).	(딱히) 별일 없어.

 Tip 2) 친한 사이에서는 "**별일 없지?**"라고 인사하기도 하죠? 이럴 때 "**What's up?**" 류의 인사들을 이용해요. 이런 인사들은 말 그대로 뭔가 특별한 일이 있는지를 묻는 형식이기 때문에 어떤 특별한 일이 있는지, 또는 뭘 하고 있는지 등으로 대답할 수 있어요.

Gotta Remember
Show'em Who's Boss!

A. Rearrange the words to form sentences.

(1) everything / going / you / with / how's

→_____?

(2) you / on / what's / going / with

→_____?

B. Correct the sentences.

(1) What's new to you?   →_____?

(2) How're things doing with you? →_____?

C. Find the least appropriate expression.

(1) A: How's it going?
    B: Not that bad. How about yourself?
    A: _____, thank you.

ⓐ Terrific
ⓑ Horrible
ⓒ Couldn't be better

(2) A: What's new?
    B: _____ Just same old, same old.

ⓐ Nothing.
ⓑ Not much.
ⓒ Never better.

D. Change the underlined parts with what we have learned today.

(1) A: <u>How's it going</u>?
    B: <u>Pretty good</u>. How're <u>you doing</u>?
    A: <u>Can't complain</u>.

(2) A: Hey, <u>what's up</u>?
    B: <u>Not much</u>. What're you up to now?
    A: I'm just watching TV.

Translations & Answers

A. 단어들을 재배열하여 문장을 만들어보세요.

(1) 어떻게 지내? / 요즘 사정(/상황)은 좀 어때?
   → 정답 : How's everything going with you?

(2) 별일 없지? / 별일 없어?
   → 정답 : What's going on with you?

B. 다음 각 문장에서 틀린 부분을 찾아 바르게 고쳐보세요.

(1) 별일 없지? / 별일 없어?　　　　　　→ 정답 : What's new with you?
(2) 어떻게 지내? / 하는 일들은 잘 되고 있지?　→ 정답 : How're things going with you?

C. 보기 중 빈칸에 가장 어색한 표현을 골라보세요.

(1) A: 어떻게 지내?　　　　　　　→ 정답 : ⓑ
   B: 잘 지내는 편이야. 넌 어때?
   A: _____, 고마워.

   ⓐ 아주 잘 지내
   ⓑ 끔찍해
   ⓒ 더할 나위 없이 좋아

(2) A: 별일 없지?　　　　　　　→ 정답 : ⓒ
   B: _____ 그냥 늘 똑같지 뭐.

   ⓐ 별일 없어.
   ⓑ 별일 없어.
   ⓒ 최상이야 / 최고야.

D. 오늘 학습한 내용을 이용해 밑줄 부분을 바꿔가며 자유롭게 대화를 나눠보세요.

(1) A: 잘 지내지?
   B: 응, 꽤 잘 지내고 있어. 넌 어때?
   A: 괜찮아.

(2) A: 야, 너 별일 없지?
   B: 없어. 넌 지금 뭐 해?
   A: 그냥 TV 봐.

005 Have a great weekend!
주말 신나게 보내!

Gotta Know

A. **Let's practice the dialogues. Replace the underlined words with the ones in the *Ready-to-Use Boxes*.**

1. Using the word **have** when parting ways.

   (1) A: Have a <u>good day</u>!
       B: You have a <u>good day</u>, too!

   (2) A: Have a <u>great weekend</u>.
       B: Thanks. Have a good one.

Ready-to-Use Box
nice day
great day
wonderful day
good night
wonderful evening
nice holiday
pleasant time
nice vacation
good trip

2. Using the word **enjoy** when parting ways.

   (1) A: Enjoy your <u>day</u>.
       B: Thank you. Same to you.

   (2) A: Enjoy the rest of your <u>vacation</u>.
       B: Thanks. You, too.

Ready-to-Use Box
morning
weekend
trip
stay

B. **Here are some expressions you can use when responding. Complete the responses on the right.**

A: Have a good day!
B: You have a good day, too!
B: You, too. Have a good day!
B: You also have a good day!
B: Have a good day, too!
B: You have a good day as well!

A: Enjoy your weekend!
　B: You enjoy your weekend, too!
　B: ① _____!
　B: ② _____!
　B: ③ _____!
　B: ④ _____!

A. Ready-to-Use Box 속 표현들로 밑줄 부분을 바꿔가며 대화문들을 연습해봅시다.

1. "Have a good day." 류의 인사들

(1) A: 좋은 하루 보내!
    B: 너도 좋은 하루 보내!

(2) A: 주말 신나게 보내.
    B: 고마워. 너도 주말 잘 보내.

nice day	즐거운 하루
great day	아주 좋은 하루
wonderful day	아주 멋진 하루
good night	좋은 밤
wonderful evening	아주 멋진 저녁 시간
nice holiday	즐거운 휴일
pleasant time	즐거운 시간
nice vacation	즐거운 방학(/휴가)
good trip	좋은 여행

Tip 1) "Have a good day." 류의 인사에서는 "day", "night", "morning", "afternoon", "evening", "weekend", "time", "holiday", "vacation", "trip"처럼 구체적으로 말하지 않고 그냥 "one"으로 두리뭉실하게 표현하기도 해요.

2. "Enjoy your day." 류의 인사들

(1) A: 좋은 하루 보내.
    B: 고마워. 너도.

(2) A: 남은 휴가(/방학) 잘 보내.
    B: 고마워. 너도.

morning	오전 (시간), 아침 (시간)
weekend	주말
trip	여행
stay	머무름

Tip 2) "남은 하루도 즐겁게 보내."처럼 "남은"이라는 의미를 추가하고 싶을 때는 "Enjoy the rest of ..."라고 표현해요.

B. 다음은 오늘 소개한 인사들에 응답하는 방법입니다. 좌측 표현들을 참고로 하여 우측 표현들을 완성해보세요.

A: 좋은 하루 보내!
B: 너도 좋은 하루 보내!
(※ B 번역 모두 동일)

A: 주말 잘 보내!
B: 너도 주말 잘 보내!
(※ B 번역 모두 동일)

① → 정답 : You, too. Enjoy your weekend!
② → 정답 : You also enjoy your weekend!
③ → 정답 : Enjoy your weekend, too!
④ → 정답 : You enjoy your weekend as well!

Tip 3) 이러한 인사들에 "너도."라고 간단히 인사하려면 다음 표현들을 이용할 수 있어요.

- You, too. 너도.
- Same to you. 너도 그러길 바라. / 너도 마찬가지야.
- Likewise. 너도 그러길 바라. / 너도 마찬가지야.
- (Right) Back at ya. 너도 (마찬가지야). / 반사. / 누가 할 소리! / 사돈 남 말 하네!

A. Circle the correct answers.

(1) (Have / Enjoy) a wonderful evening!
(2) You (have / enjoy) your flight.
(3) You (have / enjoy) a pleasant time!
(4) (Have / Enjoy) the rest of your meal.

B. Correct the sentences.

(1) Have a pleasant travel. → _____.
(2) Enjoy the last of your evening! → _____!

C. Complete the dialogues.

(1) A: Have a nice holiday.
    B: Thank you. _____ to you.

(2) A: Enjoy the rest of your evening!
    B: _____ back at ya!

D. Rearrange the words to form sentences.

(1) a / Hawaii / great / in / time / have → _____.
(2) your / enjoy / trip / rest / the / of → _____.

E. Find the least appropriate expression.

(1) A: Enjoy the rest of your weekend.
    B: _____

    ⓐ Likewise.
    ⓑ Same here.
    ⓒ Back at ya.

(2) A: I hope you have a wonderful time in Paris.
    B: _____

    ⓐ I won't. Thanks.
    ⓑ I hope so, too.
    ⓒ Thanks. Have a good one.

Translations & Answers

A. 괄호 속 표현 중 각 문장에 어울리는 것을 골라보세요.

  (1) 아주 멋진 저녁 시간 보내!   → 정답 : Have
  (2) 여행 즐겁게 보내. / 즐거운 비행 돼.   → 정답 : enjoy
  (3) 즐거운 시간 돼!   → 정답 : have
  (4) 식사하던 거 마저 즐겁게 해.   → 정답 : Enjoy

B. 다음 각 문장에서 틀린 부분을 찾아 바르게 고쳐보세요.

  (1) 즐거운 여행 돼.   → 정답 : Have a pleasant trip.
  (2) 남은 저녁 시간도 즐거운 시간 돼!   → 정답 : Enjoy the rest of your evening!

C. 알맞은 표현으로 다음 각 대화문을 완성해보세요.

  (1) A: 즐거운 휴일 되세요.   → 정답 : Same
      B: 고마워요. 당신도 휴일 즐겁게 보내세요.

  (2) A: 남은 저녁 시간도 즐거운 시간 돼!   → 정답 : Right
      B: 너도!

D. 단어들을 재배열하여 문장을 만들어보세요.

  (1) 하와이에서 즐거운 시간 보내.   → 정답 : Have a great time in Hawaii.
  (2) 남은 여행도 즐겁게 보내.   → 정답 : Enjoy the rest of your trip.

E. 보기 중 빈칸에 가장 어색한 표현을 골라보세요.

  (1) A: 남은 주말 잘 보내.   → 정답 : ⓑ
      B: _____

        ⓐ 너도 (그러길 바라).
        ⓑ 나도 (그래).
        ⓒ 너도 (그러길 바라).

  (2) A: 파리에서 좋은 시간 보내길 바라.   → 정답 : ⓐ
      B: _____

        ⓐ 응, 거기서 엄청 재밌었어.
        ⓑ 나도 그러면 좋겠어.
        ⓒ 고마워. 좋은 하루 보내.

006 Thanks a million.

정말 고마워.

Gotta Know

A. **Let's practice the dialogues. Replace the underlined sentences with the ones in the *Ready-to-Use Box*.**

(1) A: Just let me know
   if you need my help.
   B: Thanks a bunch.

(2) A: Thanks a lot.
   B: You bet.

Ready-to-Use Box

Thanks.
Thanks a million.
Thanks a ton.
Thanks so much.

B. **Here are some informal expressions you can use when responding to "Thank you." Use the *Cheat Box* to fill in the blanks.**

(1) No problem.
(2) No sweat.
(3) Not _____ problem.
(4) It's _____.
(5) It was nothing.
(6) It was _____ trouble.
(7) It's okay.
(8) No big _____.
(9) Don't _____ about it.
(10) Anytime.
(11) _____. (= Yep.)

(12) Um-hum.
(13) Sure.
(14) You _____.

Cheat Box

a	deal
no	worry
bet	nothing
yup	

C. **Let's complete the dialogues using either *thanks to* or *because of*.**

(1) A: _____ you, I made up with my girlfriend.
   B: I'm glad to hear that.

(2) A: _____ you, I broke up with my girlfriend.
   B: Huh? What did I do?

A. 다음은 "고맙다"는 뜻의 더 친근한 표현들입니다. Ready-to-Use Box 속 표현들로 밑줄 부분을 바꿔가며 대화문들을 연습해봅시다.

(1) A: 내 도움이 필요하면 말만 해.
B: <u>정말 고마워.</u>

(2) A: <u>정말 고마워.</u>
B: 응.

Thanks.	고마워(요).
Thanks a million.	정말 고마워(요).
Thanks a ton.	정말 고마워(요).
Thanks so much.	정말 고마워(요).

Tip 1) 위 표현들은 가까운 사이에서, 혹은 친근감 있게 고마움을 표현하고 싶을 때 사용하는 표현들이에요. 이때도 마찬가지로, "재차"라고 표현하고 싶을 때는 "again"을 사용하고, 사양할 때는 "No thanks."라고 표현하죠.
2) 간혹, "Thanks so much."는 그냥 "Thanks much."라고 표현하기도 해요.

B. 고맙다는 인사에 가볍게 응답하고 싶을 때는 다음 표현들을 사용할 수 있습니다. Cheat Box 속 표현들로 빈칸을 채워보세요.

(1) 별거 아니에요. / 별거 아니야. / 뭘 그런 걸 가지고.
(2) 별거 아니에요. / 별거 아니야. / 뭘 그런 걸 가지고.
(3) 별거 아니에요. / 별거 아니야. / 뭘 그런 걸 가지고.　→ 정답 : a
(4) 별거 아니에요. / 별거 아니야. / 뭘 그런 걸 가지고.　→ 정답 : nothing
(5) 아무것도 아니었어. / 별거 아니었어.
(6) 하나도 어려울 게 없었어. / 별거 아니었어.　→ 정답 : no
(7) 괜찮아요. / 괜찮아. / 별거 아니야.
(8) 별거 아니야.　→ 정답 : deal
(9) 뭘 이런 거 가지고. / 뭘 그런 거 가지고.　→ 정답 : worry
(10) 언제든지요. / 언제든지.
(11) 네. / 그래.　→ 정답 : Yup
(12) 응. (의성어에 가까움)
(13) 뭘요. / 뭘.
(14) 응. / 그래.　→ 정답 : bet

C. "thanks to" 또는 "because of"를 이용해 각 대화문을 완성해봅시다.

(1) A: 네 <u>덕분에</u> 여자 친구랑 화해했어.
B: 잘됐네.

(2) A: 너 <u>때문에</u> 여친이랑 헤어졌잖아.
B: 엥? 내가 뭘 어쨌는데?

→ 정답 : 두 대화문 모두에 "thanks to"와 "because of" 중 아무것이나 사용 가능

Tip 3) "thanks to ..."는 "~에게 고마움을 돌린다"라는 의미에서 "~ 덕분에"라는 뜻으로 사용돼요. 하지만, 간혹 반어적으로 무언가 안 좋은 일이나 상황이 벌어진 것에 대한 책임을 누군가에게 돌리는 표현으로도 사용되곤 하는데, 이때는 "because of ..."와 같은 뜻이랍니다. 반대로, "because of ..." 역시 누군가에게 공을 돌리는 표현으로 사용되곤 하는데, 정리하면, 두 표현은 서로 바꿔 사용할 수 있지만, "thanks to ..."에는 "공을 돌린다"는 의미가, "because of ..."에는 "책임을 돌린다"는 의미가 좀 더 강하다고 볼 수 있죠.

Gotta Remember
Show'em Who's Boss!

A. Find the incorrect or inappropriate expressions and correct them.

(1) A: Thanks. I appreciate.
   B: It's okay.

(2) A: Thanks so much.
   B: Don't talk about it. We're even now, okay?

(3) A: Why don't I help you with that?
   B: Really? Thank you a million!

(4) A: Get in.
   B: Again, thanks. I'd rather walk.

(5) A: Thanks lots.
   B: Not a problem.

B. Complete the dialogues with the expressions in the box.

> thanks to you   because of my dog
> thanks to your advice   because of Daylight Savings Time
> thanks to this watch

(1) A: _____, I made smart decisions.
   B: I'm glad it helped.

(2) A: What time is it now?
   B: It's half past noon. Wait, it's actually half past 11
      _____.

(3) A: _____, I got an A in my English class.
   B: Then buy me a drink.

(4) A: I didn't get a wink of sleep last night.
   B: Why not?
   A: _____. He was barking all night.

(5) A: Hey, you got a brand new watch.
   B: Yeah, I just got it yesterday.
   A: It looks pretty expensive.
   B: Oh yeah. It cost me an arm and a leg.
      _____, I'm completely broke now.

Translations & Answers

A. 각 대화문 내용 중 틀린 부분을 찾아 바르게 고쳐보세요.

(1) A: 정말 고마워.
B: 괜찮아.

→ 정답 : A: Thanks. I appreciate it.
B: It's okay.

(2) A: 정말 고마워.
B: 그런 말 마. 이젠 서로 빚 없는 거다. 알았지?

→ 정답 : A: Thanks so much.
B: Don't worry about it. We're even now, okay?

(3) A: 내가 그거 도와줄게.
B: 정말? 진짜 고마워!

→ 정답 : A: Why don't I help you with that?
B: Really? Thanks a million!

(4) A: 타.
B: 아니, 괜찮아. 그냥 걸을래.

→ 정답 : A: Get in.
B: No thanks. I'd rather walk.

(5) A: 정말 고마워.
B: 별거 아냐.

→ 정답 : A: Thanks a lot.
B: Not a problem.

B. 상자 속 표현들을 이용해 다음 각 대화문을 완성해보세요.

thanks to you	네 덕에	because of my dog	내 개 때문에
thanks to your advice	네 충고 덕에	because of Daylight Savings Time	
thanks to this watch	이 시계 덕에		써머타임 때문에

(1) A: 네 충고 덕분에 현명한 선택을 했어.
B: 도움이 됐다니 기쁘네.

→ 정답 : Thanks to your advice

(2) A: 지금 몇 시야?
B: 12시 반이야. 잠깐만, 써머타임 이니까 11시 반이네.

→ 정답 : because of Daylight Savings Time

(3) A: 네 덕분에 영어 A 받았어.
B: 그럼 술 한 번 사.

→ 정답 : Thanks to you

(4) A: 나 어젯밤에 한숨도 못 잤어.
B: 왜?
A: 우리 집 개 때문에. 밤새도록 짖어 대더라고.

→ 정답 : Because of my dog

(5) A: 야, 너 새 시계 샀구나.
B: 응, 어제 산 거야.
A: 꽤 비싸 보이네.
B: 당연하지. 돈 어마어마하게 들었어. 이 시계 덕에 나 지금 완전 알거지야.

→ 정답 : Thanks to this watch

Gotta Know

A. Let's practice the dialogue using the given information.

Information:

Australia
Sydney

A: Where're you from?
B: I'm from Sydney, Australia.
A: Oh, you're Australian!
B: Yep.

①
Korea
Busan

②
Germany
Hamburg

③
Egypt
Alexandria

④
Spain
Barcelona

B. Let's look at the names, nationalities and capitals of various countries. Use the *Cheat Box* to fill in the blanks.

Brazil	Brazilian	①	
Egypt	②		Cairo
France	French	③	
Germany	German	④	
Great Britain	⑤		London
India	⑥		New Delhi
Italy	Italian		Rome
New Zealand	⑦		Wellington
Russia	Russian	⑧	
Spain	⑨		Madrid
Sweden	Swedish	⑩	
the Netherlands	Dutch		Amsterdam

Cheat Box

Paris
Berlin
Indian
Moscow
British
Spanish
Brasilia
Egyptian
Stockholm
New Zealander

A. 주어진 정보를 이용해 다음 대화문을 연습해봅시다.

정보: 호주
시드니

A: 넌 어디서 왔어?
B: 난 호주 시드니에서 왔어.
A: 아, 너 호주 사람이구나.
B: 응.

① 대한민국 부산	② 독일 함부르크	③ 이집트 알렉산드리아	④ 스페인 바르셀로나

Tip

1) 일반적으로 국적이 서로 다른 사람들끼리 "Where're you from?"이라고 묻는다면 "What country are you from? (너 어느 나라에서 왔어?)"이라는 뜻이겠지만, 같은 나라 사람들끼리 이렇게 묻는다면 "What city are you from? (너 어느 지역 출신이야?)"이라는 의미가 돼요. 즉, "Where're you from?"은 출신 국가를 묻는 질문일 수도 있고, 출신 지역을 묻는 질문일 수도 있답니다.

2) 미국은 하나의 "주(state)"가 왠만한 국가 규모이다 보니 출신을 말할 때는 도시와 국가뿐만 아니라 주까지 함께 소개하는 경우가 많은데, 이때는 "I'm from Los Angeles, California in America."처럼 도시와 주 사이에는 콤마를 넣고, 주와 국가 사이에는 "in"을 넣어서 표현해줘요. 도시와 국가로만 소개할 때도 "I'm from Los Angeles in America."처럼 국가명 앞에 "in"을 넣어준답니다. 하지만 대화 중에는 빨리 말하다 보니 그냥 "in"을 생략하고 말하는 경우도 간혹 있어요.

3) "Australian"은 "호주의", "호주 사람인"이라는 뜻의 형용사로 쓰일 수도 있고, "호주 사람"이라는 뜻의 명사로도 쓰일 수 있어요. 이처럼 국적을 나타내는 표현 중에는 형용사와 명사 둘 다로 쓰일 수 있는 것들이 많죠. 보통, 자신의 국적을 말할 때는 "a"나 "an"과 같은 부정관사를 사용하지 않는 경우가 좀 더 많은데, 이때 사용되는 표현들은 모두 형용사로 보면 되겠죠?

B. 다양한 국가들의 국가명, 국적, 그리고 수도를 살펴봅시다. Cheat Box 속 표현들로 빈칸을 채워보세요.

브라질	브라질 사람	① 정답 : Brasilia (브라질리아)
이집트	② 정답 : Egyptian (이집트 사람)	카이로
프랑스	프랑스 사람	③ 정답 : Paris (파리)
독일	독일 사람	④ 정답 : Berlin (베를린)
영국	⑤ 정답 : British (영국 사람)	런던
인도	⑥ 정답 : Indian (인도 사람)	뉴델리
이탈리아	이탈리아 사람	로마
뉴질랜드	⑦ 정답 : New Zealander (뉴질랜드 사람)	웰링턴
러시아	러시아 사람	⑧ 정답 : Moscow (모스크바)
스페인	⑨ 정답 : Spanish (스페인 사람)	마드리드
스웨덴	스웨덴 사람	⑩ 정답 : Stockholm (스톡홀름)
네덜란드	네덜란드 사람	암스테르담

Tip 4) "네덜란드(the Netherlands)"는 간단히 "Holland"라고 표현하기도 해요.

Gotta Remember
Show'em Who's Boss!

A. Complete the dialogues using the given information.

(1) A: Where're you from?
    B: I'm from _____, _____.

    Japan
    Tokyo

(2) A: You're from Australia, right?
    B: No, I'm from _____.

    New Zealand
    Wellington

(3) A: Is he from _____?
    B: Yes, he is. He's from _____.

    Vietnam
    Hanoi

(4) A: Are you Spanish?
    B: Nope! I'm _____.
       I'm from _____.

    the Philippines
    Manila

(5) A: Is he Chinese?
    B: No, he's not. He's _____.
       He's from _____,
       the capital of _____.

    Malaysia
    Kuala Lumpur

(6) A: Is she from Japan?
    B: No, she isn't. She's from _____.
    A: Where in _____ is she from?
    B: From _____.

    China
    Beijing

(7) A: Are you _____?
    B: Yup!
    A: What city are you from?
    B: I'm from _____.

    Canada
    Toronto

B. Answer the question below.

Q: Where're you from?
A: _____.

Translations & Answers

A. 주어진 정보를 바탕으로 대화문들을 완성해보세요.

(1) A: 넌 어디서 왔어?
    B: 난 일본 도쿄에서 왔어.
    → 정답 : Tokyo, Japan

일본 도쿄

(2) A: 너 호주에서 온 거 맞지?
    B: 아니, 난 뉴질랜드에서 왔어.
    → 정답 : New Zealand

| 뉴질랜드 웰링턴 |

(3) A: 걔 베트남에서 왔어?
    B: 응. 걘 하노이 출신이야.
    → 정답 : Vietnam, Hanoi

| 베트남 하노이 |

(4) A: 너 스페인 사람이야?
    B: 아니! 난 필리핀 사람이야. 필리핀에서 왔어.
    → 정답 : Filipino, the Philippines

| 필리핀 마닐라 |

(5) A: 걔 중국 사람이야?
    B: 아니. 걘 말레이시아 사람이야. 말레이시아 수도인 쿠알라룸푸르에서 왔어.
    → 정답 : Malaysian, Kuala Lumpur, Malaysia

| 말레이시아 쿠알라룸푸르 |

(6) A: 걔 일본에서 왔어?
    B: 아니. 걘 중국에서 왔어.
    A: 중국 어디에서 왔어?
    B: 북경에서.
    → 정답 : China, China, Beijing

| 중국 북경 |

(7) A: 너 캐나다 사람이야?
    B: 응!
    A: 어느 도시에서 왔는데?
    B: 난 토론토에서 왔어.
    → 정답 : Canadian, Toronto

| 캐나다 토론토 |

B. 다음 응답은 참고용입니다. 질문에 자유롭게 응답해보세요.

Q: Where're you from?
A: I'm from Los Angeles, California.

Q: 당신은 어디에서 왔나요?
A: 전 캘리포니아 주 로스앤젤레스에서 왔어요.

Can you speak French, too?
너 프랑스어도 할 수 있어?

Gotta Know

A. Let's complete the dialogues using the given information.

Information:

English (5 years)
French (2 years)
Swedish (1 year)

A: How long have you studied English?
B: About <u>five years</u>.
A: Can you speak French, too?
B: <u>Yes, I can</u>.
A: What other languages do you speak?
B: I also speak <u>Swedish</u>.

①

Information:

English (3 years)
Korean (1 year)
Japanese
(6 months)

A: How long have you studied English?
B: Around _____.
A: What other languages do you speak?
B: I also speak _____.
A: Can you speak Chinese, too?
B: _____.

②

Information:

English (10 years)
Dutch (1 year)

A: How long have you studied English?
B: _____ or so.
A: Can you speak Spanish as well?
B: Nope, but I can speak _____.
   Only a little bit, though.

B. Let's learn the words that are used to refer to someone who can speak two or more languages. Use the _Cheat Box_ to fill in the blanks.

(1) A: How many languages do you speak?
    B: I speak three languages.
    A: Oh, you're _____.

(2) A: How many languages can you speak?
    B: I'm _____. I can speak English and Spanish.

(3) A: Do you speak anything besides English?
    B: I speak Italian, French and German. I'm _____.

Cheat Box

bilingual
trilingual
quadrilingual

A. 주어진 정보를 이용해 다음 각 대화문을 완성해봅시다.

정보: 영어 (5년)
프랑스어 (2년)
스웨덴어 (1년)

A: 너 영어 공부한 지 얼마나 됐어?
B: 5년 정도.
A: 프랑스어도 할 수 있어?
B: 어.
A: 또 어떤 외국어 할 줄 알아?
B: 스웨덴어도 할 줄 알아.

① 영어 (3년) 한국어 (1년) 일본어 (6개월)	A: 너 영어 공부한 지 얼마나 됐어? B: 3년 정도. A: 또 어떤 외국어 할 줄 알아? B: 한국어랑 일본도 할 줄 알아. A: 중국어도 할 수 있어? B: 아니.	→ 정답 : three years → 정답 : Korean and Japanese → 정답 : No, I can't

② 영어 (10년) 네덜란드어 (1년)	A: 너 영어 공부한 지 얼마나 됐어? B: 10년 정도. A: 너 스페인어도 할 수 있어? B: 아니. 하지만 네덜란드어는 할 수 있어. 조금밖에 못하지만.	→ 정답 : 10 years → 정답 : Dutch

Tip

1) "England"는 현재의 "**영국**(the United Kingdom: 잉글랜드, 스코틀랜드, 웨일스, 북아일랜드로 구성된 연합 국가)"이 아니라 그 중 "**잉글랜드**"에 해당해요. "English"는 정확히 말하면 "**영국**"이 아닌 "**잉글랜드**"에서 기원한 언어이며, "**잉글랜드 사람(의)**"이라는 뜻도 있답니다.

B. 두 개 이상의 언어를 구사할 수 있는 사람들을 묘사하는 단어들을 배워봅시다. Cheat Box 속 표현들로 빈칸을 채워보세요.

(1) A: 너 몇 개 국어 해?
B: 3개 국어 해.
A: 이야, 너 "트라일링구얼"이구나.

→ 정답 : trilingual
(3개 국어 사용자인)

(2) A: 넌 몇 개 국어 구사할 수 있어?
B: 난 "바일링구얼"이야. 영어랑 스페인어 가능해.

→ 정답 : bilingual
(2개 국어 사용자인)

(3) A: 너 영어 말고 할 줄 아는 거 있어?
B: 이탈리아어랑 프랑스어, 그리고 독일어 해.
난 "콰드럴링구얼"이야.

→ 정답 : quadrilingual
(4개 국어 사용자인)

Tip

2) 두 개 이상의 언어를 구사할 수 있는 사람들을 묘사하는 단어로는 "**polylingual(팔릴링구얼)**"과 "**polyglot(팔리글랏)**", 그리고 "**multilingual(멀틸링구얼)**"도 있어요. 모두 "**다중 언어 사용자인**"이라는 뜻이죠. 하지만 이런 사람들을 표현할 때는 그냥 "**She speaks several languages.**"라고 표현하는 게 더 일반적이랍니다.

A. Complete the dialogues.

(1) A: Where did you study English?
    B: ____ America.

(2) A: Can you speak any foreign languages?
    B: _____ at all. I _____ speak English.

(3) A: What other languages do you speak?
    B: _____ English? None.

(4) A: You sound _____ a native speaker.
    B: Really? Thanks.

(5) A: Can you speak _____ foreign languages?
    B: Yeah, I can speak French and Spanish.
    A: Wow! So, you're _____, huh? How about Italian?
    B: Only a little _____.
    A: I guess you have a knack for learning languages.

B. Rearrange the words to form sentences.

(1) speak / languages / other / can / any / you
    → _____ ?

(2) speak / English / do / besides / you / anything
    → _____ ?

C. Answer the questions below.

(1) Q: How long have you studied English?
    A: _____ .

(2) Q: How good is your English?
    A: _____ .

(3) Q: Where did you study English before studying with me?
    A: _____ .

(4) Q: Can you speak any other languages?
    A: _____ .

Translations & Answers

A. 알맞은 표현으로 다음 각 대화문을 완성해보세요.

(1) A: 너 영어 어디에서 배웠어?
   B: 미국에서.
   → 정답 : In

(2) A: 넌 할 수 있는 외국어 있어?
   B: 전혀 없어. 난 영어만 해.
   → 정답 : 순서대로 Not, only

(3) A: 너 다른 외국어 할 줄 아는 거 있어?
   B: 영어 말고? 없어.
   → 정답 : Besides

(4) A: 넌 원어민처럼 말하는구나.
   B: 정말? 고마워.
   → 정답 : like

(5) A: 너 할 줄 아는 외국어 있어?
   B: 실은, 불어랑 스페인어 할 수 있어.
   A: 와, 너 3개 국어 사용 가능자야?
      이탈리아어도 할 수 있어?
   B: 약간.
   A: 언어 쪽으론 정말 타고났네.
   → 정답 : 순서대로 any, trilingual, bit

B. 단어들을 재배열하여 문장을 만들어보세요.

(1) 너 다른 언어도 구사할 수 있어?
   → 정답 : Can you speak any other languages?

(2) 너 영어 말고 할 줄 아는 거 있어?
   → 정답 : Do you speak anything besides English?

C. 다음 응답들은 참고용입니다. 각 질문에 자유롭게 응답해보세요.

(1) Q: How long have you studied English?
   A: <u>For almost five years.</u>
   Q: 당신은 영어를 공부한 지 얼마나 됐나요?
   A: 거의 5년 됐어요.

(2) Q: How good is your English?
   A: <u>Just good enough to get by.</u>
   Q: 당신의 영어 실력은 어때요?
   A: 그냥 의사소통만 겨우 될 정도예요.

(3) Q: Where did you study English before studying with me?
   A: <u>I studied it in college.</u>
   Q: 저와 공부하기 전에는 어디서 영어를 공부했나요?
   A: 대학 때 공부했어요.

(4) Q: Can you speak any other languages?
   A: <u>Yeah, I can speak a little Japanese.</u>
   Q: 다른 언어도 할 수 있나요?
   A: 네, 일본어도 약간 해요.

009 Can I borrow this umbrella?
나 이 우산 좀 빌려도 돼?

A. Let's practice the dialogues using the given information.

umbrella

A: Can I borrow this umbrella?
B: You can have it. I have another.

chair

A: What do you think of that chair?
B: I think it's not that bad.

①
red T-shirt

②
coffee mug

③
yellow dress

④
comic book

B. Let's complete the dialogues using *this* or *that*.

(1) A: She's never _____ late.
   B: I know. Maybe we should give her a call and ask what's going on.

(2) A: Do you need a ride to the airport?
   B: Yeah, if you're not _____ busy.

(3) A: It's 59.99.
   B: Let's get it then. It's not _____ expensive.

(4) A: It's not _____ simple.
   B: I guess you're right. It's more complicated than it looks.

C. Let's complete the sentences using *here* or *there*.

(1) Let's get out of _____.
(2) Hello, I'm calling for Matt. Is he _____?
(3) What's that red thing over _____?
(4) I'm _____ to meet Mr. Parker.
(5) Are we _____ yet?
(6) Come over _____ and talk to me.

A. 주어진 정보를 이용해 다음 대화문들을 연습해봅시다.

(가까이 있는) 우산	A: 나 이 우산 좀 빌려도 돼? B: 너 가져. 난 하나 더 있어.	(가까이 있지 않은) 의자	A: 저 의자 어떤 거 같아? B: 그리 나쁘지 않은 거 같은데.

①	②	③	④
(가까이 있지 않은) 빨간 티셔츠	(가까이 있는) 커피 머그잔	(가까이 있지 않은) 노란 드레스	(가까이 있는) 만화책

Tip 1) "this"와 "that"은 "이 축구공", "저 연필"처럼 어떤 대상을 꾸며주는 말로도 사용할 수 있어요. 이때는 그냥 "이", "저/그"라는 뜻이죠. 이런 뜻으로 쓰일 때는 하나의 대상 또는 "평화"처럼 셀 수 없는 대상만 꾸며줄 수 있답니다.

B. "this" 또는 "that"을 이용해 다음 각 대화문을 완성해봅시다.

(1) A: 걘 절대로 이렇게 늦는 애가 아닌데.
    B: 그러게. 아마도 걔한테 전화해서 무슨 일인지 물어보는 게 좋겠어.   → 정답 : this

(2) A: 공항까지 태워줄까?
    B: 응, 그리 안 바쁘다면.   → 정답 : that

(3) A: 59달러 99센트야.
    B: 그럼 사자. 그리 비싸지 않네.   → 정답 : that

(4) A: 그리 간단하지 않아.
    B: 그런 것 같아. 보기보다 난해해.   → 정답 : that

Tip 2) "this"와 "that"은 "이리도 아름다운", "그리 까다로운"처럼 어떤 대상을 꾸며주는 말을 또다시 꾸며줄 수 있어요. 이때는 "so"와 같은 의미로, 각각 "이리(이처럼, 이렇게, 이리도)", "그리(그처럼, 그렇게, 그리도)"라는 뜻이죠.

C. "here" 또는 "there"을 이용해 다음 각 문장을 완성해봅시다.

(1) 여기서 나가자.   → 정답 : here
(2) 여보세요, 매트랑 통화 좀 하고 싶은데, 매트 (거기에) 있나요?   → 정답 : there
(3) 저기 저 빨간 건 뭐지?   → 정답 : there
(4) 파커 씨 좀 만나러 (여기) 왔는데요.   → 정답 : here
(5) (우리) 다 왔어? / (우리) 다 온 거야?   → 정답 : there
(6) 이리 와서 나랑 얘기 좀 해.   → 정답 : here

Tip 3) "가까운 곳"과 "가깝지 않은 곳"을 가리키는 표현으로는 각각 "here(여기)"과 "there(저기)"이 있어요. 참고로, "there"은 "거기"라는 뜻으로도 많이 사용됩니다.

A. **Complete the dialogue using the given information. (Answers may vary.)**

A: Which one do you think is better, _____ or _____?

B: I think _____ is better.

① puffer vest · jacket

② knit hat · baseball cap

B. **Complete the dialogues using *this* or *that*.**

(1) A: Is _____ seat taken?
    B: Nope. Go ahead.

(2) A: I have no hard feelings about it.
    B: I'm glad you feel _____ way.

(3) A: It's not _____ simple.
    B: I agree. It's hard to figure out what to do
    in this kind of situation.

(4) A: Do you mind dropping me off at _____ stop light over there?
    B: Sure, no problem.

(5) A: What's wrong with your burrito?
    B: It's so salty. I can't believe it's _____ salty.

(6) A: Don't stand there. You're going to break it.
    B: Hey! I'm not _____ heavy.

(7) A: It's not _____ easy.
    B: How do you know? You haven't even tried it yet.

Translations & Answers

A. 다음 대화문들은 참고용입니다. 주어진 정보를 이용해 자유롭게 대화문을 완성해보세요.

① (가까이 있는) 재킷 (가까이 있지 않은) 패딩 조끼	② (가까이 있는) 야구모자 (가까이 있지 않은) 니트 모자 (털모자)
A: Which one do you think is better, <u>this jacket</u> or <u>that puffer vest</u>? B: I think <u>this jacket</u> is better. A: 어느 게 더 나아? 이 재킷, 아니면 저 패딩 조끼? B: 난 이 재킷이 더 좋은 것 같아.	A: Which one do you think is better, <u>this baseball cap</u> or <u>that knit hat</u>? B: I think <u>that one</u> is better. A: 어느 게 더 나아? 이 야구모자, 아니면 저 니트 모자? B: 난 이게 더 좋은 것 같아.

B. "this"와 "that" 중 알맞은 것으로 다음 각 대화문을 완성해보세요.

(1) A: 이 자리에 사람 있어요?　　　　　　→ 정답 : this
　　 B: 아뇨. 앉으세요.　　　　　　　　　　　(상황에 따라 that도 가능)

(2) A: 난 그 점에 대해서 서운한 거 없어.　→ 정답 : that
　　 B: 그렇게 느낀다니 다행이네.

(3) A: 그리 간단하지 않아.　　　　　　　　→ 정답 : that
　　 B: 맞아. 이런 상황에선 뭘 어떻게 해야 할지
　　　　잘 모르겠어.

(4) A: 저기 저 신호등에서 좀 내려줄래?　→ 정답 : that
　　 B: 그래, 그렇게.

(5) A: 네 부리또에 무슨 문제 있어?　　　　→ 정답 : this
　　 B: 너무 짜. 어떻게 이 정도로 음식이 짤 수 있지?

(6) A: 거기 서 있지 마. 그거 고장 내겠다.　→ 정답 : that
　　 B: 야! 나 그렇게 안 무거워.

(7) A: 그렇게 쉽지 않아.　　　　　　　　　→ 정답 : that
　　 B: 네가 어떻게 알아? 아직 해보지도 않았으면서.

010 Can you say that again?

그거 다시 말해줄래?

Gotta Know

A. Let's practice the dialogues. Replace the underlined sentences with the ones in the *Ready-to-Use Boxes*.

1. When you didn't hear someone clearly.

   (1) A: Excuse me, <u>I didn't hear you.</u>
       B: Forget it. It was nothing.

   (2) A: <u>I missed the last part.</u>
       B: Listen carefully this time.

Ready-to-Use Box
I didn't catch you.
I was somewhere else.
Will you say that again?
Can you repeat that?
Can you say that again?

2. When someone says something you can't understand.

   (1) A: Is it true?
       B: Is what true? <u>I'm not following you.</u>

   (2) A: So, that's why.
       B: What's why? <u>What're you talking about?</u>

Ready-to-Use Box
I don't get it.
I don't understand.
I don't follow you.
I didn't catch you.
What do you mean?

3. When someone says something that you are skeptical of or that you do not believe.

   (1) A: Remember Tia? She got fired today.
       B: <u>No way!</u>

   (2) A: I'm getting married.
       B: <u>Get out of here.</u>
       You don't even
       have a girlfriend.

Ready-to-Use Box
Give me a break!
Are you serious?
Are you kidding me?
I don't believe you!
I don't buy that!
Shut up!
Yeah, right!
Whatever!

A. Ready-to-Use Box 속 표현들로 밑줄 부분을 바꿔가며 대화문들을 연습해봅시다.

1. 상대방의 말을 제대로 못 들었을 때

(1) A: 죄송한데, <u>잘 못 들었어요.</u>
　　B: 신경 쓰지 마세요. 별거
　　　아니었어요.

(2) A: <u>마지막 말 잘 못 들었어.</u>
　　B: 이번엔 잘 들어.

I didn't catch you.	(네 말) 잘 못 들었어.
I was somewhere else.	잠깐 딴생각하고 있었어.
Will you say that again?	그거 다시 말해줄래?
Can you repeat that?	그거 다시 말해줄래?
Can you say that again?	그거 다시 말해줄래?

Tip 1) 보통, 듣기 싫든 좋든 관계없이 귀를 통해 듣게 되는 것은 "**듣다**"라는 뜻의 동사 "**hear**"을 사용해요. 이때는 의도적으로 무언가를 듣기 위해 귀를 열고 있는 게 아니라서 휙휙 지나가는 말 중에서 듣고 싶은 말들을 "**골라잡아**" 듣게 되는데, 이런 의미에서 "**catch**"라는 동사도 "**듣다**"라는 뜻으로 사용되곤 하죠.

2. 상대방의 말이 이해가 안 될 때

(1) A: 그게 사실이야?
　　B: 뭐가 사실이냔 말이야? 난
　　　<u>네가 무슨 말 하는지 모르겠어.</u>

(2) A: 그래서 그랬구나.
　　B: 뭐가 그래서? 너 무슨 얘기
　　　하는 거야?

I don't get it.	이해가 안 되네.
I don't understand.	이해가 안 되네.
I don't follow you.	네 말 잘 못 알아듣겠어.
I didn't catch you.	네 말 잘 못 알아듣겠어.
What do you mean?	그게 무슨 뜻이야?

Tip 2) "**catch**"는 단순히 "**듣다**"라는 뜻 외에도 "**이해하다**", "**알아듣다**"라는 뜻으로도 쓰여요. 그래서 상대방의 말을 제대로 못 들었을 때뿐만 아니라 상대방의 말이 이해가 안 될 때도 "**I didn't catch you.**"라고 표현할 수 있답니다.

3. 상대방의 말이 안 믿길 때

(1) A: 티아 기억해?
　　　걔 오늘 잘렸어.
　　B: <u>설마!</u>

(2) A: 나 결혼해.
　　B: <u>뻥 치시네.</u> 넌 여자
　　　친구도 없잖아.

Give me a break!	그만 좀 해! / 적당히 해!
Are you serious?	진심이야? / 진짜? / 설마!
Are you kidding me?	지금 농담해? / 지금 장난이지?
I don't believe you!	설마! / 난 네 말 안 믿어!
I don't buy that!	난 그 말 안 믿어!
Shut up!	설마! (뻥치시네!) / 닥쳐!
Yeah, right!	설마! / 오호, 그러시겠지!
Whatever!	그러든지 말든지!

Tip 3) "**No way!**"는 믿기지 않는 어떤 사실에 대해 "**그럴 리가!**", "**설마!**", "**말도 안 돼!**"라는 의미로 쓰이기도 하지만, 누군가의 요청이나 부탁에 대해 "**절대 안 돼!**"라는 의미로 쓰이거나, 그냥 "**싫어!**"라는 의미로도 쓰여요.

4) "**Are you kidding me?**"는 "**Are you joking me?**"라고 표현하기도 해요.

Gotta Remember
Show'em Who's Boss!

A. Complete the dialogues. (Some answers may vary.)

(1) A: I still don't _____.
B: You don't get what?
A: Why Micky lied to us.

(2) A: Hey, you just farted, didn't you?
B: What? What're you _____?

(3) A: He said he just happened to be there.
B: I _____ buy that.

(4) A: Watch it!
B: What do you _____? What did I say?

(5) A: Are you _____ me?
B: No, I'm dead serious.

(6) A: I got this Rolex for just two hundred dollars.
B: Give me a _____.

(7) A: I'm serious this time.
B: Yeah, _____.

B. Change the underlined parts with what we have learned today.

(1) A: <u>What was that?</u>
B: Oh, I said, "What time is it over there?"

(2) A: Nina broke up with me.
B: What? What do you mean? <u>I don't get it.</u> Why?

C. Correct the sentences.

(1) I was anywhere else. →_____.

(2) I don't catch you. →_____.

(3) Get out from here! →_____!

(4) Give me break! →_____!

Translations & Answers

A. 알맞은 표현으로 다음 각 대화문을 완성해보세요. (일부 정답은 응답자에 따라 다를 수 있음)

(1) A: 난 아직도 이해가 안 돼. → 정답 : get it
   B: 뭐가 이해가 안 돼?
   A: 미키가 왜 우리한테 거짓말을 했는지.

(2) A: 야, 너 방금 방귀 뀌었지, 그치? → 정답 : talking about
   B: 뭐? 무슨 얘기 하는 건지 모르겠네.

(3) A: 걘 그냥 우연히 거기 있었다고 하더라. → 정답 : don't
   B: 난 그 말 안 믿어.

(4) A: [행동, 말, 태도 등에 대해] 조심해! → 정답 : mean
   B: 무슨 말이야? 내가 뭐랬는데?

(5) A: 너 농담하는 거지? → 정답 : kidding / joking
   B: 아니, 나 완전 진지하거든.

(6) A: 나 이 롤렉스 시계 단돈 200달러 주고 샀어. → 정답 : break
   B: 설마.

(7) A: 나 이번엔 정말이야. → 정답 : right
   B: 퍽이나 그렇겠다.

B. 오늘 학습한 내용을 이용해 밑줄 부분을 바꿔가며 자유롭게 대화를 나눠보세요.

(1) A: <u>뭐라고?</u>
   B: 아, "거긴 몇 시야?"라고 말했어.

(2) A: 나 니나랑 헤어졌어.
   B: 뭐? 그게 무슨 소리야? <u>이해가 안 가네.</u> 왜?

C. 다음 각 문장에서 틀린 부분을 찾아 바르게 고쳐보세요.

(1) 잠깐 딴생각하고 있었어. → 정답 : I was somewhere else.
(2) (네 말) 잘 못 들었어. / 네 말 잘 못 알아듣겠어. → 정답 : I didn't catch you.
(3) 뻥 치지 마! / 설마! → 정답 : Get out of here!
(4) 그만 좀 해! / 적당히 해! → 정답 : Give me a break!

Are these shoes yours?

이 신발 네 거야?

A. Let's practice the dialogues using the given information.

shoes

A: Are <u>these shoes</u> yours?
B: Nah, they're Anna's.

sunglasses

A: Where did you get <u>those sunglasses</u>?
B: My mom got them for me.

①	②	③	④
 mittens	shorts	 earrings	 jeans

B. Here are some rare instances where *these* and *those* are used with words describing time. Use the *Cheat Box* to fill in the blanks.

(1) A: Wow, you're on fire.
  B: I guess it's _____.

(2) A: What kind of music do you like?
  B: I'm into K-pop _____.

(3) A: Do you play any sports?
  B: I play tennis.
  A: You do? Same here. Maybe we should play together _____.
  B: That'd be nice.

(4) A: I can't do anything right today.
    I guess it's _____.
  B: A rough day, huh? You know what?
    Let's go out for a drink.

Cheat Box

these days
one of these days
one of those days

A. 주어진 정보를 이용해 다음 대화문들을 연습해봅시다.

(가까이 있는) 신발	A: 이 신발 네 거야? B: 아니, 애너 거야.	(가까이 있지 않은) 선글라스	A: 너 그 선글라스 어디서 났어? B: 우리 엄마가 사주셨어.

① (가까이 있는) 벙어리장갑	② (가까이 있지 않은) 반바지	③ (가까이 있는) 귀걸이	④ (가까이 있지 않은) 청바지

 Tip

1) "this"나 "that"과 마찬가지로 이들의 복수형인 "these"와 "those"도 무언가를 꾸며주는 말로 사용할 수 있어요. 꾸며주는 대상이 단수일 때는 "this"나 "that"을, 복수일 때는 "these"나 "those"를 이용해야겠죠?

2) "Anna's"처럼 사람 이름을 "이름's"처럼 표현하면 "~의" 또는 "~의 것"이라는 의미가 돼요.

3) 영어에서는 신발, 장갑, 바지, 가위 등 대칭되는 모양을 가진 것들은 복수로 표현해요. 그래서 "these shoes"라고 하면 신발 한 켤레를 의미하는 것인지 여러 켤레를 의미하는 것인지 알 수 없답니다. 정확히 "한 켤레의 신발"을 표현하려면 "a pair of shoes"처럼 표현해줘야 해요.

B. 다음은 "these"와 "those"가 시간 표현과 함께 쓰이는 드문 예입니다. Cheat Box 속 표현들로 빈칸을 채워보세요.

(1) A: 와, 너 지금 완전 필 받았네.
   B: 뭘 해도 잘 되는 날인가 봐.

(2) A: 넌 어떤 음악을 좋아해.
   B: 난 요즘 케이팝에 빠져 있어.

(3) A: 너 운동하는 거 있어?
   B: 테니스 쳐.
   A: 정말? 나도 그런데.
      조만간 같이 한번 쳐야겠다.
   B: 그럼 좋겠네.

Answers
(1) / (4) → 정답 : one of those days 일이 잘 안 풀리는 날, 뭐든 잘 되는 날
(2) → 정답 : these days 요즘, 요즘에는
(3) → 정답 : one of these days 조만간, 머지않아

(4) A: 오늘은 뭐 하나 제대로 못 하고 있네. 그냥 잘 안 풀리는 그런 날인 거 같아.
   B: 힘든 날이구나. 야, 있잖아. 우리 술 한잔하러 나가자.

Tip

4) "these"와 "those"는 Cheat Box에서 소개한 세 표현을 제외하곤 시간 표현과 함께 쓰일 일이 거의 없어요. 하지만 이 세 표현 자체는, 특히 "these days"는 회화 시 자주 사용되니 잘 알아두는 게 좋겠죠?

5) "one of those days"는 상황에 따라 의미가 극과 극으로 달라지는 표현이에요. 좋은 상황에서는 **"뭐든 잘 되는 그런 날"**이라는 뜻이지만, 안 좋은 상황에서는 **"뭘 해도 안 되는 그런 날"**이라는 뜻이 된답니다.

Gotta Remember
Show'em Who's Boss!

A. Complete the dialogue using the given information. (Answers may vary.)

A: Which do you like better, _____ or _____?
B: I like both, but if I had to choose one, I'd go with _____.

① jeans / chinos

② sandals / sneakers

③ mittens / gloves

④ headphones / earbuds

B. Complete the dialogues using *these* or *those*.

(1) A: Put down _____ cookies and stop eating them.
B: I can't help it. They're too delicious.

(2) A: Let's buy _____ body lotions over there.
It says if you buy two, you'll get the third one free.
B: It seems like a good deal, but I don't need that many.

(3) A: Look at these new iPhones. They look amazing.
B: I know. I'll get one for my girlfriend one of _____ days.

(4) A: You're looking good in _____ pants.
B: Thank you, Tiffany. Say, what're you doing later today?

(5) A: Are _____ shoes yours?
B: Of course, they're mine. Why are you wearing them?

Translations & Answers

A. 다음 대화문들은 참고용입니다. 주어진 정보를 이용해 자유롭게 대화문을 완성해보세요.

① (가까이 있는) 면바지 (가까이 있지 않은) 청바지	A: Which do you like better, <u>these chinos</u> or <u>those jeans</u>? B: I like both, but if I had to choose one, I'd go with <u>the jeans</u>.
	A: 어느 게 더 마음에 들어? 이 면바지, 아니면 저 청바지? B: 둘 다 좋은데, 하나만 선택하라면 청바지로 할래.
② (가까이 있는) 스니커즈 (운동화) (가까이 있지 않은) 샌들	A: Which do you like better, <u>these sneakers</u> or <u>those sandals</u>? B: I like both, but if I had to choose one, I'd go with <u>the sneakers</u>.
	A: 어느 게 더 마음에 들어? 이 스니커즈, 아니면 저 샌들? B: 둘 다 좋은데, 하나만 선택하라면 스니커즈로 할래.
③ (가까이 있는) (일반) 장갑 (가까이 있지 않은) 벙어리 장갑	A: Which do you like better, <u>these gloves</u> or <u>those mittens</u>? B: I like both, but if I had to choose one, I'd go with <u>the gloves</u>.
	A: 어느 게 더 마음에 들어? 이 일반 장갑, 아니면 저 벙어리장갑? B: 둘 다 좋은데, 하나만 선택하라면 일반 장갑으로 할래.
④ (가까이 있는) 이어폰 (가까이 있지 않은) 헤드폰	A: Which do you like better, <u>these earbuds</u> or <u>those headphones</u>? B: I like both, but if I had to choose one, I'd go with <u>the headphones</u>.
	A: 어느 게 더 마음에 들어? 이 이어폰, 아니면 저 헤드셋? B: 둘 다 좋은데, 하나만 선택하라면 헤드셋으로 할래.

B. "these"와 "those" 중 알맞은 것으로 다음 각 대화문을 완성해보세요.

(1) A: 그 쿠키들 내려놓고 그만 먹어.　　　　　　　　　　　→ 정답 : those
　　 B: 어쩔 수 없어. 너무 맛있는걸.

(2) A: 저쪽에 있는 저 바디로션 사자. 두 개 사면 하나 더 공짜로 준대.　→ 정답 : those
　　 B: 좋은 것 같긴 한데, 난 그렇게 많이 필요 없어.

(3) A: 이 새 아이폰들 좀 봐. 엄청 좋아 보이는걸.　　　　　　→ 정답 : these
　　 B: 그러게. 조만간 여자친구에게 하나 사줘야겠다.

(4) A: 너 그 바지 잘 어울리네.　　　　　　　　　　　　　→ 정답 : those
　　 B: 고마워, 티파니. 저기, 너 오늘 이따가 뭐 해?

(5) A: 이 신발 네 거야?　　　　　　　　　　　　　　　　→ 정답 : these
　　 B: 물론, 내 거지. 네가 왜 그걸 신고 있어?

012 It's hot outside.

바깥에 날이 더워.

Gotta Know

A. You use the impersonal pronoun *it* as a dummy subject which simply serves a grammatical function without having an explicit meaning. It is often used when we talk about things like *times*, *dates*, *days*, *seasons*, *weather*, *temperature*, *brightness*, *distance* and *timing*. Let's find the dummy subjects from the following sentences.

(a) It's 7:20.
(b) It's pretty new.
(c) It's bad for your health.
(d) It's too late.
(e) It's July.
(f) It's almost like a miracle.
(g) It's hot outside.
(h) It's 50,000 dollars.
(i) It's still early.
(j) It's right on your left.

(k) It's 85 degrees Fahrenheit.
(l) It's sunny today.
(m) It's not really necessary.
(n) It's getting colder.
(o) It's pretty dark outside.
(p) It's Friday.
(q) It's May 29th.
(r) It's ten ninety-nine.
(s) It's on the sixth floor.
(t) It's summer.

B. Let's complete the dialogues using the appropriate personal or possessive pronouns.

(1) A: Where should we have lunch?
　　B: How about Big Burgers? _____ have pretty good burgers.

(2) A: You know what _____ say, "When it rains, it pours."
　　B: That is so true.

(3) A: Do they have good pasta?
　　B: You bet. _____ mushroom pasta is the best.

(4) A: What happened to that burrito place?
　　B: _____ went out of business.

A. 비인칭 주어 "it"은 특정한 대상을 가리키지 않고 자리만 차지하는 가짜 주어로 사용되기도 합니다. 시간, 날짜, 요일, 계절, 날씨, 온도, 명암, 거리 등을 표현할 때 주로 사용되죠. 다음 중 가짜 주어 "it"이 사용된 문장을 찾아봅시다.

(a) (지금은) 7시 20분이야.
(b) (그건) 꽤 새 거야.
(c) (그건) 건강에 안 좋아.
(d) (시간이/시기가) 너무 늦었어.
(e) (지금은) 7월이야.
(f) (그건) 거의 기적 수준이야.
(g) 바깥에 (날이) 더워.
(h) (그건) 5만 달러입니다.
(i) (시간이/시기가) 아직 일러.
(j) (그건) 네 바로 왼쪽에 있어.

(k) (온도는) 화씨 85도야.
(l) 오늘은 (날이) 화창해.
(m) (그건) 딱히 필요하지 않아.
(n) (날씨가) 점점 추워지네.
(o) 바깥에 (날이) 꽤 어두워.
(p) (오늘은) 금요일이야.
(q) (오늘은) 5월 29일이야.
(r) (그건) 10달러 99센트야.
(s) (그건) 6층에 있어.
(t) (지금은) 여름이야.

→ 정답 : "it"이 비인칭 주어로 사용된 문장 : (a), (d), (e), (g), (i), (k), (l), (n), (o), (p), (q), (t)

 Tip 1) 일반적으로 대명사 "it"은 굳이 말하지 않아도 아는 어떤 대상을 가리킬 때 사용하죠. 하지만 이때도 여전히 **"그것"**이라는 의미로 무언가를 대신하고 있다는 사실에는 변함이 없답니다. 그런데 영어에서는 **"그것"**이라는 의미가 아닌데도 너무나 당연히 그냥 주어를 "it"으로 표현하는 경우도 있어요. 예를 들어, "It's hot outside."는 바깥이 덥다는 의미로, 정확하게는 **"바깥에 날씨가 덥다"**는 뜻이지만 구태여 **"날씨가"**라는 주어를 안 밝혀줘도 대부분 이해를 하는데, 이때 "it"을 이용하는 것이죠.

B. 적절한 대명사나 그 소유격을 이용해 다음 각 대화문을 완성해봅시다.

(1) A: 우리 점심 어디서 먹을까?
 B: 빅 버거스(Big Burgers) 어때? 거기 버거 맛이 꽤 괜찮아. → 정답 : They

(2) A: 설상가상이라는 말도 있잖아.
 B: 진짜 맞는 말이야. → 정답 : they

(3) A: 그 집 파스타 맛있어?
 B: 물론이지. 그 집 버섯 파스타는 일품이야. → 정답 : Their

(4) A: 그 부리또 가게 어떻게 된 거야?
 B: 그 가게 망했어. → 정답 : They

Tip 2) 말 안 해도 아는 어느 특정 가게나 식당은 "they"라고 표현해요. 이때는 그 집에 무언가가 "있다(They have ...)", "없다(They don't have ...)", 그 집이 문을 "열었다(They're open ...)", "안 열었다(They're closed ...)"처럼 표현하는 경우가 많죠. 추가로, 그 집의 음식 또는 서비스에 관해 이야기할 때는 "Their cheesecake is amazing. (거기 치즈케이크는 맛이 끝내줘.)"처럼 "그들의"라는 뜻의 소유격 "their"을 사용하기도 해요.

3) "they"는 속담이나 남들의 이야기를 전할 때도 사용돼요. 이때는 주로 "They say ..." 라고 표현하죠.

Gotta Remember
Show'em Who's Boss!

A. Complete the sentences by changing "Their + (noun) ..." to "They ..." and vice versa.

ex1) They have pretty good pizza. → Their pizza is pretty good.
ex2) Their cheesecake is amazing. → They have amazing cheesecake.

(1) They have the best burgers. → _____.

(2) Their mushroom pasta is the best. → _____.

(3) They have the worst sushi in New York.

→ _____.

(4) Their desserts are fantastic. → _____.

- - -

B. Complete the dialogues.

(1) A: _____ already 10 p.m.
B: Already? I guess we lost track of time.

(2) A: _____ she only married him for his money.
B: I knew it.

(3) A: What's the date today?
B: _____ July 20th.

(4) A: Let's go to BQ Burger! _____ the best burgers.
B: Sounds great!

(5) A: How's the weather in Wisconsin?
B: _____ still winter.

(6) A: _____ chicken pizza is the best.
B: Oh yeah? Then we gotta try it!

(7) A: _____ he's afraid of bats.
B: Who isn't?
A: I'm not. I'm afraid of ants, though.

Translations & Answers

A. 다음 각 문장을 동일한 의미의 다른 문장으로 바꿔보세요.

> ex1) 그 집엔 맛이 꽤 좋은 피자가 있어. → 거기 피자는 맛이 꽤 좋아.
> ex2) 거기 치즈 케이크는 맛이 끝내줘. → 그 집엔 맛이 기가 막힌 치즈 케이크가 있어.

(1) 그 집엔 맛이 일품인 버거가 있어.
  → 정답 : Their burgers are the best.
        (거기 버거는 맛이 최고야.)

(2) 거기 버섯 파스타는 최고야.
  → 정답 : They have the best mushroom pasta.
        (그 집엔 맛이 일품인 버섯 파스타가 있어.)

(3) 그 집엔 뉴욕에서 가장 맛없는 초밥이 있어.
  → 정답 : Their sushi is the worst in New York.
        (거기 초밥은 뉴욕에서 가장 맛없어.)

(4) 거기 디저트 메뉴들은 기가 막혀.
  → 정답 : They have fantastic desserts.
        (그 집엔 기가 막힌 디저트 메뉴들이 있어.)

B. 알맞은 표현으로 다음 각 대화문을 완성해보세요.

(1) A: 벌써 열 시야.
    B: 벌써? 시간 가는 줄 몰랐네.
    → 정답 : It's

(2) A: 그녀는 돈만 보고 그와 결혼한 거래.
    B: 그럴 줄 알았어.
    → 정답 : They say

(3) A: 오늘 며칠이야?
    B: 7월 20일이야.
    → 정답 : It's

(4) A: BQ 버거로 가자. 거기 버거 끝내줘.
    B: 좋은 생각이야!
    → 정답 : They have

(5) A: 위스콘신 날씨는 어때?
    B: 아직 겨울이야.
    → 정답 : It's

(6) A: 그 집 치킨 피자는 최고야.
    B: 오, 그래? 그럼 가서 맛봐야지!
    → 정답 : Their

(7) A: 쟨 박쥐를 무서워한데.
    B: 안 그런 사람도 있어?
    A: 난 아니야. 개미는 무서워하지만.
    → 정답 : They say

013 I hate mice.

난 쥐들이 싫어.

Gotta Know

A. Let's practice the dialogue using the given information.

A: Look over there.
What on earth are they?
B: I think they're <u>sheep</u>.

sheep → sheep

① goose → geese   ② mouse → mice   ③ ox → oxen   ④ fish → fish

B. Let's complete the sentences using the plural forms of the given words.

Words that change their middle vowel(s)	(1) **foot** → My _____ are swollen.
	(2) **man** → What do you hate about _____?
Words that change their middle vowel(s) and the following consonant	(3) **mouse** → I hate _____.
Words that take the suffix **-ren** or **-en** at the end	(4) **child** → Do you have any _____?
Words that have an identical singular and plural form	(5) **deer** → I saw a few _____ this morning.
	(6) **Chinese** → I met two _____ today.
Words that have an **apostrophe** and **s** at the end	(7) **A** → It's hard to get straight _____.

Translations & Explanations

A. 주어진 정보를 이용해 다음 대화문을 연습해봅시다.

양 → 양들	A: 저기 좀 봐. 대체 뭐지? B: 양 같은데.

① 거위 → 거위들	② 쥐 → 쥐들	③ 황소 → 황소들	④ 물고기 → 물고기들

Tip

1) "규칙 복수(regular plurals)"에 비하면 "불규칙 복수(irregular plurals)"는 그리 많지 않고, 그중에서 자주 사용되는 것들은 극히 적어요. 오늘 등장하는 것들만 잘 알아둬도 충분하답니다.

B. 주어진 단어들의 복수형을 이용해 다음 각 문장들을 완성해봅시다.

가운데 모음이 변하는 단어들	(1) → 정답 : feet	(나 발 부었어.)
	(2) → 정답 : men	(넌 남자들의 어떤 부분이 싫어?)
가운데 모음과 바로 이어지는 자음이 변하는 단어들	(3) → 정답 : mice	(난 쥐들이 싫어.)
끝에 "-(r)en"이 붙는 단어들	(4) → 정답 : children	(너 자녀 있어?)
단수, 복수의 형태가 동일한 단어들	(5) → 정답 : deer	(나 오늘 아침에 사슴 몇 마리 봤어.)
	(6) → 정답 : Chinese	(나 오늘 중국인 두 사람 만났어.)
끝에 "어파스트러피 (apostrophe)" 기호와 "s"를 붙여주는 단어들	(7) → 정답 : A's	(올 A 받는 건 어려워.)

Tip

2) "컴퓨터 마우스"를 뜻할 때는 복수형으로 "computer mouses"라고 하기도 하고 "computer mice"라고 하기도 해요.

3) "Chinese" 외에도 "Japanese", "Vietnamese"처럼 끝이 "-ese"로 끝나는 국적의 사람도 단수와 복수의 형태가 같아요.

4) 위에서는 알파벳(A's)만 소개했지만, 그 외에도 숫자(5's)나 약어(M.D.'s)를 복수형으로 바꿀 때도 끝에 "어파스트러피(apostrophe)" 기호와 "s"를 붙여줘요.

5) "-in-law"처럼 "-in"이 포함된 합성어의 경우엔 비중이 있는 앞 명사만 복수형으로 바꿔줘요.
- father-in-law → fathers-in-law (장인, 시아버지)
- commander-in-chief → commanders-in-chief (총사령관)

Gotta Remember
Show'em Who's Boss!

A. Find the incorrect plural nouns and correct them.

(a) lives

(b) womans

(c) bosses

(d) tooths

(e) brushes

(f) oxes

(g) monthes

(h) Vietnamese

(i) Ps and Qs

(j) sheep

(k) thiefs

(l) mice

(m) armies

(n) fishes

(o) citys

(p) childs

(q) shelves

(r) churches

(s) geese

(t) halfs

B. Complete the dialogues using the appropriate plurals.

(1) A: Go brush your _____.
    B: Okay.

(2) A: I bet you didn't catch a single fish.
    B: Yeah, I did. I caught three _____.

(3) A: How many _____ do you have?
    B: I only have one child.

(4) A: Can you break a fifty-dollar bill?
    B: Let's see. I have two 5's and two _____.
    A: That's great.

(5) A: Are they from Korea?
    B: No, they're from Japan. They're _____.

(6) A: I think we walked too much.
    B: Yeah, my _____ are swollen.

I hate mice.

Translations & Answers

A. 잘못된 복수형을 찾아 바르게 고쳐보세요.

(a) 삶, 생명
(b) 여자
(c) 사장, 상사
(d) 치아
(e) 솔, 붓, 비
(f) 황소
(g) 달
(h) 베트남사람
(i) 언행, 행동거지
(j) 양

(k) 도둑
(l) 쥐
(m) 군대
(n) 물고기, 생선
(o) 도시
(p) 아이
(q) 선반
(r) 교회
(s) 거위
(t) 반, 절반

→ 정답 : 복수형이 잘못된 것들

(b)	womans	→ women		(k)	thiefs	→ thieves
(d)	tooths	→ teeth		(n)	fishes	→ fish
(f)	oxes	→ oxen		(o)	citys	→ cities
(g)	monthes	→ months		(p)	childs	→ children
(i)	Ps and Qs	→ P's and Q's		(t)	halfs	→ halves

B. 적절한 복수형을 이용해 다음 각 대화문들을 완성해보세요.

(1) A: 가서 이빨 닦아.
    B: 네.
→ 정답 : teeth

(2) A: 넌 분명 물고기를 단 한 마리도 못 잡았을 거야.
    B: 아냐. 세 마리 잡았어.
→ 정답 : fish

(3) A: 넌 자녀가 몇이야?
    B: 하나밖에 없어.
→ 정답 : children

(4) A: 50달러짜리 지폐 좀 깨줄래?
    B: 어디 보자. 5달러짜리 두 개랑 20달러짜리
       두 개 있네.
    A: 거 잘됐네.
→ 정답 : 20's

(5) A: 걔네 한국에서 왔어?
    B: 아니, 일본에서 왔어. 일본 애들이야.
→ 정답 : Japanese

(6) A: 우리 너무 많이 걸었나 봐.
    B: 맞아, 발이 부었어.
→ 정답 : feet

014 Who is this man in the picture?

사진 속에 있는 이 남자는 누구야?

Gotta Know

A. Let's practice the dialogues using the given information.

A: Who is <u>this man in the picture</u>?
B: <u>He's</u> <u>my boyfriend</u>.

A: Who're <u>those people</u>?
B: <u>They're</u> <u>my parents</u>.

①	②	③	④

a handsome guy	kids	a beautiful lady	guys
your husband	Daniel's children	Patrick's fiancée	your friends

B. Let's complete the dialogues using the given information.

ex)

your father

A: <u>Is this</u> your father?
B: <u>Yes, he is. / Yes, it is.</u>

① Helen's brother (not Kate's)	② your girlfriend	③ Andy's students (not yours)
A: _____ Kate's brother?	A: _____ your girlfriend?	A: _____ your students?
B: _____	B: _____	B: _____

A. 주어진 정보를 이용해 다음 대화문들을 연습해봅시다.

A: 사진 속에 있는 이 남자는 누구야?	A: 저분들은 누구야?
B: 내 남자친구야.	B: 우리 부모님이셔.

① (가까이 있는) 잘생긴 남자 당신의 남편	② (가까이 있지 않은) 아이들 대니얼의 자녀	③ (가까이 있지 않은) 아름다운 여인 패트릭의 약혼녀	④ (가까이 있는) 사람들 당신의 친구들

Tip

1) 보통, "guy"는 "man"의 비격식적인 표현으로, "**남자**", "**사내**", "**녀석**"이라는 뜻으로 쓰여요. 하지만, "**guys**"처럼 복수로 표현하게 되면 "**people**"의 비격식적인 표현이 되어, 남녀 구분 없이 사용할 수 있답니다.

2) "Who's this?", "Who's that?"이라고 묻는 경우엔 "This is …", "That's …"라고 응답할 수도 있고, 그냥 "It's …"라고 응답할 수도 있으며, 성별에 따라 "He's …" 또는 "She's …" 라고 응답하기도 해요.

3) 묻는 대상이 시야에 있든, 없든, 심지어 바로 앞에 있는 사람일지라도 성별에 따라 "Who's he?", "Who's she?"라고 물을 수 있어요. 이때는 보통 "He's …" 또는 "She's …"라고 응답하죠.

B. 주어진 정보를 이용해 다음 대화문들을 완성해봅시다.

(가까이 있는) 당신의 아버지	A: 이분이 네 아버지셔?
	B: 응.

① (가까이 있지 않은) 헬렌의 오빠/남동생 (케이트의 오빠/남동생 아님)	→ 정답 : A: <u>Is that</u> Kate's brother? B: <u>No, he's not. / No, he isn't. / No, it's not. / No, it isn't.</u>	A: 저 사람이 케이트 오빠/남동생이야? B: 아니.
② (가까이 있는) 당신의 여자친구	→ 정답 : A: <u>Is this</u> your girlfriend? B: <u>Yes, she is. / Yes, it is.</u>	A: 얘가 네 여자친구야? B: 응.
③ (가까이 있지 않은) 앤디의 학생들 (당신의 학생들 아님)	→ 정답 : A: <u>Are those</u> your students? B: <u>No, they're not. / No, they aren't.</u>	A: 쟤네 네 학생들이야? B: 아니.

Tip

4) "Is this …?"나 "Is that …?"이라고 묻는 경우에도 "Yes, it is.", "No, it's not.", "No, it isn't."라고 응답할 수 있지만, 대상의 성별에 따라 "he"나 "she"를 써서 응답하는 게 조금 더 일반적이에요.

5) 누군가를 오랜만에 만났을 때 긴가민가한 상황에서 "**너 혹시 대니얼 아니야?**"라고 물을 때는 "**Is that you, Daniel?**"이라고 표현해요. 이 표현은 시야에 없는 누군가를 소리나 인기척으로 짐작하거나, 대략적인 형체나 뒷모습으로 누군가를 짐작할 때 "**(거기) 혹시 대니얼이야?**", "**야, 너 대니얼 아니야?**"라고 묻는 표현으로도 쓰인답니다.

Gotta Remember
Show'em Who's Boss!

A. Complete the dialogues using the given information.

① a guy
Steve's roommate

A: Who's _____ over there?
B: _____ Sam.
A: Is _____ your roommate?
B: _____.
  He's _____.

② two kids
Anna's children

A: Who're _____?
B: _____ David and Silvia.
A: Are _____ your children?
B: _____.
  They're _____.

③ a girl
the person you like

A: Who's Isabela?
B: It's _____ over there.
A: Is _____ the one you like?
B: _____.

④ guys
your neighbors

A: Who're _____ down there?
B: _____ Mr. and Mrs. Wilson.
A: Are _____ your neighbors?
B: _____.

- -

B. Complete the dialogues.

(1) A: Is this your family?
    B: Yes, _____ is.

(2) A: I found this picture in your book. Who're _____ people in the picture?
    B: They're my friends.

(3) A: Those two kids over _____, are they yours?
    B: Yep. How could you tell?
    A: They both look like you.

(4) A: Is _____ you, Daniel?
    B: Yes, it is.

74   Who is this man in the picture?

Translations & Answers

A. 다음 대화문들은 참고용입니다. 주어진 정보를 이용해 자유롭게 대화문을 완성해보세요.

① 남자 스티브의 룸메이트	② 두 명의 아이들 애나의 아이들
A: Who's <u>that guy</u> over there? B: <u>He's</u> Sam. A: Is <u>he</u> your roommate? B: <u>No, he isn't.</u> He's <u>Steve's roommate</u>. A: 저기 저 애 누구야? B: 쌤이야. A: 쟤 네 룸메이트야? B: 아니. 스티브의 룸메이트야.	A: Who're <u>these two kids</u>? B: <u>They're</u> David and Silvia. A: Are <u>they</u> your children? B: <u>No, they're not.</u> They're <u>Anna's children</u>. A: 이 두 아이는 누구야? B: 데이빗과 실비아야. A: 얘네 네 아이들이야? B: 아니. 애나의 아이들이야.
③ 여자아이 / (젊은) 여성 당신이 좋아하는 사람	④ 사람들 당신의 이웃
A: Who's Isabela? B: It's <u>that girl</u> over there. A: Is <u>she</u> the one you like? B: <u>Yes, she is.</u> A: 이사벨라가 누구야? B: 저기 저 여자애야. A: 쟤가 네가 좋아하는 애야? B: 응.	A: Who're <u>those guys</u> down there? B: <u>They're</u> Mr. and Mrs. Wilson. A: Are <u>they</u> your neighbors? B: <u>Yes, they are.</u> A: 저 아래 저 사람들 누구야? B: 윌슨 씨 부부야. A: 저 사람들 네 이웃이야? B: 응.

B. 알맞은 표현으로 다음 각 대화문을 완성해보세요.

(1) A: 이분들 너희 가족이야?   → 정답 : it
     B: 응.

(2) A: 네 책에서 이 사진 찾았어. 사진 속에   → 정답 : these
        있는 이 사람들은 누구야?
     B: 내 친구들이야.

(3) A: 저기에 있는 두 아이, 네 애들이야?   → 정답 : there
     B: 응. 어떻게 알았어?
     A: 다 널 닮아서.

(4) A: 너 혹시 대니얼 아니니?   → 정답 : that
     B: 응, 맞아.

Do you like the Simpsons?

너 심슨 가족 좋아해?

A. Let's use the dialogue to learn different ways of addressing people. Use the *Cheat Box* to fill in the blanks.

A: Who're they?

B: They're _____ Gibson.

A: How do you know _____ Gibsons?

B: _____ Gibson is my English lit. professor.

A: Oh, really? What about _____ Gibson?
What does he do?

B: I heard that he's a doctor.

A: _____ Gibson and Prof. Gibson, huh? Wow!

Cheat Box
the
Dr.
Mr.
Mrs.
Mr. and Mrs.

B. Here are some useful expressions using the word *who*. Use the *Cheat Box* to fill in the blanks.

(1) Who's there?

(2) Who's _____?

(3) Who's missing?

(4) Who's playing?

(5) Who's coming?

(6) Who's winning?

(7) Who won?

(8) Who _____ you that?

(9) Who _____ that?

(10) Who knows?

(11) Who _____?

(12) Who are you looking _____?

(13) Who would've thought?

(14) Who would do such a thing?

(15) Who can _____?

(16) _____ who?

(17) Look who's talking.

(18) _____ who's here!

(19) Guess who's here.

(20) Guess who's back.

Cheat Box			
for	said	tell	cares
look	says	told	first

Translations & Explanations

A. 다음 대화문을 통해 사람을 존대하는 호칭들에 대해 살펴봅시다. Cheat Box 속 표현들로 빈칸을 채워보세요. (아래 대화문은 정답을 반영한 것임)

A: Who're they?
B: They're Mr. and Mrs. Gibson.
A: How do you know the Gibsons?
B: Mrs. Gibson is my English lit. professor.
A: Oh, really? What about Mr. Gibson?
　What does he do?
B: I heard that he's a doctor.
A: Dr. Gibson and Prof. Gibson, huh? Wow!

A: 저분들은 누구야?
B: 깁슨 부부야.
A: 네가 깁슨 가족은 어떻게 알아?
B: 깁슨 부인이 우리 영문학 교수님이셔.
A: 아, 그래? 남편분은? 저분은 직업이
　어떻게 되셔?
B: 의사라고 들었어.
A: 의사 남편에 교수 아내라고? 와우!

Tip
1) 한국에서는 여성이 결혼하더라도 남편의 성을 따라가지 않지만, 영어권에서는 결혼한 여성은 남편의 성을 따르는 것이 일반적이에요. 따라서 같은 식구끼리는 같은 "성(last name or family name)"을 사용하게 되죠. 이러한 이유로 어느 한 가족 전체를 일컬어 "~씨네 가족들"이라고 말할 때는 성을 복수로 표현하고 앞에 정관사 "the"를 붙여 "the (가족의 성)s"처럼 표현한답니다.
2) 가족 전체가 아니라 부부만 일컫는 경우에는 "Mr. and Mrs. (가족의 성)"처럼 표현해요. 가족 전체를 일컬을 때와는 달리 성을 복수로 표현하지 않음에 유의하세요.
3) 가까운 이웃처럼 평소 잘 아는 부부 또는 가족을 말할 때는 격식적인 호칭을 사용하기보다 그냥 이름으로 부르는 경우가 많아요.

B. 다음은 "who"를 이용한 짧고 유용한 표현들입니다. Cheat Box 속 표현들로 빈칸을 채워보세요.

(1) 거기 누구야? / 거기 누구세요?
(2) 누가 먼저야? / 누가 먼저 할래?　　　　→ 정답 : first
(3) 누가 빠진 거야?
(4) 어느 팀 경기야? / 누가 나오는 경기야?
(5) 누구누구 오는데?
(6) 누가 이기고 있어?
(7) 누가 이겼어?
(8) 누가 (너한테) 그래?　　　　　　　　→ 정답 : told
(9) 누가 그래?　　　　　　　　　　　　→ 정답 : said
(10) 누가 알아? / 누가 알겠어?
(11) 무슨 상관이야? / 알 게 뭐야?　　　→ 정답 : cares
(12) 누굴 찾으세요?　　　　　　　　　→ 정답 : for
(13) 누가 생각이나 했겠어?
(14) 누가 그런 짓을 했을까? / 누가 그런 짓을 하겠어?
(15) 누가 알겠어? / 아무도 모를 거야.　→ 정답 : tell
(16) 누가 그래?　　　　　　　　　　　→ 정답 : Says
(17) 사돈 남 말 한다.
(18) [누군가를 만났을 때 반기며] 이게 누구야!　→ 정답 : Look
(19) (여기) 누가 왔는지 맞혀봐.
(20) 누가 돌아왔는지 맞혀봐.

Gotta Remember
Show'em Who's Boss!

A. Find the least appropriate expression.

①

Matthew Hoffman

Shelby Hoffman

A: Who're they?
B: _____,
   my next door neighbors.
   ⓐ Matthew and Shelby
   ⓑ Mr. and Mrs. Hoffman
   ⓒ the Hoffman

②

Julie Gilbert

Rachel Gilbert

Wade Gilbert

Janis Gilbert

A: Janis and Rachel want me to come over to their house today.
B: Son, stay away from _____.
   They're trouble.
   ⓐ Miss Gilberts
   ⓑ those Gilbert girls
   ⓒ the Gilberts

B. Complete the dialogues.

(1) A: Who's _____?
    B: I am, since I was here first.

(2) A: Like that's going to happen.
    B: Who _____? You can never tell.

(3) A: So, you have a girlfriend, huh?
    B: Who _____ you that?

(4) A: You have a big mouth.
    B: Look who's _____.

(5) A: Don't smoke. It's bad for your health.
    B: Who _____?

Do you like the Simpsons?

Translations & Answers

A. 보기 중 빈칸에 가장 부적절한 표현을 골라보세요.

> ① 매튜 호프먼 / 셸비 호프먼
>
> A: 저분들 누구셔?
> B: 옆집에 사는 매튜랑 셸비(Matthew and Shelby)야.
>   / 옆집에 사는 호프먼 씨 내외(Mr. and Mrs. Hoffman)야.
> → 정답 : ⓒ

> ② 웨이드 길버트 / 줄리 길버트 / 재니스 길버트 / 레이철 길버트
>
> A: 재니스랑 레이철이 오늘 자기네 집에 놀러 오래요.
> B: 아들아, 그 길버트 집 여자들(those Gilbert girls)과는 어울리지 마. 골칫덩어리들이야.
>   / 아들아, 길버트 집안사람들(the Gilberts)과는 어울리지 마. 골칫덩어리들이야.
> → 정답 : ⓐ

B. 알맞은 표현으로 다음 각 대화문을 완성해보세요.

(1) A: 누가 먼저야?　　　　　　　　　→ 정답 : first
　　 B: 내가 먼저 왔으니 나부터지.

(2) A: 그런 일이 가능키나 하겠다.　　　→ 정답 : knows
　　 B: 누가 알아? 무슨 일이 일어날진 아무도 모르는 거야.

(3) A: 너 여친 있다며?　　　　　　　　→ 정답 : told
　　 B: 누가 그래?

(4) A: 넌 입이 싸.　　　　　　　　　　→ 정답 : talking
　　 B: 누가 할 소리.

(5) A: 담배 피우지 마. 건강에 안 좋아.　→ 정답 : cares
　　 B: 알 게 뭐야?

> ※ 구멍이 크면 그만큼 새는 것도 많겠죠. 마찬가지로 입이 크면 말도 많고, 함부로 말해서는 안 될 비밀스러운 말들이 새는 경우도 많다는 뜻에서 "**have a big mouth**"라고 하면 "**입이 싸다**", "**새는 바가지다**", "**말이 많다**"라는 표현이 된답니다.

016 I've got no secrets.

난 비밀 없어.

A. Let's practice the dialogues using the given information.

you
two questions

A: You've got questions?
B: Yes, I've got two questions.

Bella
no boyfriend

A: She's got a boyfriend?
B: No, she's got no boyfriend.

① you
no problem

② Chloe
a job

③ Turner
no secrets

④ Russell and Mina
four kids

B. Let's change the affirmative sentences to interrogative sentences.

ex1) I got a prior engagement.　→ Got a prior engagement?
ex2) I got a class at two.　→ You got a class at two?

(1) I got a secret.　→ _____ ?

(2) I got a problem.　→ _____ ?

(3) I got an idea.　→ _____ ?

(4) I got a pet dog.　→ _____ ?

(5) I got a doctor's appointment.　→ _____ ?

(6) I got a bunch of stuff to do.　→ _____ ?

A. 주어진 정보를 이용해 다음 대화문들을 연습해봅시다.

당신 / 질문 두 개	벨라 / 남자친구 없음
A: 질문 있어? B: 응, 질문 두 개 있어.	A: 걔 남친 있어? B: 아니, 걘 남친 없어.

① 당신 문제없음	② 클로이 직업 한 개	③ 터너 비밀 없음	④ 러셀과 미나 아이 네 명

Tip 1) "가지고 있다"라고 말할 때는 "have" 대신 "have got"이라고 표현하기도 해요. 이 역시 주어가 3인칭 단수일 때는 "has got"이라고 표현하죠. 실제로는 각각 "주어've got", "주어's got"처럼 주어와 축약해서 사용하는 경우가 많으며, 미국에서는 "주어've got"의 경우 "have"를 빼고 그냥 "got"이라고 표현하기도 한답니다. 이때 "got"은 일반동사 "get(받다, 얻다)"의 과거형이 아님에 유의하세요.

B. 주어진 문장들을 의문문으로 바꿔봅시다.

ex1) 나 선약 있어.   → 선약 있어?
ex2) 나 두 시에 수업 있어. → 너 두 시에 수업 있어?

(1) 나 비밀 있어.   → 정답 : (You) Got a secret?   (너) 비밀 있어?
(2) 나 문제가 있어.   → 정답 : (You) Got a problem?   (너) 문제 있어?
(3) 나한테 생각이 있어.   → 정답 : (You) Got an idea?   (너) (무슨 좋은) 생각 있어?
(4) 나 애완견 있어.   → 정답 : (You) Got a pet dog?   (너) 애완견 있어?
(5) 나 병원 예약 있어.   → 정답 : (You) Got a doctor's appointment?
                              (너) 병원 예약 있어?
(6) 나 할 일이 많아.   → 정답 : (You) Got a bunch of stuff to do?
                              (너) 할 일 많아?

Tip 2) "have/has got"으로 의문문을 만들 때는 "Have/Has 주어 got ...?"처럼 표현해요. 단, 미국에서는 그냥 "You got ...?"처럼 평서문의 끝만 올려서 의문문처럼 말하거나, 주어가 "you"인 경우 아예 주어 없이 그냥 "Got ...?"처럼 표현하기도 한답니다.

    ex) Have you got my keys? → You've got my keys?
       → You got my keys? → Got my keys? (너한테 내 열쇠 있어?)

참고로, 이렇게 평서문의 끝만 올려서 의문문처럼 표현하는 경우에는 상황이나 말투에 따라 어떤 사실을 되묻거나 재확인하는 의미로 사용하기도 해요. 예를 들어, "You got a class at two?"라고 물으면 "너 두 시에 수업 있어?"라는 뜻으로 사용되기도 하고, "너 두 시에 수업 있다고?"라는 뜻으로 사용되기도 하죠.

3) "Have/Has 주어 got ...?"과 같은 질문에는 "Yes, I have." 또는 "No, I haven't."라고 응답해야 하지만, 사람의 언어 성향에 따라 그냥 "Yes, I do.", "No, I don't."라고 응답하기도 해요.

Gotta Remember
Show'em Who's Boss!

A. Complete the dialogues using the appropriate subjects and verbs. (Answers may vary.)

(1) A: _____ a little present for you.
B: What is it? Can I open it right now?

(2) A: Is Jamie seeing someone?
B: Yep. _____ a boyfriend.

(3) A: I think _____ the wrong person.
B: I guess you got me confused with someone else.

(4) A: I just got promoted to music director.
B: Music director? _____ a nice ring to it.

B. Identify when *got* means *have* and when it means *received*.

(1) I **got** a massive headache.
(2) I **got** a ticket for speeding.
(3) I **got** a confession to make.
(4) You **got** no balls.
(5) I **got** an A in my English class.
(6) I still **got** plenty of questions left.
(7) I just **got** a call from James.
(8) I **got** no cash on me right now.

C. Find the best expression.

(1) A: What should we do? We're in trouble now.
B: Don't worry. _____

  ⓐ We've got no plans.
  ⓑ I've got an idea.
  ⓒ You have a short-temper.

(2) A: _____
B: Look who's talking.

  ⓐ You've got the right.
  ⓑ You've got quick reflexes.
  ⓒ You've got an attitude.

Translations & Answers

A. 알맞은 주어와 동사로 다음 각 대화문을 완성해보세요. (정답은 응답자에 따라 다를 수 있음)

(1) A: 너 주려고 작은 선물 하나 준비했어.
　　B: 뭔데? 지금 열어봐도 돼?
　　→ 정답 : I have / I've got / I got

(2) A: 요즘 제이미 사귀는 사람 있어?
　　B: 응. 걔 남자 친구 있어.
　　→ 정답 : She has / She's got

(3) A: 제가 사람을 잘못 봤나 봐요.
　　B: 절 다른 사람과 헷갈리셨나 보네요.
　　→ 정답 : I have / I've got / I got

(4) A: 나 음악 감독으로 승진했어.
　　B: 음악 감독? 너랑 딱 맞는 것 같네.
　　→ 정답 : It has / It's got
　　　　　　 / That has / That's got

　※ "has got"에서 "has"를 생략하는 경우는 "have got"에서 "have"를 생략하는 경우에
　　비해 상당히 드뭅니다.

　※ "... have a nice ring to it"이란 "~은 그에 어울리는 멋진 반지를 가졌다"라는 뜻으로,
　　실제로는 어떤 이름이나 어휘가 그에 잘 어울림을 뜻합니다. 어떤 말이나 표현에 대해
　　"It has a nice ring to it."이라고 하면 "듣기 참 좋은 말이네.", "귀에 딱 꽂히네.", "느낌
　　확 오네.", "어울리게 이름 잘 지었네." 등의 의미가 된답니다.

B. 다음 각 문장에서 "got"이 어떤 의미로 쓰였는지 구분해보세요.

(1) 나 머리가 깨질 것 같아.
(2) 나 과속 딱지 끊었어.
(3) 나 고백할 게 있어. / 나 자백할 게 있어.
(4) 넌 배짱이 없어.

(5) 나 영어 수업 A 받았어.
(6) 나 아직 물어볼 게 엄청 많이 남았어.
(7) 나 방금 제임스한테서 연락 왔어.
(8) 나 지금 수중에 돈이 하나도 없어.

　→ 정답 : "got"이 "have (가지고 있다)"의 뜻으로 쓰인 문장들 → (1), (3), (4), (6), (8)
　　　　 "got"이 "received (받았다, 얻었다)"의 뜻으로 쓰인 문장들 → (2), (5), (7)

C. 보기 중 빈칸에 가장 적절한 표현을 골라보세요.

(1) A: 어떻게 해? 우리 이제 큰일 났어.
　　B: 걱정 마. _____
　　　ⓐ 우린 아무런 계획 없어.
　　　ⓑ 나한테 생각이 있어.
　　　ⓒ 넌 성미가 급해.

　→ 정답 : ⓑ

(2) A: _____
　　B: 사돈 남 말 하시네.
　　　ⓐ 너한텐 권리가 있어.
　　　ⓑ 너 반사신경이 좋네.
　　　ⓒ 넌 참 싸가지가 없어.

　→ 정답 : ⓒ

017 I've gotta get going.

나 가봐야 해.

Gotta Know

A. Let's look at the examples and change the sentences accordingly.

ex1) I have to go.
= I've got to go.
= I've gotta go.
= I gotta go.

ex2) He has to tell the truth.
= He's got to tell the truth.
= He's gotta tell the truth.

(1) I have to get home by nine.
= _____ .
= _____ .
= _____ .

(2) You have to be more careful.
= _____ .
= _____ .
= _____ .

(3) She has to work today.
= _____ .
= _____ .

(4) We have to hurry up.
= _____ .
= _____ .
= _____ .

B. Let's complete the dialogues using a proper subject + *have to/have got to*. (Answers may vary.)

(1) A: I wonder who that is.
B: _____ be Peter.

(2) A: I'm quitting my job.
B: _____ be kidding me.
A: Nope.

(3) A: Ouch.
B: _____ hurt.

(4) A: _____ be David's wallet.
B: What makes you so sure?
A: I saw him holding one
   that looked just like this.

(5) A: Look at him run.
   I wonder how he can run so fast.
B: _____ be the shoes.

84   I've gotta get going.

A. 보기를 참고로 하여 다음 각 문장들을 바꿔보세요.

ex1) 나 (이제) 가봐야 해.

(1) → 정답 :
　　= I've got to get home by nine.
　　= I've gotta get home by nine.
　　= I gotta get home by nine.
　　　나 9시까지 집에 가야 해.

(2) → 정답 :
　　= You've got to be more careful.
　　= You've gotta be more careful.
　　= You gotta be more careful.
　　　넌 좀 더 조심해야 해. / 넌 좀 더 주의해야 해.

ex2) 걘 진실을 말해야 해.

(3) → 정답 :
　　= She's got to work today.
　　= She's gotta work today.
　　　걘 오늘 일해야 해.

(4) → 정답 :
　　= We've got to hurry up.
　　= We've gotta hurry up.
　　= We gotta hurry up.
　　　우리 서둘러야 해.

Tip

1) "have got" 끝에도 "to"가 붙으면 "have to(~해야 하다)"와 같은 의미가 돼요.

2) "have got to"는 "have gotta"라고 표현하기도 하며, "have"를 생략한 채 그냥 "gotta"라고 표현하기도 해요. "have"를 생략하는 것은 문법적으로 틀린 표현이지만, 대화 시(구어체) 심심찮게 사용되죠. 단, "He's gotta ...", "She's gotta ...", "That's gotta ...", "It's gotta ..."처럼 "has gotta"가 사용된 표현에서는 "has"를 생략하지 않고 말하는 것이 일반적이랍니다. 참고로, "gotta"는 "got to"를 소리 나는 대로 표현한 것입니다.

B. 알맞은 주어와 "have to" 또는 "have got to"를 이용해 다음 각 대화문을 완성하면서 "have to"와 "have got to"의 또 다른 의미를 살펴봅시다. (정답은 응답자에 따라 다를 수 있음)

(1) A: 누구지?
　　B: 피터일 거야.

→ 정답 : It has to / It's got to
　　　　/ It's gotta

(2) A: 나 직장 그만둘 거야.
　　B: 농담하는 거지?
　　A: 아니.

→ 정답 : You have to / You've got to
　　　　/ You've gotta / You gotta

(3) A: 아야.
　　B: 아프겠다.

→ 정답 : That has to / That's got to
　　　　/ That's gotta

(4) A: 이거 분명 데이빗 지갑일 거야.
　　B: 무슨 근거로 그렇게 확신하는 거야?
　　A: 걔가 이거랑 똑같이 생긴 거 들고 있는 거 봤거든.

→ 정답 : This has to
　　　　/ This has got to
　　　　/ This has gotta

(5) A: 쟤 달리는 것 좀 봐. 어떻게 하면 저렇게 빨리
　　　달릴 수 있는지 궁금하네.
　　B: 신발 때문일 거야.

→ 정답 : It has to
　　　　/ It's got to
　　　　/ It's gotta

Tip

3) "have to"나 "have got to" 둘 다 거의 대부분 "~해야 하다"라는 "의무"의 뜻으로 쓰이지만, 간혹 "~임이 틀림없다", "(분명) ~일 것이다"처럼 무언가를 확신하는 뜻으로 쓰이기도 해요.

Gotta Remember
Show'em Who's Boss!

A. Change the underlined parts using *have/has got to*.

(1) A: Let me help you.
B: No, but thank you. <u>I have to</u> do this myself.

(2) A: Can it wait? I'm kind of busy right now.
B: <u>It has to</u> be right now.

B. Complete the following dialogues using *have got to* and identify when it is used for obligation and when it is used for assumption.

(1) A: _____ make a phone call to Julia.
B: Here, use my phone. Make it short, though.

(2) A: I paid 2,000 dollars for this pen.
B: What? _____ be crazy.

(3) A: _____ pass the test this time.
B: Is this his last attempt?

(4) A: Why are you leaving so early?
B: _____ take care of something.

(5) A: I wonder who's calling at this hour.
B: _____ be Peter. I mean he said he would call.

(6) A: Ouch. _____ hurt. Are you all right?
B: Do I look all right? It hurts so bad!

C. Rearrange the words to complete the dialogues.

(1) A: __groceries / got / buy / to / some / I've / go__ .
B: Do you want me to come along?

(2) A: __be / to / got / by / there / we've / seven__ .
B: Not six?
A: Nope.

Translations & Answers

A. 밑줄 부분을 다른 표현으로 바꿔보세요.

(1) A: 내가 도와줄게.
    B: 아니, 괜찮아. 이건 내가 직접 해야 해.

→ 정답 : I've got to / I've gotta / I gotta

(2) A: 나중에 하면 안 돼? 지금은 좀 바빠서.
    B: 지금 당장 해야 해.

→ 정답 : It's got to / It's gotta

B. 적절한 주어와 "have got to"로 다음 대화문들을 완성하고, 각 대화문 속 "have got to"가 "의무(obligation)"와 "추측(assumption)" 중 어떤 의미로 사용됐는지 구분해보세요.

(1) A: 나 줄리아에게 전화해야 해.
    B: 자, 내 전화 써. 단, 통화는 짧게 해.

→ 정답 : I've got to / I've gotta / I gotta
→ 의무(obligation)

(2) A: 이 펜 2천 달러 주고 샀어.
    B: 뭐? 네가 미쳤구나?

→ 정답 : You've got to / You've gotta / You gotta
→ 추측(assumption)

(3) A: 걘 이번 시험에 합격해야 해.
    B: 이번이 마지막으로 시도하는 거야?

→ 정답 : He's got to / He's gotta
→ 의무(obligation)

(4) A: 왜 이렇게 빨리 가?
    B: 처리해야 할 게 좀 있어서.

→ 정답 : I've got to / I've gotta / I gotta
→ 의무(obligation)

(5) A: 이 시간에 누구 전화지?
    B: 분명 피터일 거야. 아까 전화한댔거든.

→ 정답 : It's got to / It's gotta
→ 추측(assumption)

(6) A: 어이구. 거 참 아프겠다. 괜찮아?
    B: 내가 괜찮아 보여? 너무 아파
       미치겠거든!

→ 정답 : That's got to / That's gotta
→ 추측(assumption)

※ "이 시간에"는 "at this time"이 아니라 "at this hour"이라고 표현해야 해요. "at this time"은 "이때에"라는 뜻이랍니다.

C. 단어들을 재배열하여 각 대화문을 완성해보세요.

(1) A: 나 장 보러 가야 해.
    B: 내가 같이 가 줄까?

→ 정답 : I've got to go buy some groceries.

(2) A: 우린 7시까지 거기 가야 해.
    B: 6시가 아니라?
    A: 응.

→ 정답 : We've got to be there by seven.

018 | I should get going.

나 가봐야겠어.

Gotta Know

A. Let's complete the following dialogues using either *should* or *shouldn't*.

should

shouldn't

(1) A: I _____ get going.
　　B: Yeah, it's already past nine.

(2) A: Should I buy this?
　　B: You _____. It's too expensive now. You
　　　　should wait until it goes on sale.

(3) A: You _____ treat me to lunch sometime.
　　B: Okay. How about tomorrow?

(4) A: Do you think I'm wrong?
　　B: Yes, I do. You _____ give her an apology.

(5) A: Didn't your doctor say you _____ drink
　　　　too much?
　　B: So what?

(6) A: She _____ cut back on coffee.
　　B: Why? Is she drinking too much?

B. Let's complete the dialogues to find out another use of *should*.

(1) A: Where is Pete?
　　B: He _____ be here soon.

(2) A: I don't know if I can do this.
　　B: Give it a shot. It _____ be too hard.

(3) A: I don't see them.
　　B: They _____ be right there.

(4) A: Is it expensive?
　　B: Not at all. It _____ cost
　　　　more than five dollars.

A. "should"와 "shouldn't" 중 알맞은 것으로 다음 각 대화문을 완성해봅시다.

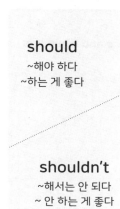

should

~해야 하다
~하는 게 좋다

shouldn't

~해서는 안 되다
~ 안 하는 게 좋다

(1) A: 가봐야겠어.
    B: 응, 벌써 9시 넘었네. → 정답 : should

(2) A: 이거 사야 할까?
    B: 아니. 지금은 너무 비싸. 할인할 → 정답 : shouldn't
    때까지 기다렸다가 사.

(3) A: 너 언제 한번 나한테 점심 쏴.
    B: 알았어. 내일 어때? → 정답 : should

(4) A: 내가 잘못한 것 같아?
    B: 응. 넌 걔한테 사과해야 해. → 정답 : should

(5) A: 의사 선생님이 너 술 너무 많이
    마시면 안 된다고 하지 않았어? → 정답 : shouldn't
    B: 그래서 뭐 어쩌라고?

(6) A: 걘 커피 좀 줄여야 해.
    B: 왜? 너무 많이 마셔서? → 정답 : should

Tip

1) "should"도 "~해야 하다"라는 뜻으로 쓰일 수 있어요. 단, "have to"나 "must"에 비해 "의무"의 의미가 약해서 "의무"와 "권유" 중간 정도의 의미라 할 수 있죠.

2) "should"도 "can"이나 "will"과 같은 조동사라서 부정문으로 표현할 때는 "should not", 또는 줄여서 "shouldn't"라고 표현해요.

3) "cut back on"은 "줄이다"라는 뜻의 표현이에요. 주로 술이나 담배, 커피, 소비습관 등 좀 과하다 싶은 것들과 관련해서 사용되는 경우가 많죠.

ex) Cut back on sweets!   단것 좀 적게 먹어!
ex) You should cut back on smoking.   넌 담배 좀 줄여야겠다.

B. "should"와 "shouldn't" 중 알맞은 것으로 다음 각 대화문을 완성하면서 "should"의 또 다른 의미를 살펴봅시다.

(1) A: 피터 어디 있어?
    B: 곧 도착할 거야. → 정답 : should

(2) A: 내가 이걸 할 수 있을지 모르겠어.
    B: 한번 해봐. 그리 어렵진 않을 거야. → 정답 : shouldn't

(3) A: 그것들이 안 보이는데.
    B: 바로 거기 있을 거야. → 정답 : should

(4) A: 그거 비싸?
    B: 전혀. 5달러 이상 들지 않을 거야. → 정답 : shouldn't

Tip

4) "should"는 경험과 같은 논리적인 근거를 바탕으로 무언가를 "예상" 또는 "추측"할 때도 사용돼요.

Gotta Remember
Show'em Who's Boss!

A. Identify when *should* is used for *obligation* or *advice* and when it is used for *expectation* or *probability*.

(1) I **should** hang up now.
(2) It **should** be within walking distance.
(3) You **should** try yoga.
(4) You **shouldn't** speak ill of others.
(5) I **should** be there in 10 minutes.
(6) She **should** be able to help.
(7) You **should** get some rest.
(8) You **shouldn't** be here.
(9) It **shouldn't** take long.

B. Complete the dialogues using either *should* or *shouldn't*.

(1) A: Should I expect you tonight?
　　B: Yeah, I _____ be back by then.

(2) A: Finish this first. It _____ take long.
　　B: You got it.

(3) A: I don't know if I _____ tell you this.
　　B: Why not? I'm good at keeping secrets, you know?

(4) A: How's your pasta?
　　B: It's good. You _____ try some.

(5) A: Should I bring my coat?
　　B: I would. It _____ be cold for most of the week.

(6) A: Let's get going.
　　B: _____ we wait for Harper, though? He said he'd be here in 10 minutes.

C. Rearrange the words to complete the dialogues.

(1) A: I'm getting some coffee.
　　B: Again? __a / cut / little / should / back / you__ .

(2) A: It looks like it's going to rain soon.
　　B: Really? __should / home / stay / today / I / maybe__ .

Translations & Answers

A. 다음 각 문장에서 "should"가 어떤 의미로 쓰였는지 구분해보세요.

(1) (나) 이만 끊어야겠어.
(2) (거긴) 걸어갈 수 있는 거리일 거야.
(3) 요가 한번 해봐.
(4) 남을 험담하지 마. / 남을 험담하면 안 돼.
(5) 난 10분 있으면 거기 도착할 거야.
(6) 걔가 도울 수 있을 거야.
(7) 좀 쉬어. / 너 좀 쉬어야겠다. / 너 좀 쉬는 게 좋겠어.
(8) 너 여기 있으면 안 돼. / 너 여기 있으면 안 되겠다. / 너 여기 안 있는 게 좋겠어.
(9) (그건) 오래 안 걸릴 거야.

→ 정답 :
- "should"가 "의무(obligation)" 또는 "권유(advice)"의 의미로 쓰인 문장들
  → (1), (3), (4), (7), (8)
- "should"가 "예상(expectation)" 또는 "추측(probability)"의 의미로 쓰인 문장들
  → (2), (5), (6), (9)

B. "should"와 "shouldn't" 중 알맞은 것으로 다음 각 대화문을 완성해보세요.

(1) A: 너 오늘 밤에 와?　　　　　　　　→ 정답 : should
　　 B: 응. 그때쯤 돌아올 거야.

(2) A: 이것부터 끝내. 오래 안 걸릴 거야.　→ 정답 : shouldn't
　　 B: 알겠어.

(3) A: 너한테 이걸 말해야 할지 모르겠네.　→ 정답 : should
　　 B: 왜? 내가 비밀 잘 지키는 거 알잖아.

(4) A: 네 파스타는 맛이 어때?　　　　　→ 정답 : should
　　 B: 맛있어. 좀 먹어봐.

(5) A: 코트 가져가야 해?　　　　　　　→ 정답 : should
　　 B: 나라면 가져가겠어. 거의 일주일 내내 추울 거거든.

(6) A: 출발하자.　　　　　　　　　　　→ 정답 : Shouldn't
　　 B: 하지만 우리 하퍼 기다려야 하지 않아?
　　　 10분 있으면 여기 도착한댔는데.

C. 단어들을 재배열하여 각 대화문을 완성해보세요.

(1) A: 나 커피 좀 마실래.　　　　→ 정답 : You should cut back a little.
　　 B: 또? 너 좀 줄여야겠다.

(2) A: 곧 비가 올 것 같네.　　　　→ 정답 : Maybe I should stay home today.
　　 B: 정말? 오늘은 집에 있어야겠네.

What's your number?
네 번호는 몇 번이야?

A. Let's practice the dialogues using the given information.

2297-4800	A: What's your number? B: It's <u>two two nine seven,</u> 　　<u>four eight oh oh.</u> ／ It's <u>two two nine seven,</u> 　　<u>four eight zero zero.</u>	① 7600-1099

352 North Avenue	A: What's your home address? B: It's <u>three fifty-two North Avenue.</u>	② 174 E. Main Street

14702	A: What's your zip code? B: It's <u>one four seven oh two.</u> ／ It's <u>one four seven zero two.</u>	③ 59074

709	A: What's your room number? B: It's <u>seven oh nine.</u> ／ It's <u>seven zero nine.</u>	④ 1407

1YJH527	A: What's your plate number? B: It's <u>one, Y, J, H, five two seven.</u> ／ It's <u>one, Y as in Yellow, J as in Jaguar,</u> 　　<u>H as in Horse, five two seven.</u> ／ It's <u>one, Yellow, Jaguar, Horse,</u> 　　<u>five two seven.</u>	⑤ 9SML711

1984	A: When were you born? B: I was born in <u>nineteen eighty-four.</u>	⑥ 1992

2002	A: When was your son born? B: He was born in <u>two thousand two.</u>	⑦ 2013

A. 주어진 정보를 이용해 다음 대화문들을 연습해봅시다.

| 2297-4800 | A: 네 번호는 몇 번이야?
B: 2297-4800이야. | → | ① **7600-1099**
seven six oh oh, one oh nine nine
/ seven six zero zero, one zero
nine nine |

| 352
North Avenue | A: 너희 집 주소는 어떻게 돼?
B: 노스 애비뉴 352번지야. | → | ② **174 E. Main Street**
one seventy-four East Main
Street |

| 14702 | A: 너희 집 우편번호는
어떻게 돼?
B: 14702이야. | → | ③ **59074**
five nine oh seven four
/ five nine zero seven four |

| 709 | A: 네 방은 몇 호실이야?
B: 709호실이야. | → | ④ **1407**
one four oh seven / fourteen oh seven
/ one four zero seven
/ fourteen zero seven |

| 1YJH527 | A: 네 차량 번호는 뭐야?
B: 1YJH527이야. | → | ⑤ **9SML711**
nine, S, M, L, seven one one
/ nine, S as in Small, M as in Medium,
L as in Large, seven one one
/ nine, Small, Medium, Large, seven
one one |

| 1984 | A: 넌 언제 태어났어?
B: 난 1984년도에 태어났어. | → | ⑥ **1992**
nineteen ninety-two |

| 2002 | A: 네 아들은 언제 태어났어?
B: 걘 2002년도에 태어났어. | → | ⑦ **2013**
two thousand thirteen
/ twenty thirteen |

Tip

1) 숫자가 포함된 정보들은 기본적으로 한 자리씩 숫자 그대로 읽어요.

2) 숫자 "0"은 "zero"라고 읽기도 하지만, 알파벳 "oh"로 바꿔 읽는 경우가 더 많아요.

3) 영국 영어에서는 전화번호 표현 시 연속으로 같은 숫자가 등장할 경우 "double"을 사용하기도 해요. 예를 들어, "00"은 "double oh", "22"는 "double two"처럼 말이에요.

4) "주소(address)"에 등장하는 숫자는 네 자리일 때는 두 자리씩 끊어서, 세 자리일 때는 앞 한 자리를 먼저 읽고 나머지 두 자리를 합쳐서 읽어요.

5) 알파벳이 포함된 차량번호는 알파벳을 추가로 표현해준다는 차이만 있을 뿐 숫자 읽는 방식은 같아요. 알파벳 부분은 글자를 그대로 읽기도 하지만, 비슷한 발음의 글자로 혼동하지 않도록 해당 글자로 시작하는 단어로 표현해주는 경우도 많죠. 예를 들어, "T"는 "Tiger" 또는 "T as in Tiger"처럼 표현해줍니다.

6) 년도를 말할 때는 보통 두 자리씩 끊어서 읽지만, 2000년도부터는 두 자리씩 끊어서 읽기도 하고 일반적인 기수처럼 하나의 숫자로 읽기도 해요.

A. Correct the underlined parts. (Some answers may vary.)

(1) A: What's your room number?
B: It's <u>thirty-two one</u>.

(2) A: What's the address there?
B: It's <u>West Johnson Street two six one</u>.

(3) A: What's your zip code?
B: <u>Fifty-seven nine hundred two</u>.

(4) A: What year were you born?
B: I was born in <u>nineteen eight seven</u>.

B. Answer the questions below using the given information. (Answers may vary.)

(1) Q: What's your home phone number?
A: _____. (070-4322-7082)

(2) Q: What's your fax number?
A: _____. (02-6280-7661)

(3) Q: What's your cell phone number?
A: _____. (010-2297-4800)

(4) Q: What's your home address?
A: _____. (375 Dokseodang-ro)

(5) Q: What's your zip code?
A: _____. (04720)

(6) Q: What's your plate number?
A: _____. (3JHL312)

(7) Q: When were you born?
A: _____. (1994)

Translations & Answers

A. 다음 각 대화문의 밑줄 친 부분을 바르게 바꿔보세요. (일부 정답은 응답자에 따라 다를 수 있음)

(1) A: 네 방 번호는 몇 번이야? → 정답 : three two one
    B: 321번이야.   / three twenty-one

(2) A: 거기 주소가 어떻게 돼? → 정답 : two sixty-one West Johnson Street
    B: 웨스트 존슨 스트릿 261번지야.

(3) A: 너희 집 우편번호는 어떻게 돼? → 정답 : Five seven nine oh two
    B: 57902이야.   / Five seven nine zero two

(4) A: 넌 몇 연도에 태어났어? → 정답 : nineteen eighty-seven
    B: 1987년도에 태어났어.

B. 다음 응답들은 참고용입니다. 주어진 정보를 이용해 다음 각 질문에 자유롭게 응답해보세요.

(1) Q: What's your home phone number?   Q: 당신의 집 전화번호는 몇 번인가요?
    A: <u>It's oh seven oh, four three two two,</u>   A: 070-4322-7082예요.
    <u>seven oh eight two.</u>

(2) Q: What's your fax number?   Q: 당신의 팩스 번호는 몇 번인가요?
    A: <u>It's zero two, six two eight zero, seven</u>   A: 02-6280-7661이에요.
    <u>six six one.</u>

(3) Q: What's your cell phone number?   Q: 당신의 휴대폰 번호는 몇 번인가요?
    A: <u>It's oh one oh, two two nine seven,</u>   A: 010-2297-4800이에요.
    <u>four eight oh oh.</u>

(4) Q: What's your home address?   Q: 당신의 집 주소는 어떻게 되나요?
    A: <u>It's three seventy-five Dokseodang-ro.</u>   A: 독서당로 375예요.

(5) Q: What's your zip code?   Q: 당신의 집 우편번호는 어떻게 되나요?
    A: <u>It's oh four seven two oh.</u>   A: 04720이에요.

(6) Q: What's your plate number?   Q: 당신의 차량 번호는 어떻게 되나요?
    A: <u>It's three, J, H, L, three, one, two.</u>   A: 3JHL312예요.

(7) Q: When were you born?   Q: 당신은 언제 태어났나요?
    A: <u>I was born in nineteen ninety-four.</u>   A: 전 1994년도에 태어났어요.

He's my age.

걘 내 나이야.

A. Let's try matching each question with the right response using the given information.

you 24 years old	Eric West 31 years old	Clara Moon 47 years old	Clark Bernard 12 years old
Tyson Green 24 years old	Martha Gibson 39 years old	Ricky Dixon 52 years old	Katie Blake 23 years old

Q1) How old are you? •   • R1) He's my age.

Q2) How old is Mrs. Moon? •   • R2) They're in their thirties.

Q3) How old are Martha and Eric? •   • R3) She's around my age.

Q4) How old is Tyson? •   • R4) He's half my age.

Q5) How old is Katie? •   • R5) I'm in my mid-twenties.

Q6) How old is Mr. Dixon? •   • R6) She's in her late thirties.

Q7) How old is Clark? •   • R7) She's about twice my age.

Q8) How old is Mrs. Gibson? •   • R8) He's in his early fifties.

B. Let's look at the example and complete the following.

ex) My son is seven years old. → He's a seven-year-old boy.

(1) My daughter is 11 years old. → _____ girl.

(2) Jasper is 10 months old. → _____ baby.

(3) Rose and Tom are 17 years old.

→ _____ high school students.

(4) I'm 26 years old. → _____ .

Translations & Explanations

A. 주어진 정보를 참고로 하여 다음 각 질문에 알맞은 응답을 연결해보세요.

당신 (24세)	에릭 웨스트 (31세)	클라라 문 (47세)	클락 버나드 (12세)
타이슨 그린 (24세)	마사 깁슨 (39세)	리키 딕슨 (52세)	케이티 블레이크 (23세)

Q1) 넌 몇 살이야? → 정답 : R5) 난 20대 중반이야.
Q2) 문 여사님은 나이가 어떻게 되셔? → 정답 : R7) 그분 나이는 내 나이의 약 두 배야.
Q3) 마사랑 에릭은 몇 살이야? → 정답 : R2) 걔넨 30대야.
Q4) 타이슨은 몇 살이야? → 정답 : R1) 걘 내 나이야.
Q5) 케이티는 몇 살이야? → 정답 : R3) 걘 내 나이 정도야.
Q6) 딕슨 씨는 나이가 어떻게 되셔? → 정답 : R8) 그분은 50대 초반이야.
Q7) 클락은 몇 살이야? → 정답 : R4) 걘 내 나이의 절반이야.
Q8) 깁슨 선생님은 나이가 어떻게 되셔? → 정답 : R6) 그분은 30대 후반이야.

Tip

1) "**30대**"처럼 두리뭉실하게 말하고 싶을 땐 "in one's thirties" 또는 "in one's 30s"처럼 표현해요. "one's" 자리에는 "~의"에 해당하는 "my(나의)", "his(그의)", "her(그녀의)"과 같은 표현을 넣어주죠. "**초반**", "**중반**", "**후반**"이라고 좀 더 구체적으로 밝혀주고 싶을 때는 "early", "mid-", "late"라는 표현을 숫자 표현 앞에 넣어주기도 합니다. 참고로, "mid-"는 "middle"이라고 표현하지 않음에 유의하세요.
2) 나이가 "**두 배**"라고 말할 때는 "twice one's age", "**절반**"이라고 말할 때는 "half one's age"라고 표현해요.
3) "**나이가 같다**"고 말할 때는 다음과 같이 표현할 수 있어요.
   • She's my age. 걘 내 나이야.
   • You're the same age as me. 넌 나랑 같은 나이야.
   • He's as old as me. 걘 나랑 나이가 같아.
   • We are (of) the same age. 우린 같은 나이야.

B. 보기와 같이 주어진 문장을 바꿔보세요.

ex) 내 아들은 일곱 살이야. → 걘 일곱 살짜리 꼬마야.

(1) 내 딸은 열한 살이야. → 정답 : She's an 11-year-old girl.
   걘 열한 살짜리 소녀야.
(2) 재스퍼는 십 개월 됐어. → 정답 : He's a 10-month-old baby.
   걘 십 개월 된 아기야.
(3) 로즈랑 톰은 열일곱 살이야. → 정답 : They're 17-year-old high school students.
   걔넨 열일곱 살짜리 고등학생들이야.
(4) 난 스물여섯 살이야. → 정답 : I'm a 26-year-old.
   난 스물여섯 살이야.

Tip

4) "**걘 일곱 살짜리 꼬마 애야.**"처럼 명사를 수식하는 형용사로 만들고 싶을 때는 각 단어를 "하이픈(-)"으로 연결하여 "He is a seven-year-old boy."처럼 표현해요. 이때 "year" 끝에 "s"가 붙지 않음에 유의하세요. 참고로, 이 표현은 마지막 (4)번 문제의 정답에서도 볼 수 있듯이 형용사뿐만 아니라 명사로 쓰이기도 합니다.
5) 보통, 글로 표현 시 10 미만의 숫자들은 "five"처럼 단어로 풀어서 표현하고, 10 이상의 숫자들은 "21"처럼 숫자로 표현해요.

Gotta Remember
Show'em Who's Boss!

A. Complete the dialogues using the given information. (Some answers may vary.)

you 28 years old	**Nancy Page** 21 years old
Luis Fritz 38 years old	**Anika Gray** 15 years old
Heidi Bright 9 years old	**Charles Cruz** 29 years old
Stacy Hill 56 years old	**Isaac Kent** 21 years old

(1) A: How old are you?
   B: I'm 28. I'm still in _____.
   A: You look old for your age.
   B: Look who's talking.

(2) A: How old is Nancy?
   B: She's _____ as Isaac.

(3) A: How old is Mr. Fritz?
   B: I'm not sure, but I think
      he's in _____.

(4) A: How old is Anika?
   B: She's almost _____ my age.

(5) A: How old is Heidi?
   B: She's a _____ girl.

(6) A: Charles is _____ my age.
   B: For real? I thought He was
      older.

(7) A: How old is Mrs. Hill?
   B: She's _____ my age.
   A: No way! She doesn't look
      her age at all.

(8) A: How old is Isaac?
   B: He's in _____.

B. Answer the questions below.

(1) Q: How old are you?
   A: _____.

(2) Q: How old are your parents?
   A: _____.

He's my age.

Translations & Answers

A. 주어진 정보를 참고로 하여 다음 각 대화문을 완성해보세요. (일부 정답은 응답자에 따라 다를 수 있음)

당신 (28세)	낸시 페이지 (21세)	루이스 프리츠 (38세)	애니카 그레이 (15세)
하이디 브라이트 (9세)	찰스 크루즈 (29세)	스테이시 힐 (56세)	아이작 켄트 (21세)

(1) A: 넌 몇 살이야?
　　 B: 스물여덟이야. 아직 20대지.
　　 A: 나이보다 좀 늙어 보이네.
　　 B: 사돈 남 말 하시네.

→ 정답 : my twenties

(2) A: 낸시는 몇 살이야?
　　 B: 아이작이랑 같은 나이야.

→ 정답 : the same age
　　　　 / as old

(3) A: 프리츠 씨는 나이가 어떻게 되셔?
　　 B: 잘은 모르겠지만, 30대 후반(his late thirties)일 거야.
　　 　/ 잘은 모르겠지만, 30대(his thirties)일 거야.

→ 정답 : his late thirties
　　　　 / his thirties

(4) A: 애니카는 몇 살이야?
　　 B: 내 나이의 거의 절반이야.

→ 정답 : half

(5) A: 하이디는 몇 살이야?
　　 B: 아홉 살짜리 소녀야.

→ 정답 : nine-year-old

(6) A: 찰스는 나랑 나이가 비슷해.
　　 B: 정말? 더 많은 줄 알았어.

→ 정답 : about / around

(7) A: 힐 씨는 나이가 어떻게 되셔?
　　 B: 내 나이보다 두 배 많으셔.
　　 A: 설마! 전혀 그 나이로 보이지 않으시는걸.

→ 정답 : twice

(8) A: 아이작은 몇 살이야?
　　 B: 걘 20대 초반(his early twenties)이야.
　　 　/ 걘 20대(his twenties)야.

→ 정답 : his early twenties
　　　　 / his twenties

B. 다음 응답들은 참고용입니다. 각 질문에 자유롭게 응답해보세요.

(1) Q: How old are you?　　　　　　　　Q: 당신은 나이가 어떻게 되나요?
　　 A: I'm 39. I'm still in my thirties.　　A: 서른아홉이에요. 아직 30대죠.

(2) Q: How old are your parents?　　　　Q: 당신의 부모님은 연세가 어떻게 되세요?
　　 A: They're both in their sixties.　　 A: 두 분 다 60대에 접어드셨어요.

021

How much do you drink?

넌 술 얼마나 마셔?

Gotta Know

A. **Let's look at the examples and make questions accordingly.**

ex1) I make 40,000 dollars a year. → How much do you make a year?
ex2) I lost track of how much I drank. → How much did you drink?

(1) I'm 72 kg. → _____?
(2) I know everything about her. → _____?
(3) I don't drink at all. → _____?
(4) I miss him so badly. → _____?
(5) I need 10 dollars. → _____?
(6) I lent him 1,000 dollars. → _____?
(7) I have about 50 bucks right now. → _____?
(8) I study at least two hours a day. → _____?
(9) I owe you 100 dollars. → _____?

B. **Let's practice the dialogues using the given information.**

A: Do you like <u>coffee</u>?	A: Do you like <u>dancing</u>?
B: No, I'm not much of <u>a coffee drinker</u>. I'm more of <u>a tea drinker</u>.	B: No, I'm not much of <u>a dancer</u>. I'm more of <u>a singer</u>.

①  ②  ③  ④

a dog person / a cat person	a talker / a listener	a burger guy / a sushi guy	a snowboarder / a surfer

A. 보기를 참고로 하여 다음 각 문장에 어울리는 의문문을 만들어봅시다.

ex1) 난 1년에 4만 달러 벌어. → 너 1년에 얼마 벌어?
ex2) 나 얼마나 마셨는지 기억 안 나. → 너 술 얼마나 마셨어?

(1) 난 72킬로그램이야. → 정답 : How much do you weigh?
넌 몸무게 얼마나 나가?

(2) 난 그녀에 관해 모든 걸 다 알고 있어. → 정답 : How much do you know about her?
넌 그녀에 관해 얼마나 알고 있어?

(3) 난 술 전혀 안 마셔. → 정답 : How much do you drink?
넌 술 얼마나 마셔?

(4) 난 그 사람이 너무 그리워. → 정답 : How much do you miss him?
넌 그 사람이 얼마나 보고 싶어?

(5) 난 10달러 필요해. → 정답 : How much do you need?
너 (돈) 얼마나 필요해?

(6) 난 걔한테 천 달러 빌려줬어. → 정답 : How much did you lend him?
너 걔한테 (돈) 얼마나 빌려줬어?

(7) 난 지금 50달러 정도 있어. → 정답 : How much do you have right now?
너 지금 (돈) 얼마나 있어?

(8) 난 적어도 하루에 두 시간은 공부해. → 정답 : How much do you study a day?
넌 하루에 공부 얼마나 해?

(9) 난 너한테 100달러 빚졌어. → 정답 : How much do you owe me?
너 나한테 얼마 빚졌어?

> **Tip** 1) "badly"는 상황이나 상태의 심각성을 강조하여 "**심하게**", "**몹시**"라는 뜻으로도 쓰이지만, 무언가를 간절히 원하거나 필요로 할 경우에도 "**몹시**", "**너무**"라는 뜻으로 쓰여요. 앞에 "so"나 "really"를 동반하는 경우도 많고, 대화 시에는 "badly"가 아니라 그냥 "bad"라고 표현하기도 하죠.

B. 주어진 정보를 이용해 다음 대화문들을 연습해봅시다.

| A: 너 커피 좋아해? | A: 너 춤 추는 거 좋아해? |
| B: 아니, 난 딱히 커피를 좋아하진 않아. 그보단 차를 좋아하는 편이지. | B: 아니, 난 딱히 춤을 좋아하진 않아. 그보단 노래 부르는 걸 좋아하는 편이지. |

| ① 개를 좋아하는 사람 / 고양이를 좋아하는 사람 |
| ② 말이 많은 사람 / 이야기를 잘 들어주는 사람 |
| ③ 버거를 좋아하는 사람 / 초밥을 좋아하는 사람 |
| ④ 스노보더(스노보드를 잘 타는 사람 또는 스노보드 타는 것을 좋아하는 사람) / 서퍼(서핑을 잘하는 사람 또는 서핑을 좋아하는 사람) |

> **Tip** 2) "I'm not much of ..."라고 표현하면 "**무언가를 많이 하지 않는 사람**", "**무언가에 탁월하지 않은 사람**"이라는 뜻이 돼요. 반대로, "I'm more of ..."라고 표현하면 "**무언가를 (좋아해서) 많이 하는 사람**", "**무언가를 잘하는 사람**"이라는 뜻이 되죠.

A. Complete the dialogues. (Some answers may vary.)

(1) A: Are you always quiet like this?
B: I'm actually not _____. I'm more of a listener.

(2) A: Do you get up early?
B: No, I'm not much of _____.
I'm more of a night owl.

(3) A: How much do you _____?
B: It really depends.
A: Just give me a ballpark figure.
B: Somewhere around 80,000 dollars.

(4) A: I didn't know you were _____.
B: I love dogs.

(5) A: Want some coffee?
B: No thanks. I'm not much of a coffee drinker.
I'm _____ a tea drinker.

(6) A: _____?
B: I actually don't drink.
A: Not even a little?
B: Nope.

(7) A: My hangover is killing me.
B: How much _____?
A: A lot.

B. Answer the questions below.

(1) Q: How much do you drink?
A: _____.

(2) Q: How much time do you spend studying English a day?
A: _____.

(3) Q: Do you like coffee?
A: _____.

Translations & Answers

A. 알맞은 표현으로 다음 각 대화문을 완성해보세요. (일부 정답은 응답자에 따라 다를 수 있음)

(1) A: 넌 늘 이렇게 조용해?　　　　　　　→ 정답 : much of a talker
　　 B: 사실, 말을 많이 하는 편은 아니야.
　　　　이야기를 듣는 걸 더 좋아하지.

(2) A: 넌 아침에 일찍 일어나?　　　　　　→ 정답 : a morning person
　　 B: 아니, 난 딱히 아침형 인간은 아니야.　　　　　　/ an early riser
　　　　올빼미형에 가까운 편이지.

(3) A: 넌 연봉이 얼마나 돼?　　　　　　　→ 정답 : make a year
　　 B: 그때그때 달라.
　　 A: 그냥 대충이라도 말해봐.
　　 B: 8만 달러 정도에서 오락가락할 거야.

(4) A: 네가 개를 좋아하는지는 몰랐는걸.　→ 정답 : a dog person
　　 B: 나 개 엄청 좋아해.

(5) A: 커피 좀 줄까?　　　　　　　　　　→ 정답 : more of
　　 B: 아니, 괜찮아. 난 커피는 잘 안 마셔.
　　　　주로 차를 마시지.

(6) A: 넌 술 얼마나 마셔?　　　　　　　　→ 정답 : How much do you drink
　　 B: 사실, 난 술 안 마셔.
　　 A: 조금도?
　　 B: 응.

(7) A: 나 숙취 때문에 죽겠어.　　　　　　→ 정답 : did you drink
　　 B: 얼마나 많이 마셨길래?
　　 A: 많이.

B. 다음 응답들은 참고용입니다. 각 질문에 자유롭게 응답해보세요.

(1) Q: How much do you drink?　　　　　Q: 당신은 술을 얼마나 마시나요?
　　 A: I drink like a fish.　　　　　　　A: 전 술고래예요. (전 술 엄청 많이 마셔요.)

(2) Q: How much time do you spend　　Q: 당신은 하루에 영어공부를 얼마나
　　　　studying English a day?　　　　　하나요?
　　 A: Not much, but I'm trying to study　A: 많이 하진 않지만 적어도 한 시간 이상은
　　　　at least an hour a day.　　　　　하려고 노력 중이에요.

(3) Q: Do you like coffee?　　　　　　　Q: 당신은 커피를 좋아하나요?
　　 A: Yes, I like it so much. I drink at least　A: 네, 엄청 좋아해요. 하루에 10잔 이상은
　　　　10 cups a day. I know I should cut　　마시죠. 줄여야 한다는 건 알고 있는데,
　　　　down, but I just can't help it.　　　도무지 그게 잘 안 되네요.

022

She's about five-seven.

걘 약 5피트 7인치야.

Gotta Know

A. Let's practice the dialogues using the given information.

you / almost 6′

A: How tall <u>are you</u>?
B: <u>I'm almost six feet.</u>
 / <u>I'm close to six foot.</u>

Evelyn / about 5′7″

A: How tall <u>is Evelyn</u>?
B: <u>She's about five-seven.</u>
 / <u>She's around five foot seven.</u>

① 	② 	③ 	④ 
you / almost 4′	Oscar / about 5′2″	Jolie / close to 5′	Rex / around 6′3″

B. Let's look at the example and make questions accordingly.

ex) I'm pretty busy. → How busy are you?

(1) I'm too tired to do anything. → _____?

(2) I'm not that hungry. → _____?

(3) I'm not too sick. → _____?

(4) I'm a little cold. → _____?

(5) I'm so sleepy. → _____?

(6) I'm dead serious. → _____?

(7) I'm not angry, just disappointed. → _____?

Translations & Explanations

A. 주어진 정보를 이용해 다음 대화문들을 연습해봅시다.

당신 / 거의 6피트	이블린 / 약 5피트 7인치
A: 넌 키가 얼마나 돼? B: 난 거의 6피트야. / 내 키는 6피트에 가까워.	A: 이블린은 키가 얼마나 돼? B: 걘 약 5피트 7인치 정도야.

① 당신 / 거의 4피트	② 오스카 / 약 5피트 2인치	③ 졸리 / 거의 5피트	④ 렉스 / 약 6피트 3인치

Tip

1) 미국인들은 키를 비롯한 무언가의 길이를 말할 때 주로 "피트(feet)" 단위로 표현하는데, 1피트 미만의 길이는 소수가 아닌 "**인치(inches)**"로 표현해요. 1인치 미만의 길이도 소수가 아니라 "**half**"나 "**quarter**" 등의 표현을 사용해 분수로 표현하죠. 1피트 미만의 길이를 소수로 표현하는 경우는 "**five-and-a-half feet**"처럼 소수 이하가 0.5인 경우가 거의 유일하다고 볼 수 있답니다.

2) 5'7"는 "5피트 7인치"를 뜻해요. 이를 말로 표현할 때는 "**five foot, seven inches**" 또는 "**five feet, seven inches**"라고 읽죠. 하지만, 실제 대화 시에는 모든 단위를 생략하고 그냥 "**five-seven**"이라고 하거나 "**five foot seven**" 정도로 표현한답니다.

3) 6'처럼 딱 떨어지는 단위는 "**even**"을 써서 "**six feet even**" 또는 "**six foot even**" 이라고 말하기도 하지만, 그냥 "**six feet**"이라고 말하는 게 가장 일반적이에요.

4) 1피트는 약 30.48cm, 1인치는 약 2.54cm예요.

B. 보기를 참고로 하여 다음 각 문장에 어울리는 의문문을 만들어봅시다.

ex) 나 꽤 바빠. → 너 얼마나 바빠?

(1) 난 너무 피곤해서 아무것도 못 해. → 정답 : How tired are you?
너 얼마나 피곤해?

(2) 난 그렇게 배고프지 않아. → 정답 : How hungry are you?
너 얼마나 배고파?

(3) 난 별로 안 아파. → 정답 : How sick are you?
너 얼마나 아파?

(4) 나 약간 추워. → 정답 : How cold are you?
너 얼마나 추워?

(5) 나 너무 졸려. → 정답 : How sleepy are you?
너 얼마나 졸려?

(6) 나 완전 진지해. / 나 진짜 진심이야. → 정답 : How serious are you?
너 어느 정도까지 진심이야?

(7) 난 화난 거 아니야. 그냥 실망했을 뿐이야. → 정답 : How angry are you?
너 얼마나 화났어?

Tip

5) 나이, 무게, 키를 물어볼 때 등장한 의문사 "how"는 "**어떻게**", "**얼마나**"라는 뜻으로, 주로 양이나 정도를 물어볼 때 많이 쓰여요. 간단한 형용사들과 결합하면 위와 같이 다양한 질문들을 만들어낼 수 있답니다.

A. Complete the dialogues using the given information. (Answers may vary.)

(1) A: I think we're about the same height.
    B: How tall are you?
    A: About _____.
    B: Then, I'm a little taller than you.

→ about 6'3"
  (≈ 190.5 cm)

(2) A: How tall are you?
    B: I'm around _____.
    A: Really? You're pretty tall for your age.

→ around 5'6"
  = around 5.5 ft
  (≈ 167.7 cm)

(3) A: Is Peter tall?
    B: He's tall, but not that tall.
    A: Oh yeah? How tall is he?
    B: He's about _____.
    A: Oh, he's about my height.

→ about 6'
  (≈ 182.9 cm)

(4) A: How tall are you?
    B: I'm close to _____.
    A: You're a couple inches taller than Ronald.

→ close to 6'1"
  (≈ 185.4 cm)

(5) A: How tall is your daughter?
    B: Around _____.
    A: She's average height then.
    B: Um-hmm.

→ around 5'4"
  (≈ 162.6 cm)

(6) A: What's Lucy's height?
    B: She's almost _____.
    A: She's pretty tall for her age.

→ almost 4'11"
  (≈ 149.9 cm)

(7) A: Is Rafael tall?
    B: Not really. I think he's about your height.
      How tall are you?
    A: I'm just about _____.
    B: Oh, really? You're taller than you look.

→ about 5'10"
  (≈ 177.8 cm)

B. Answer the question below.

Q: How tall would you like to be?
A: _____.

Translations & Answers

A. 주어진 정보를 이용해 자유롭게 각 대화문을 완성해보세요.

(1) A: 우린 서로 키가 비슷한 거 같아.
B: 넌 키가 얼만데?
A: 약 6피트 3인치.
B: 그럼 내가 너보다 조금 더 커.

→ 정답 : six-three / six foot three
/ six feet and three inches
/ six feet, three inches

(2) A: 너 키 얼마야?
B: 대략 5피트 6인치(5.5피트) 정도야.
A: 정말? 나이에 비해 키가 꽤 크네.

→ 정답 : five-six / five foot six
/ five-and-a-half feet
/ five feet and six inches
/ five feet, six inches

(3) A: 피터 키 커?
B: 크긴 하지만 그렇게 크지는 않아.
A: 아, 그래? 키가 얼만데?
B: 약 6피트 정도 돼.
A: 오, 내 키랑 비슷하네.

→ 정답 : six feet (even) / six foot (even)

(4) A: 넌 키가 얼마야?
B: 난 6피트 1인치 가까이 돼.
A: 네가 로널드보다 2인치 더 크네.

→ 정답 : six-one / six foot one
/ six feet and one inch
/ six feet, one inch

(5) A: 네 딸은 키가 얼마나 돼?
B: 5피트 4인치 정도.
A: 그럼 보통 키네.
B: 응.

→ 정답 : five-four / five foot four
/ five feet and four inches
/ five feet, four inches

(6) A: 루시는 키가 얼마야?
B: 거의 4피트 11인치 다 돼 가.
A: 나이에 비해 꽤 크네.

→ 정답 : four-eleven / four foot eleven
/ four feet and eleven inches
/ four feet, eleven inches

(7) A: 라파엘 키 커?
B: 딱히. 네 키 정도 될걸. 너 키 얼마지?
A: 난 5피트 10인치 정도밖에 안 돼.
B: 아, 정말? 너 보기보다 크구나.

→ 정답 : five-ten / five foot ten
/ five feet and ten inches
/ five feet, ten inches

B. 다음 응답은 참고용입니다. 질문에 자유롭게 응답해보세요.

Q: How tall would you like to be?
A: I'm 5'7", but I would like to be 6'2".

Q: 당신은 키가 얼마나 됐으면 좋겠어요?
A: 지금 5피트 7인치인데, 6피트 2인치면 좋겠어요.

023 I'll see you next Tuesday.

다음 주 화요일에 봐.

Gotta Know

A. **Look at examples ⓐ through ⓓ and change the underlined parts to match the information provided in ⓔ through ⓗ.**

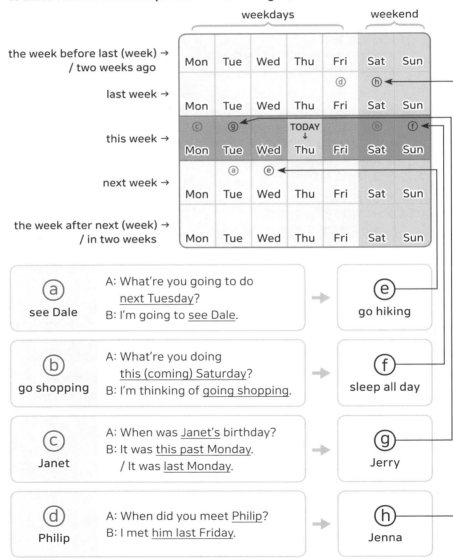

			weekdays			weekend	
the week before last (week) → / two weeks ago	Mon	Tue	Wed	Thu	Fri	Sat	Sun
last week →	Mon	Tue	Wed	Thu	Fri ⓓ	Sat	Sun ⓗ
this week →	Mon ⓒ	Tue ⓖ	Wed	TODAY ↓ Thu	Fri	Sat ⓑ	Sun ⓕ
next week →	Mon	Tue ⓐ	Wed ⓔ	Thu	Fri	Sat	Sun
the week after next (week) → / in two weeks	Mon	Tue	Wed	Thu	Fri	Sat	Sun

ⓐ see Dale
A: What're you going to do next Tuesday?
B: I'm going to see Dale.
➡ ⓔ go hiking

ⓑ go shopping
A: What're you doing this (coming) Saturday?
B: I'm thinking of going shopping.
➡ ⓕ sleep all day

ⓒ Janet
A: When was Janet's birthday?
B: It was this past Monday. / It was last Monday.
➡ ⓖ Jerry

ⓓ Philip
A: When did you meet Philip?
B: I met him last Friday.
➡ ⓗ Jenna

A. 다음은 ⓐ~ⓓ 시점을 이용한 대화문들입니다. ⓔ~ⓗ 시점과 주어진 정보를 이용해 대화문들을 연습해봅시다. (ⓔ~ⓗ 시점이 언제를 가리키는지는 주어진 달력을 참고하세요.)

평일					주말		
Mon	Tue	Wed	Thu	Fri	Sat	Sun	← 2주 전
Mon	Tue	Wed	Thu ⓓ	Fri	Sat ⓗ	Sun	← 지난주
ⓒ Mon	ⓖ Tue	Wed	오늘↓ Thu	Fri	ⓑ Sat	ⓕ Sun	← 이번 주
Mon	ⓐ Tue	ⓔ Wed	Thu	Fri	Sat	Sun	← 다음 주
Mon	Tue	Wed	Thu	Fri	Sat	Sun	← 2주 후

ⓐ 데일을 만나다	A: 너 다음 주 화요일에 뭐 할 거야? B: 난 데일 만날 거야.	→	ⓔ 하이킹 가다
ⓑ 쇼핑 가다	A: 너 이번 주 (다가오는) 토요일에 뭐 해? B: 난 쇼핑 갈까 해.	→	ⓕ 온종일 잠을 자다
ⓒ 재닛	A: 재닛 생일이 언제였지? B: 이번 주 월요일이었어. / 지난 월요일이었어.	→	ⓖ 제리
ⓓ 필립	A: 너 필립 언제 만났어? B: 지난 금요일에 만났어.	→	ⓗ 제나

Tip 1) 월요일로부터 시작해서 일요일로 끝나는 기간 전체를 하나의 "주(week)"라고 하죠. 다시 이 기간 중 월요일부터 금요일까지는 "weekdays(평일)", 토요일과 일요일은 "weekend(주말)"라고 구분하여 불러요.

2) 좀 더 넓은 개념에서 "이번 주"는 "this week", "지난주"는 "last week", "다음 주"는 "next week"이라고 하며, 그중에서도 주말만 가리킬 때는 각각 "this weekend", "last weekend", "next weekend"라고 해요. 또한, 보다 더 넓은 개념에서 "2주 전"을 말할 때는 "the week before last (week)" 또는 "two weeks ago"라고 하며, "2주 후"를 말할 때는 "the week after next (week)" 또는 "in two weeks"라고 표현하죠. 참고로, "the week before last (week)"와 "the week after next (week)"는 대화 시 마지막 "week"을 거의 항상 생략하고 말해요.

3) 오늘을 기준으로 어느 요일을 말하는지 구체적으로 표현하려면 요일 앞에 "this coming (다가오는 요일)", "this(이번 주 특정 요일)", "next(다음 주 특정 요일)", "this past (지나간 요일)", "last(지난주 특정 요일 또는 지나간 요일)" 등의 표현을 더해주어야 해요.

4) 글에서는 요일을 축약해서 표현하기도 하지만, 대화 시에는 축약된 표현으로 말하지 않음에 유의하세요.

Gotta Remember
Show'em Who's Boss!

A. Complete the dialogues using the given information.
(Some answers may vary.)

Mon	Tue	Wed ⓕ	Thu	Fri	Sat	Sun
Mon	Tue	Wed	Thu ⓓ	Fri	Sat	Sun
Mon ⓑ	Tue	TODAY ↓ Wed	Thu	Fri	Sat ⓐ	Sun
Mon	Tue ⓒ	Wed	Thu	Fri	Sat	Sun
Mon	Tue	Wed ⓔ	Thu	Fri	Sat	Sun

← the week before last (week) / two weeks ago

← last week

← this week

← next week

← the week after next (week) / in two weeks

⎵ weekdays ⎵   ⎵ weekend ⎵

(1) A: When is Daniel coming back?
   B: _____ⓐ_____.

(2) A: Did you pay your cell phone bill?
   B: I paid it _____ⓑ_____. Why do you ask?
   A: Just wanted to make sure.

(3) A: When did you say you were going to China?
   B: _____ⓒ_____.

(4) A: I bumped into Kathy _____ⓓ_____.
   B: You did?
   A: Um-hmm.
   B: So, what's she up to nowadays?
   A: She's got a new job, so she's been pretty busy.

(5) A: I've decided to move into a new apartment.
   B: Nice. When?
   A: _____ⓔ_____.

(6) A: Do you remember when our previous assignment was due?
   B: I think it was due _____ⓕ_____. Let me check my calendar real quick. Let's see. Yeah, it was due two weeks ago today.

Translations & Answers

A. ⓐ~ⓕ 시점을 이용해 다음 각 대화문을 완성해보세요. (일부 정답은 응답자에 따라 다를 수 있음)

(1) A: 대니얼은 언제 와?
   B: 이번 주 토요일.

→ 정답 : This Saturday
    / This coming Saturday

(2) A: 너 휴대폰 요금 냈어?
   B: 이번 주 월요일에 냈어. 왜 묻는 거야?
   A: 그냥 확인 차 묻는 거야.

→ 정답 : this past Monday
    / last Monday

(3) A: 너 중국 언제 간다고 했지?
   B: 다음 주 화요일.

→ 정답 : Next Tuesday
    / Tuesday next week

(4) A: 지난주 목요일에 우연히 캐시 만났어.
   B: 그래?
   A: 응.
   B: 그래서, 걔 요즘 뭐 한대?
   A: 새 일자리 구해서 꽤 바쁘게 지낸대.

→ 정답 : last Thursday

(5) A: 새 아파트로 이사 가기로 했어.
   B: 잘됐네. 언제?
   A: 2주 후에.

→ 정답 : In two weeks
    / The week after next

(6) A: 우리 바로 전 과제가 언제까지였는지
      기억해?
   B: 지지난 주였던 것 같은데. 달력 좀 빨리
      확인해볼게. 어디 보자. 응, 2주 전
      오늘까지였어.

→ 정답 : the week before last
    / two weeks ago

※ "bump"는 "부딪히다"라는 뜻의 동사예요. 보통, 놀이동산에서 범퍼카를 타고 노는
경우를 제외하고는 의도적으로 작심하고 누군가 또는 무언가와 부딪히는 상황은 거의
없겠죠? 대부분 부딪히는 상황은 의도치 않게 우연히 발생하는 경우가 많은데, 길을
가다가 누군가와 마주치는 상황도 마찬가지랍니다. 많고 많은 다른 길들을 두고 하필
누군가가 걸어오는 동선 속으로(into) 들어가서 맞닥뜨려야(bump) 하기 때문에 이런
상황을 "bump into"라고 표현하죠. 추가로, 이처럼 **우연히 마주치다**라고 말할 때는
"run into" 또는 "come across"라고 표현하기도 해요.

ex) I bumped into Jackson this morning.
     나 오늘 아침에 우연히 잭슨을 만났어.

ex) We ran into Nick at the mall today.
     우린 오늘 쇼핑몰에서 우연히 닉을 만났어.

ex) You came across Pete in the grocery store?
     너 마트에서 (우연히) 피트 봤다고?

024 I'll be a father this May.

난 올 5월에 아빠가 돼.

Gotta Know

A. The July in the middle is highlighted in yellow. Assume that is the current month and fill in the blanks using the *Cheat Box*.

last year ↓	this year ↓	next year ↓
Jan.	Jan.	Jan.
Feb.	Feb.	Feb.
Mar.	Mar.	Mar. ⑦
Apr.	Apr. ④	Apr.
May	May	May
Jun.	Jun. ↙ ① ↩	Jun.
Jul.	Jul. ②	Jul.
Aug.	Aug. ↖ ③	Aug.
Sep.	Sep.	Sep.
Oct.	↖ ⑧ Oct. ← ⑨ ↙ ⑩,⑪	Oct.
Nov.	Nov.	Nov.
Dec. ⑤	Dec. ⑥	Dec.

winter
spring
summer
fall / autumn
winter

↖ ⑫
← ⑬
↙ ⑭,⑮

↖ : early or
     the beginning of

← : the middle of

↙ : late or
     the end of

① late __last__ month
② sometime __this__ month
③ early _____ month
④ last April / _____ April
  / last spring / _____ spring
⑤ _____ / last winter
⑥ this December / _____
⑦ _____ / next spring
⑧ in the _____ of October / in early October
⑨ in _____ = in the middle of October
⑩ in _____ October
⑪ _____ the end of October
⑫ in the beginning of fall / in (the) _____ fall
⑬ in the middle of fall
⑭ _____ (the) late fall
⑮ at the _____ of fall

Cheat Box

at
in
end
late
next
early
beginning
last December
mid-October
next March
this past
this winter

A. 다음은 계절이나 월을 좀 더 구체적으로 표현한 것입니다. 노란 달을 이번 달로 가정하고 Cheat Box 속 표현들로 빈칸을 채워보세요.

작년 → 　올해 → 　내년 →

작년	올해	내년
Jan.	Jan.	Jan.
Feb.	Feb.	Feb.
Mar.	Mar.	Mar. ⑦
Apr.	Apr. ④	Apr.
May	May	May
Jun.	Jun. ↙ ①	Jun.
Jul.	Jul. ②	Jul.
Aug.	Aug. ↖ ③	Aug.
Sep.	Sep.	Sep.
Oct.	Oct. ↖ ⑧ / ← ⑨ / ↙ ⑩,⑪	Oct.
Nov.	Nov.	Nov.
Dec. ⑤	Dec. ⑥	Dec.

winter
spring
summer
fall / autumn ↖ ⑫ / ← ⑬ / ↙ ⑭,⑮
winter

↖ : 초 또는 상순
← : 중순
↙ : 말 또는 하순

① 지난달 말(에), 지난달 하순(에)
② 이번 달 중에, 이달 중에
③ 다음 달 초(에), 다음 달 상순(에), 내달 초(에), 내달 상순(에) → 정답 : next
④ 지난 4월(에) / 올해 (지난) 4월(에) / 올봄(에) / 올해 (지난) 봄(에) → 정답 : 둘 다 this past
⑤ 지난 12월(에) / 지난겨울(에) → 정답 : last December
⑥ 올 12월(에) / 올겨울(에) → 정답 : this winter
⑦ 내년 3월(에) / 내년 봄(에) → 정답 : next March
⑧ 10월 초에 / 10월 초에, 10월 상순에 → 정답 : beginning
⑨ 10월 중순에 → 정답 : mid-October
⑩ 10월 말에, 10월 하순에 → 정답 : late
⑪ 10월 말에, 10월 막바지에, 10월 끝자락에 → 정답 : at
⑫ 초가을에 → 정답 : early
⑬ 한가을에
⑭ 늦가을에 → 정답 : in
⑮ 가을 막바지에, 가을 끝자락에 → 정답 : end

Tip

1) "May"는 단어 길이가 짧아서 축약형이 따로 존재하지 않아요. 즉, 다른 월 이름들이 "Sep."처럼 마침표를 동반해 축약형으로 쓰일 때도 "May"는 꿋꿋이 홀로 다닌답니다.

2) 계절이나 월처럼 시점을 나타내는 표현 앞에 "last", "this", "next"가 붙으면 전치사 "in"은 사라지게 돼요.

3) 글에서는 월 이름을 축약해서 표현하기도 하지만, 대화 시에는 축약된 표현으로 말하지 않음에 유의하세요.

4) "다음 달 중에"처럼 대략적인 시점을 말할 때는 "sometime"이라는 표현을 사용할 수 있어요. "sometime next month"란 "다음 달 중 언제고"라는 의미에서 "다음 달 중에" 라는 뜻이 된답니다.

Gotta Remember
Show'em Who's Boss!

A. Assume that the September highlighted in yellow is the current month and complete the dialogues using the given information. (Some answers may vary.)

last year	this year	next year	
↓	↓	↓	
Jan.	Jan.	Jan.	winter
Feb.	Feb.	Feb. ⓑ	
Mar.	Mar.	Mar.	spring
Apr.	Apr.	Apr.	
May	May ↙ ⓔ	May	
Jun.	Jun.	Jun.	summer
Jul.	Jul.	Jul.	
Aug.	Aug.	Aug.	
Sep.	Sep.	Sep.	fall / autumn
Oct.	↖ ⓓ Oct. ⓒ	Oct.	
Nov.	Nov. ↙ ⓕ	Nov.	
Dec. ⓐ	Dec.	Dec.	winter

↖ : early or the beginning of

← : the middle of

↙ : late or the end of

(1) A: We had lots of snow _____ ⓐ _____ .
   B: Really? I hate snow.

(2) A: I'll be 32 _____ ⓑ _____ .
   B: What? You're gonna be thirty-two already? Poor you!

(3) A: When is Asher coming back?
   B: Sometime _____ ⓒ _____ .

(4) A: When're you thinking about going to America?
   B: _____ ⓓ _____ .
   A: That soon? Then when're you coming back?
   B: Early to mid-December.

(5) A: Do you remember when Andrew's birthday is?
   B: I don't remember the exact date, but it's _____ ⓔ _____ .

(6) A: Can I borrow some money?
   B: How much?
   A: 500 dollars. I'll pay you back _____ ⓕ _____ .
   B: Okay.

Translations & Answers

A. 노란 달을 이번 달로 가정하고 주어진 정보를 이용해 다음 각 대화문을 완성해보세요. (일부 정답은 응답자에 따라 다를 수 있음)

(1) A: 여긴 지난겨울에(/지난 12월에/작년에) 눈이 많이 왔어.
    B: 그래? 난 눈이 싫어.
    → 정답 : last winter / last December / last year

(2) A: 난 내년 2월에(올겨울에/내년에) 서른둘 돼.
    B: 뭐? 벌써 서른둘 된다고? 불쌍한 놈!
    → 정답 : next February / this winter / next year

(3) A: 애셔는 언제 돌아오지?
    B: 다음 달 언제고 오겠지.
    → 정답 : next month

(4) A: 언제 미국에 갈 생각이야?
    B: 다음 달 초에.
    A: 그렇게 빨리? 그럼 언제 돌아와?
    B: 12월 초에서 중순 사이에.
    → 정답 : Early next month

(5) A: 앤드루 생일 언제인지 기억해?
    B: 정확한 날짜는 기억이 안 나는데, 5월 말이야.
    → 정답 : in late May / at the end of May

(6) A: 돈 좀 빌려줄래?
    B: 얼마나?
    A: 500달러. 11월 말에 갚을게.
    B: 알았어.
    → 정답 : at the end of November

※ "poor"은 "가난한"이라는 뜻 외에도 "불쌍한", "형편없는"이라는 뜻으로도 쓰여요.
    ex) Poor you.   불쌍한 놈.
    ex) You poor thing.   너, 이 불쌍한 녀석.
    ex) Poor me.   나 좀 불쌍하지 않냐.
    ex) Poor James.   불쌍한 제임스.

※ "9월(September)"이 "7"이라는 뜻의 라틴어 "Septem"에서 유래됐다는 사실 알고 계셨나요? 고대 로마의 달력은 원래 열 달밖에 없었지만, 나중에 1월과 2월이 새로 추가되면서 현재와 같은 12개의 달로 됐답니다. 실제 달력의 숫자와 어원이 뜻하는 숫자가 2씩 차이가 생기는 건 이런 이유 때문이죠. 다음은 각 달 이름의 뜻이에요.

1월 (January)	→ 야누스(문(門)의 수호신)의 달	9월 (September)	→ 일곱 번째 달
2월 (February)	→ 페브루아(정화 예식)의 달	10월 (October)	→ 여덟 번째 달
3월 (March)	→ 마르스(전쟁의 신)의 달	11월 (November)	→ 아홉 번째 달
4월 (April)	→ 열리는 달	12월 (December)	→ 열 번째 달
5월 (May)	→ 마이아(생장의 여신)의 달		
6월 (June)	→ 유노(최고의 여신이자 결혼과 출산의 신)의 달		
7월 (July)	→ 율리우스(로마 공화정의 마지막 집정관)의 달		
8월 (August)	→ 아우구스투스(로마 제국의 초대 황제)의 달		

참고로, "아우구스투스의 달"인 8월은 원래 30일이었지만, "율리우스의 달"인 7월과 같은 일수로 맞추기 위해 2월의 일수를 줄이고 8월을 31일로 늘리게 됐다고 해요.

He lost by one-tenth of a second.

걔 10분의 1초 차이로 졌어.

Gotta Know

A. Let's read the following fractions.

ex1) $\frac{1}{3}$ → one-third (= a third)

ex2) $\frac{1}{2}$ → one-half (= a half)

ex3) $\frac{2}{3}$ → two-thirds

ex4) $\frac{3}{4}$ → three-fourths (= three-quarters)

(1) $\frac{1}{4}$ → _____

(2) $\frac{2}{5}$ → _____

(3) $\frac{3}{7}$ → _____

(4) $\frac{1}{10}$ → _____

(5) $\frac{5}{12}$ → _____

(6) $\frac{9}{20}$ → _____

B. Let's practice the dialogues using the given information.

$\frac{1}{3}$ | A: How far have you read into this book?
B: About <u>one-third</u>. / About <u>a third</u>.

→ ① $\frac{1}{5}$

$\frac{2}{3}$ | A: Go ahead and have some more.
B: I'm stuffed. I think I had more than <u>two-thirds</u> of this pie.

→ ② $\frac{3}{5}$

$\frac{1}{4}$ | A: How much do you run a day?
B: I run about <u>a quarter</u> of a mile every morning.

→ ③ $\frac{3}{4}$

$\frac{3}{4}$ | A: <u>Three out of four</u> girls wore pink.
B: They must like pink a lot.

→ ④ $\frac{2}{3}$

A. 다음 각 분수를 읽어봅시다.

(1) → 정답 : one-fourth / a fourth / one-quarter / a quarter
(2) → 정답 : two-fifths
(3) → 정답 : three-sevenths   (5) → 정답 : five-twelfths
(4) → 정답 : one-tenth / a tenth   (6) → 정답 : nine-twentieths

Tip

1) 분수 표현 시 "**분자**"는 "**기수**"로, "**분모**"는 "**서수**"로 표현하고, 이들 사이는 "**하이픈(-)**"으로 연결하며, 분자가 2 이상일 경우 서수를 복수로 표현해줘요.

2) 분자가 1인 경우에는 분자 자리에 "**one**" 대신 "**하나의**"라는 뜻을 가진 "**a**"나 "**an**"을 사용할 수도 있어요. 단, 이때는 "**하이픈(-)**"을 사용하지 않죠.

3) "**1/2**"은 "**one-second**"이나 "**a second**"이라고 표현하지 않고 "**절반**"이라는 뜻의 "**half**"를 이용해 "**one-half**" 또는 "**a half**"라고 표현해야 해요. "**second**"는 "**초**"라는 뜻도 있기 때문에 대화 시 "**one-second**"나 "**a second**"라고 하면 "**1초**"와 헷갈릴 수 있기 때문이죠.

4) 영어에는 "**1/4**"이라는 뜻의 표현이 별도로 존재해요. 바로 "**quarter**"이죠. 이를 써서 분모가 4인 것들은 "**a quarter**", "**three-quarters**"처럼 표현할 수도 있어요.

5) "**사과 한 개**"는 "**an apple**"이라고 하지만, "**사과 세 개**"는 "**three apples**"라고 하죠? 분수 표현 시 서수 끝에 "**s**"가 붙는 원리도 이와 같습니다. 서수는 전체를 구성하는 한 조각이라고 생각하세요. 즉, "**3/5**"은 "**1/5짜리 조각(fifth)**"이 3개이기 때문에 "**fifth**"를 복수로 표현하는 것이랍니다.

6) $1\frac{1}{2}$은 영어로 "**one and a half**"라고 표현해요.

B. 주어진 정보를 이용해 다음 대화문들을 연습해봅시다.

| $\frac{1}{3}$ | A: 너 이 책 지금까지 얼마나 읽었어?
B: 약 1/3 정도. | → | ① $\frac{1}{5}$ |

| $\frac{2}{3}$ | A: 어서 좀 더 들어.
B: 배가 꽉 찼어. 내가 이 파이의 2/3 이상은 먹은 거 같아. | → | ② $\frac{3}{5}$ |

| $\frac{1}{4}$ | A: 넌 하루에 얼마나 뛰어?
B: 난 매일 아침 0.25마일 정도 뛰어. | → | ③ $\frac{3}{4}$ |

| $\frac{3}{4}$ | A: 네 명 중 세 명꼴로 여자아이들이 분홍색 옷을 입었어.
B: 걔네 분홍색을 엄청 좋아하나 보네. | → | ④ $\frac{2}{3}$ |

Tip

7) 2/5는 "**two out of five**(다섯 개 중 두 개)"처럼 표현하기도 해요. 뒤에 명사가 등장해야 한다면 항상 복수로 표현해줘야 하죠. 2/5는 "**two over five**" 또는 "**two divided by five**"라고 표현하기도 하지만, 이는 주로 수학 문제를 풀 때만 사용되는 표현 방법이랍니다.

8) 우리 말로도 "내가 이 파이의 **1/2** 이상은 먹은 거 같아."라고 말하기보다 "내가 이 파이의 **절반** 이상은 먹은 거 같아."라고 말하는 것이 훨씬 더 일반적이듯, 무언가의 절반을 말할 때는 "**a half of ...**"라고 말하기보다 맨 앞의 "**a**"를 생략하고 "**half of ...**"라고 말하는 게 훨씬 일반적입니다. 때론, "**of**"마저 생략해버리고 "**half ...**"라고 말하기도 하죠.

Gotta Remember
Show'em Who's Boss!

A. Complete the dialogues using the given information. (Some answers may vary.)

(1) A: Is it far from here? (← 1/4)
  B: No, it's only _____ mile away.

(2) A: Let's split it 70-30. (← 2/3)
  B: That's fine as long as I'm getting the 70.
  A: That's over _____. There's no way I'm giving you
   that much. I'm taking all the risk.

(3) A: He lost by _____ of a second. (← 1/10)
  B: It must've been a very close game.

(4) A: How long did it take you to write this paper? (← $1\frac{1}{2}$)
  B: _____ days.

(5) A: Is _____ the same as 75 percent? (← 3/4)
  B: Yes, it is.

(6) A: _____ people can't afford to buy a car (← 7/10)
   this expensive.
  B: I know. I have to admit, though, it's a cool-looking car.

(7) A: She has _____ of her homework done. (← 2/5)
  B: Already? She's fast.

(8) A: Almost _____ of my co-workers didn't show up (← 1/3)
   to work today.
  B: Why is that?
  A: Because of the snowstorm.

(9) A: Are we there yet? (← $1\frac{1}{4}$)
  B: Almost. We're only about _____ miles away.

(10) A: Why do you call a 25-cent coin a quarter? (← 1/4)
  B: Because _____ of a dollar is 25 cents.

He lost by one-tenth of a second.

Translations & Answers

A. 주어진 정보를 이용해 다음 각 대화문을 완성해보세요. (일부 정답은 응답자에 따라 다를 수 있음)

(1) A: 거기 여기서 멀어? → 정답 : a quarter
   B: 아니, 0.25마일밖에 안 떨어져 있어.

(2) A: 그거 70대 30으로 나누자. → 정답 : two-thirds
   B: 내가 70 받는다면 좋아.
   A: 그건 2/3가 넘잖아. 너한테 그렇게 많이 줄 순 없어.
       내가 모든 위험을 다 감수하잖아.

(3) A: 10분의 1초 차이로 졌어. → 정답 : a tenth / one-tenth
   B: 정말 아까운 경기였겠네.

(4) A: 너 이 리포트 쓰는 데 시간 얼마나 걸렸어? → 정답 : One and a half
   B: 꼬박 하루하고도 반나절.

(5) A: 3/4은 75%랑 같은 거야? → 정답 : three-quarters
   B: 응.

(6) A: 열 명 중 일곱 명의 사람들은 이렇게 비싼 차 못 사. → 정답 : Seven out of ten
   B: 맞아. 근데, 진짜 멋지긴 하네.

(7) A: 그녀는 숙제를 2/5 정도 끝냈어. → 정답 : two-fifths
   B: 벌써? 빠르네.

(8) A: 동료들 중 거의 1/3 정도가 오늘 일하러 안 나왔어. → 정답 : one-third
   B: 왜 그런 거야?
   A: 눈보라 때문에.

(9) A: 우리 다 왔어? → 정답 : one and a quarter
   B: 거의. 약 1.25마일만 더 가면 돼.

(10) A: 왜 25센트짜리 동전을 "쿼터"라고 해? → 정답 : a quarter
   B: 1달러의 1/4이 25센트니까.

026 When is Thanksgiving?
추수감사절은 언제야?

Gotta Know

A. Let's practice the dialogues using the given information.

A: When is <u>your birthday</u>?
B: It's <u>April twentieth</u>.

your birthday
Apr. 20

①

your wedding anniversary
Nov. 22

A: When is <u>Clare's wedding</u> again?
B: It's (on) <u>August twelfth</u>.
/ It'll be (on) <u>August twelfth</u>.

Clare's wedding
Aug. 12

②

Ben's party
Oct. 18

A: When is <u>Thanksgiving Day</u>?
B: It's <u>the fourth Thursday of November</u>.
/ It's <u>the fourth Thursday in November</u>.

Thanksgiving Day
4th Thursday in Nov.

③

Mother's Day
2nd Sunday in May

A: When was <u>your job interview</u>?
B: It was <u>last Wednesday</u>.

your job interview
last Wednesday

④

your graduation
last June

B. Let's try making sentences using the phrase "Congratulations on ..."

(1) Congratulations on _____.
(2) Congratulations on _____.
(3) Congratulations on _____.

A. 주어진 정보를 이용해 다음 대화문들을 연습해봅시다.

| 당신의 생일
4월 20일 | A: 넌 생일이 언제야?
B: 4월 20일이야. | → | ① 당신의 결혼기념일
11월 22일 |

| 클레어의 결혼식
8월 12일 | A: 클레어 결혼식이 언제라고?
B: 8월 12일이야. | → | ② 벤의 파티
10월 18일 |

| 추수감사절
11월 넷째 목요일 | A: 추수감사절은 언제야?
B: 11월 넷째 목요일이야. | → | ③ 어머니 날
5월 둘째 일요일 |

| 당신의 구직면접
지난 수요일 | A: 너 구직면접 언제였어?
B: 지난 수요일이었어. | → | ④ 당신의 졸업식
지난 6월 |

Tip

1) 무언가의 날짜를 물을 때는 "When is ...?" 대신 "What date is ...?"라고 묻기도 해요.

2) 특정 행사가 며칠인지 알려줄 때는 날짜 앞에 "on"을 붙여야 하지만 대화 시에는 이를 생략해서 말하기도 해요.

3) 매년 날짜는 달라지지만 같은 시기에 발생하는 휴일의 경우 "the fourth Thursday of November" 또는 "the first Monday in September"처럼 몇 월의 몇 번째 무슨 요일인지로 표현해줘요.

4) 음력 생일은 "lunar birthday"라고 해요. 참고로, "음력"은 "lunar calendar", "양력"은 "solar calendar"이라고 하죠.

ex) My lunar birthday is the first day of November.
    내 음력 생일은 11월 1일이야.

ex) I follow the lunar calendar for my birthday.
    난 생일을 음력으로 해.

B. 다음 문장들은 참고용입니다. "Congratulations on ..."을 이용해 자유롭게 문장을 만들어봅시다.

(1) Congratulations on <u>your wedding</u>.　　결혼 축하해.
(2) Congratulations on <u>your promotion</u>.　　승진 축하해.
(3) Congratulations on <u>your new baby</u>.　　출산 축하해. / 아기 갖게 된 거 축하해.

Tip

5) "스물한 번째 생일 축하해!"라고 말하고 싶을 땐 "Happy 21st birthday!"라고 표현하면 돼요. 혹은, 간단히 "Congrats! (축하해!)"라고 표현하기도 하죠. "Congrats!"는 "Congratulations!"의 구어체식 표현으로, "졸업 축하해."처럼 축하 내용까지 구체적으로 밝혀주려면 "Congrat(ulation)s on your graduation."이라고 표현하면 된답니다.

Gotta Remember
Show'em Who's Boss!

A. Here are some of the major holidays celebrated in the U.S. Answer the following questions using the given information.

New Year's Day	January 1st
Martin Luther King Day	3rd Monday in January
Presidents' Day	3rd Monday in February
Easter	A Sunday anywhere between March 22 and April 25
Memorial Day	Last Monday in May
Independence Day	July 4th
Labor Day	1st Monday in September
Columbus Day	2nd Monday in October
Halloween	October 31st
Veterans Day	November 11th
Thanksgiving (Day)	4th Thursday in November
Christmas (Day)	December 25th

(1) When is New Year's Day? → _____ .

(2) When is Labor Day? → _____ .

(3) When is Halloween? → _____ .

(4) When is Memorial Day? → _____ .

(5) When is Presidents' Day? → _____ .

- -

B. Complete the dialogues. (Some answers may vary.)

(1) A: When is your wedding?
   B: _____ September first. You're coming, right?
   A: You bet I am.

(2) A: When is your day off _____?
   B: I told you. I get Sundays off.
   A: Sundays. Right.

(3) A: When is your graduation?
   B: The 28th ____ this month.

(4) A: We're getting married soon.
   B: _____, you guys. When's the big day?

Translations & Answers

A. 우리나라의 "추석"이나 "설날"처럼 미국의 대표적인 기념일에는 다음과 같은 것들이 있습니다. 주어진 정보를 이용해 각 질문에 응답해보세요.

(1) (양력) 설날은 언제인가요?
→ 정답 : It's January first.

(2) 노동절은 언제인가요?
→ 정답 : It's the first Monday in September.
／ It's the first Monday of September.

(3) 핼러윈은 언제인가요?
→ 정답 : It's October thirty-first.

(4) 현충일은 언제인가요?
→ 정답 : It's the last Monday in May.
／ It's the last Monday of May.

(5) 대통령의 날은 언제인가요?
→ 정답 : It's the third Monday in February.
／ It's the third Monday of February.

설날 : 1월 1일
마틴 루터킹의 날 : 1월 셋째 월요일
대통령의 날 : 2월 셋째 월요일
부활절 : 3월 22일 ~ 4월 25일 기간 내 어느 한 일요일
현충일 : 5월 마지막 월요일
독립기념일 : 7월 4일
근로자의 날(노동절) : 9월 첫째 월요일
콜럼버스 데이 : 10월 둘째 월요일
핼러윈 : 10월 31일
재향 군인의 날 : 11월 11일
추수감사절 : 11월 넷째 목요일
크리스마스 : 12월 25일

※ 추수감사절(목요일) 다음 날인 금요일을 "**블랙프라이데이(Black Friday)**"라고 하는데, 미국의 백화점이나 쇼핑센터 등에서는 이날 일 년 중 가장 큰 할인 시즌이 시작돼요. 이날만을 손꼽아 기다리는 사람들은 물건을 구입하기 위해 자정이 되기 훨씬 전부터 쇼핑센터 입구에 줄을 서기 시작하죠. 어떤 곳에는 그 줄의 끝이 보이지 않을 정도로 대단한 인파가 몰리며, 때로는 좋은 물건을 먼저 가지려다가 싸움이 발생하기도 한답니다.

B. 알맞은 표현으로 다음 각 대화문을 완성해보세요. (일부 정답은 응답자에 따라 다를 수 있음)

(1) A: 네 결혼식이 언제지?
B: 9월 1일에 해. 너 오는 거 맞지?
A: 걱정 붙들어 매.
→ 정답 : It's / It's on / It'll be / It'll be on

(2) A: 너 언제 쉰다고 했지?
B: 말했잖아. 일요일마다 쉰다고.
A: 일요일마다. 알았어.
→ 정답 : again

(3) A: 네 졸업식이 언제지?
B: 이달 28일이야.
→ 정답 : of

(4) A: 우리 곧 결혼해.
B: 축하해. 결혼식은 언제야?
→ 정답 : Congrats / Congratulations

※ "**big day**"는 "**중요한 날**", "**큰 행사가 있는 날**"이라는 뜻으로, 개인에게 가장 중요한 날 중 하나가 "**결혼식 날**"이기 때문에 "**When is the big day?**"는 "**When is your wedding?**"이라는 의미로 사용되는 경우가 많아요.

I've been sick for the past week.

나 지난 한 주간 아팠어.

Gotta Know

A. Use the _Cheat Box_ to fill in the blanks. (Some answers may vary.)

(1) A: Is he single?
    B: No, he just got married _____ November.

(2) A: Where's Jake?
    B: He's on his way. He said he'd be here
       _____ 10 minutes or so.

(3) A: How could you forget our first anniversary?
    B: I'm sorry. I thought it was _____ Monday.

(4) A: I've been waiting _____ 25 minutes.
    B: I'm so sorry. I had to stop for gas on my way here.

(5) A: How soon do you have to be there?
    B: I have to be there _____ 10 minutes.

(6) A: I won't be here _____ week.
    B: You're quitting?
    A: No. I'll be on vacation.

(7) A: Where the heck have you been?
    B: I've been very busy _____ week.

(8) A: Why is Bill's face bruised?
    B: He fell out of his bed _____ night.

(9) A: I'll be busy _____ several months.
    B: Why? You've got something going on?
    A: Yeah, I'm going back to school.

Cheat Box
last
next
for the last
for the past
for the next
within the next

A. 다음은 과거나 미래의 특정 시점 또는 시간의 양을 나타내는 표현을 포함하고 있는 대화문들입니다. Cheat Box 속 표현들로 빈칸을 채워보세요. (일부 정답은 응답자에 따라 다를 수 있음)

(1) A: 그 남자 싱글이야?　　　　　　　　　　→ 정답 : last
　　B: 아니, 지난 11월에 결혼한 새신랑이야.

(2) A: 제이크 어딨어?　　　　　　　　　　　→ 정답 : within the next
　　B: 오는 길이야. 10분 정도 내로 올 거라고 했어.

(3) A: 너 어떻게 우리 일주년을 깜박할 수 있어?　→ 정답 : next
　　B: 미안. 다음 주 월요일인 줄 알았어.

(4) A: 나 25분 전부터 계속 기다렸잖아.　　　　→ 정답 : for the last / for the past
　　B: 정말 미안해. 오는 길에 주유소에 들러서
　　　 차에 기름 좀 넣고 오느라고.

(5) A: 너 거기 얼마나 빨리 가야 하는데?　　　　→ 정답 : within the next
　　B: 지금부터 10분 안에 거기 도착해야 해.

(6) A: 나 다음 주에 여기 없을 거야.　　　　　　→ 정답 : next
　　B: 그만둬?
　　A: 아니. 휴가 가.

(7) A: 너 왜 요즘 코빼기도 안 보여?　　　　　　→ 정답 : for the last / for the past
　　B: 지난 한 주간 엄청 바빴어.

(8) A: 빌 얼굴 왜 멍든 거야?　　　　　　　　　→ 정답 : last
　　B: 어젯밤에 침대에서 떨어졌대.

(9) A: 나 향후 몇 달간 눈코 뜰 새 없이 바쁠 거야.　→ 정답 : for the next
　　B: 왜? 무슨 일 있어?
　　A: 응, 이번에 복학해.

Tip

1) 현시점을 기준으로 과거 어느 정도 기간 동안 지속된 일을 이야기할 때는 "**for the** last + 시간의 양" 또는 "**for the** past + 시간의 양"처럼 표현해요. 예를 들어, 오늘이 7월 11일일 경우 그냥 "**last month**"라고 표현하면 "**6월**"을 의미하지만, "**for the last month**"라고 표현하면 6월 12일부터 7월 11일까지 한 달 기간을 의미하게 되죠. 이는 과거로부터 현재까지 이어지는 시간 개념이라서 "**현재완료 시제**"와 함께 쓰입니다.

2) 현시점을 기준으로 미래 어느 정도 기간 동안 지속될 일을 이야기할 때는 "**for the** next + 시간의 양"처럼 표현해요. 예를 들어, 오늘이 7월 11일일 경우 그냥 "**next month**"라고 표현하면 "**8월**"을 의미하지만, "**for the next month**"라고 표현하면 7월 11일부터 8월 10일까지의 한 달 기간을 의미하게 되죠.

3) 현시점을 기준으로 미래의 어느 시점 내에 해야 할 일, 또는 일어날 일을 이야기할 때는 "**within the next** + 시간의 양"처럼 표현해요. "**for** + 시간"은 그 시간 동안 "**지속된 일**" 또는 "**지속될 일**"을 말하지만, "**within** + 시간"은 그 시간 내에 "**이루어진 일**" 또는 "**이루어질 일**"을 이야기하죠.

A. Circle the best answers.

(1) I want you to tell him (for / within) the next 24 hours.

(2) I'll be away (for / within) the next couple of weeks.

(3) I'll be super busy (for / within) the next few months.

(4) I'm hoping to be there in an hour,
   but I will definitely be there (for / within) the next two hours.

(5) I can't come to your birthday party next month,
   because I'll be studying abroad (for / within) the next two years.

B. Complete the dialogues. (Some answers may vary.)

(1) A: I'm getting homesick.
   B: Already? But you just got here _____ week.

(2) A: I'll be out of the country _____ two weeks.
   B: Where're you going this time?

(3) A: Have you seen Eric today?
   B: No, I actually haven't seen him
   _____ three days or so.
   A: Same here. I wonder where he is.

(4) A: When will I receive my package?
   B: You should receive it _____ two days.

(5) A: I'm thinking about going to Italy _____ month.
   B: For how long?
   A: For about three weeks.

C. Answer the questions below.

(1) Q: What have you been doing regularly for the past month?
   A: _____.

(2) Q: What would you like to achieve within the next five years?
   A: _____.

Translations & Answers

A. 괄호 속 표현 중 각 문장에 가장 어울리는 것을 골라보세요.

(1) 난 네가 24시간 안에 걔한테 말해줬으면 해. → 정답 : within
(2) 나 앞으로 몇 주 동안 어디 다녀올 거야. → 정답 : for
(3) 나 향후 몇 개월간 눈코 뜰 새 없이 바쁠 거야. → 정답 : for
(4) 한 시간 후에는 도착했으면 하는데 (그건 잘 모르겠고), → 정답 : within
확실한 건 두 시간 내로는 도착할 거야.
(5) 나 다음 달 네 생일파티에 참석 못 해. → 정답 : for
(앞으로) 2년 동안 유학 다녀올 거거든.

B. 알맞은 표현으로 다음 각 대화문을 완성해보세요. (일부 정답은 응답자에 따라 다를 수 있음)

(1) A: 슬슬 집 생각이 나네. → 정답 : last
   B: 벌써? 너 여기 지난주에 왔잖아.

(2) A: 나 2주간 외국에 좀 다녀올 거야. → 정답 : for the next
   B: 이번엔 어디 가는데?

(3) A: 오늘 에릭 봤어? → 정답 : for the last
   B: 아니, 지난 3일 정도는 못 본 거 같은데.   / for the past
   A: 나도. 얘 도대체 어디 있는 거야?

(4) A: 제 소포는 언제 도착하죠? → 정답 : within the next
   B: 이틀 내로 받으실 거예요.

(5) A: 나 다음 달에 이탈리아에 갈까 해. → 정답 : next
   B: 얼마 동안?
   A: 3주 정도.

C. 다음 응답들은 참고용입니다. 각 질문에 자유롭게 응답해보세요.

(1) Q: What have you been doing regularly
   for the past month?
   A: I've been taking phone English lessons
   every Monday, Wednesday and Friday.

   Q: 당신은 지난 한 달간 무엇을 꾸준히
   해왔나요?
   A: 전 매주 월, 수, 금요일에 전화영어
   수업을 꾸준히 받아왔어요.

(2) Q: What would you like to achieve within
   the next five years?
   A: I would like to study English hard and
   get a job abroad.

   Q: 향후 5년 내에 이루고 싶은 것은
   무엇인가요?
   A: 영어 공부를 열심히 해서 해외에서
   일자리를 구하고 싶어요.

028 So do I.

나도.

Gotta Know

A. Use the *Cheat Box* to fill in the blanks. (Answers may vary.)

(1) A: I had a good time.
B: _____. (= I had a good time, too.)

(2) A: I don't like math.
B: _____. (= I don't like math, either.)

(3) A: You did a great job!
B: _____.
(= You did a great job, too!)

(4) A: I didn't know that.
B: _____.
(= I didn't know that, either.)

Cheat Box	
Me, too.	Same here.
You, too.	Me, neither.
Likewise.	

B. Let's complete the dialogues using the given information.

ex1) A: I love sushi.	
B: So do I.	(= I love sushi, too.)
ex2) A: I'm 27 years old.	
B: So is she.	(= She's 27 years old, too.)
ex3) A: I got so drunk last night.	
B: So did he.	(= He got really drunk last night, too.)
ex4) A: I'm not angry.	
B: Neither am I.	(= I'm not angry, either.)

(1) A: I'm a little sleepy.
B: _____. (= I'm a little sleepy, too.)

(2) A: I don't feel like going out today.
B: _____. (= I don't feel like going out today, either.)

(3) A: You look like crap.
B: _____. (= You look like crap, too.)

(4) A: I don't have a driver's license.
B: _____. (= He doesn't have a driver's license, either.)

A. Cheat Box 속 표현들로 빈칸을 채워보세요. (정답은 응답자에 따라 다를 수 있음)

(1) A: 즐거웠어.
B: <u>나도.</u> (= 나도 즐거웠어.)
→ 정답 : Me, too. / Same here. / Likewise.

(2) A: 난 수학 싫어해.
B: <u>나도.</u> (= 나도 수학 싫어해.)
→ 정답 : Me, neither. / Same here.

(3) A: 정말 잘했어!
B: <u>너도.</u> (= 너도 정말 잘했어!)
→ 정답 : You, too. / Likewise.

(4) A: 난 그거 몰랐어.
B: <u>나도.</u> (= 나도 그거 몰랐어.)
→ 정답 : Me, neither. / Same here.

> **Tip**
> 1) 상대방의 부정적인 말에 "나도."라고 말하려면 간단히 "Me, neither."이라고 표현하면 되지만, "너도."라고 말하는 것에 대해서는 의견이 갈리는데, "You, too."라고 표현해야 한다는 사람도 있고, "You, neither."이라고 표현해야 한다는 사람도 있고, 심지어 "You, either."이라고 표현하는 사람들도 있답니다. 이런 이유로 이번 과에서는 상대방의 부정적인 말에 "너도."라고 말하는 것은 다루지 않지만, 어떻게 표현하든 의미는 이해 되기 때문에 한 가지 표현을 정해서 연습해두도록 하세요.
> 2) 상대방의 부정적인 말에는 "Same here. (나도.)"라고 응답하기도 해요. 단, "Likewise." 라고 표현하진 않으니 유의하세요.

B. 주어진 정보를 이용해 다음 각 대화문을 완성해봅시다.

ex1) A: 난 초밥을 정말 좋아해. B: 나도. (= 나도 초밥을 정말 좋아해.)	ex3) A: 나 어젯밤에 너무 취했어. B: 걔도. (= 걔도 어젯밤에 너무 취했어.)
ex2) A: 난 스물일곱 살이야. B: 걔도. (= 걔도 스물일곱 살이야.)	ex4) A: 나 화 안 났어. B: 나도. (= 나도 화 안 났어.)

(1) A: 나 좀 졸려.
B: <u>나도.</u> (= 나도 좀 졸려.)
→ 정답 : So am I.

(2) A: 나 오늘은 외출할 기분 아니야.
B: <u>나도.</u> (= 나도 오늘은 외출할 기분 아니야.)
→ 정답 : Neither do I.

(3) A: 너 꼬락서니가 완전 장난 아니야.
B: <u>너도.</u> (= 너도 꼬락서니가 완전 장난 아니야.)
→ 정답 : So do you.

(4) A: 난 면허증 없어.
B: <u>걔도.</u> (= 걔도 면허증 없어.)
→ 정답 : Neither does he.

> **Tip**
> 3) 상대방의 긍정적인 말을 되받아칠 때는 "so"를 이용하여 "So + 동사 + 주어."라고 표현 하기도 해요. 상대방이 be동사를 써서 말하면 동사 자리에 주어와 시제에 맞춰 be 동사를 넣고, 상대방이 일반동사를 써서 말하면 동사 자리에 "do", "does", "did" 중에서 주어와 시제에 맞는 것을 넣으면 되죠. 반대로, 상대방의 부정적인 말을 되받아 칠 때는 "neither"을 이용해서 "Neither + 동사 + 주어."처럼 표현해요.

Gotta Remember
Show'em Who's Boss!

A. Complete the dialogues using the expressions you have learned today. (Answers may vary.)

(1) A: I don't drink coffee.
B: _____.

(2) A: You are being such a chicken.
B: _____.

(3) A: I hate driving at night.
B: _____.

(4) A: I'm not a fast walker.
B: _____.

(5) A: I'm kind of in a hurry right now.
B: _____.

(6) A: I don't mind.
B: _____.

(7) A: My head is pounding.
B: _____.

(8) A: I can't come up with any good solutions.
B: _____.

B. Find the best expression.

(1) A: I'm kind of broke right now.
B: _____

    ⓐ So am I.
    ⓑ Same to you.
    ⓒ Me, neither.

(2) A: Take good care of yourself.
B: Thanks. _____

    ⓐ So do I.
    ⓑ You, too.
    ⓒ Same here.

Translations & Answers

A. 학습한 표현들을 이용해 자유롭게 B를 완성해보세요.

(1) A: 난 커피 안 마셔.
    B: 나도.

→ 정답 : I don't drink coffee, either.
    / **Me, neither.** / Same here. / Neither do I.

(2) A: 겁쟁이처럼 굴고 자빠졌네.
    B: 너도 마찬가지야.

→ 정답 : You are being such a chicken, too.
    / **You, too.** / Likewise. / So are you.

(3) A: 난 밤에 운전하는 게 너무 싫어.
    B: 나도.

→ 정답 : I hate driving at night, too. / Me, too.
    / **Same here.** / Likewise. / So do I.

(4) A: 난 걸음이 빠르지 않아.
    B: 나도.

→ 정답 : I'm not a fast walker, either.
    / **Me, neither.** / Same here. / Neither am I.

(5) A: 나 지금 좀 급해.
    B: 나도.

→ 정답 : I'm kind of in a hurry right now, too.
    / **Me, too.** / Same here. / Likewise. / So am I.

(6) A: 난 신경 안 써.
    B: 나도.

→ 정답 : I don't mind, either.
    / **Me, neither.** / Same here. / Neither do I.

(7) A: 나 머리가 깨질 듯이 아파.
    B: 나도 그래.

→ 정답 : My head is pounding, too. / **Mine, too.**
    / Same here. / Likewise. / So is mine.

(8) A: 좋은 해결책이 떠오르질 않네.
    B: 나도.

→ 정답 : I can't come up with any good solutions, either.
    / **Me, neither.** / Same here. / Neither can I.

B. 보기 중 빈칸에 가장 적절한 표현을 골라보세요.

(1) A: 나 지금 당장은 거의 알거나 다름없어.
    B: _____

    ⓐ [상대방이 긍정문으로 말할 때] 나도.
    ⓑ 너도.
    ⓒ [상대방이 부정문으로 말할 때] 나도.

→ 정답 : ⓐ

(2) A: 몸조심해!
    B: 고마워. _____

    ⓐ 나도.
    ⓑ 너도.
    ⓒ 나도.

→ 정답 : ⓑ

029

It's a quarter to seven.

7시 15분 전이야.

Gotta Know

A. Let's practice the dialogues using the given information.

09:55

A: What time is it?
B: It's five (minutes) to ten.
  / It's five (minutes) before ten.

①

04:50

11:10 p.m.

A: What time is it now?
B: It's ten (minutes) past eleven p.m.
  / It's ten (minutes) after eleven p.m.

②

08:05 a.m.

06:45

A: Do you know what time it is?
B: It's a quarter to seven.
  / It's a quarter before seven.

③

02:45

02:14

A: (Have) You got the time?
B: It's about a quarter after two.
  / It's around a quarter past two.

④

07:16

12:28 p.m.

A: Do you have the time?
B: It's almost half past noon.
  / It's close to half past noon.

⑤

02:29 a.m.

A. 주어진 정보를 이용해 다음 대화문들을 연습해봅시다.

9시 55분	A: 몇 시야? B: 10시 5분 전이야.	① 4시 50분
오후 11시 10분	A: 지금 몇 시야? B: 오후 11시 10분이야.	② 오전 8시 5분
6시 45분	A: 몇 시인지 알아? B: 7시 15분 전이야.	③ 2시 45분
2시 14분	A: 지금 몇 시야? (시계 있어?) B: 2시 15분쯤 됐어.	④ 7시 16분
오후 12시 28분	A: 지금 몇 시야? (시계 있어?) B: 거의 낮 12시 반 다 됐어.	⑤ 오전 2시 29분

Tip

1) 특정 시각이 시작되기까지 몇 분 남았는지 말할 때는 "to"나 "before"을 이용해요. 단, "5시 10분"을 "6시 50분 전"이라고 말하진 않듯이 일반적으로는 남아 있는 시간이 30분 미만일 때에만 이런 표현을 사용하죠. 반대로, 특정 시각을 기준으로 몇 분이 지났는지를 설명할 때에는 "after"이나 "past"를 사용해요. 어떤 표현을 주로 사용하는지는 각 사람의 언어 습관이나 선호도에 따라 달라지기도 하지만 지역에 따라서도 다른데, 미국 사람들은 "to"와 "after"을 주로 사용한답니다.

- It's 10 (minutes) to five. → 5시를 향해 가는 10분 → 5시 10분 전 (04:50)
- It's 10 (minutes) before five. → 5시가 되기 전 10분 → 5시 10분 전 (04:50)
- It's 10 (minutes) after five. → 5시 이후 10분 → 5시 10분 (05:10)
- It's 10 (minutes) past five. → 5시를 지난 10분 → 5시 10분 (05:10)

2) 시각 표현 시에는 "to"나 "before" 대신 "till"이나 "until"을 사용하기도 해요.
   ex) It's 20 till 11.   11시 20분 전이야.
   ex) It's still five until noon.   아직 12시 5분 전이야. (낮 12시까진 아직 5분 남았어.)

3) 무언가의 1/4을 가리킬 때는 "quarter"이라는 표현을 사용하고, 무언가의 절반을 가리킬 때는 "half"라는 표현을 사용하는 것 아시죠? 한 시간은 총 60분으로 되어 있으니 "분(minute)"의 개념에서 "quarter"은 60분의 1/4, 즉 "15분"을 의미하고, "half"는 60분의 1/2, 즉 "30분"을 의미하게 돼요.

4) "quarter" 앞에는 관사 "a"를 붙이는 게 맞지만, 시간 표현 시에는 "two quarters", "three quarters"라고 표현하는 일이 없기 때문에 으레 "a"라고 생각하고 "a"를 생략한 채 말하는 경우도 많아요.

5) "quarter"와는 달리, 시각을 말할 때는 "half" 앞에 절대로 "a"를 붙이지 않아요. 단, "30분만 시간을 줘."처럼 "30분"이라는 시간의 양을 설명할 때는 "(a) half hour", "(a) half an hour"처럼 "a"를 붙이기도 하고 안 붙이기도 한답니다.

6) "half"는 "half after ..."이나 "half to ..." 또는 "half before ..."이라고 표현하지 않고, 무조건 "half past ..."라고만 표현해요. 예를 들어, 6시 30분을 표현하고자 할 경우 반드시 "half past six"라고 해야 하죠. 단, "half"를 숫자로 "30 minutes"라고 표현할 때는 어떻게 표현해도 괜찮아요.

Gotta Remember
Show'em Who's Boss!

A. Read the time on each clock in two different ways. (Answers may vary.)

① 09:00 a.m.
a.m.
It's _____.
It's _____.

② 06:05 p.m.
p.m.
It's _____.
It's _____.

③ 03:14 p.m.
p.m.
It's _____.
It's _____.

④ 07:29 a.m.
a.m.
It's _____.
It's _____.

⑤ 04:56 p.m.
p.m.
It's _____.
It's _____.

⑥ 11:46 a.m.
a.m.
It's _____.
It's _____.

B. Complete the dialogues using the given information. (Answers may vary.)

(1) A: It's _____. (07:53)
 B: Almost seven?
 A: No. Seven to eight.
 Not eight to seven.

(2) A: It's _____. (09:30)
 B: Already? We'd better
 hurry up then.

(3) A: What time is our flight tomorrow? (06:10)
 B: 8:10. Make sure to be here
 by _____ at the latest.

(4) A: What time did you get back last night? (11:57)
 B: _____.

(5) A: Do you know what time it is now? (08:45)
 B: It's _____.
 A: Dang, I'm late again!

134   It's a quarter to seven.

Translations & Answers

A. 각 시계가 가리키는 시각을 최소 두 가지 이상의 방법으로 자유롭게 표현해보세요. (정답은 응답자에 따라 다를 수 있으며, 다음 정답들은 참고용임)

① → 정답 :	② → 정답 :
It's nine a.m.	It's six oh-five.
It's nine o'clock.	It's five after six.
It's nine o'clock sharp.	It's five minutes past six p.m.
It's nine a.m. on the dot.	It's around six p.m.
③ → 정답 :	④ → 정답 :
It's three fourteen p.m.	It's seven twenty-nine.
It's about three fifteen.	It's around seven thirty a.m.
It's around a quarter after three.	It's almost half past seven.
It's almost a quarter past three.	It's about half past seven.
⑤ → 정답 :	⑥ → 정답 :
It's four fifty-six p.m.	It's eleven forty-six a.m.
It's four minutes to five p.m.	It's fourteen minutes to noon.
It's about five before five.	It's close to noon.
It's close to five p.m.	It's about a quarter to noon.

B. 주어진 정보를 이용해 자유롭게 각 대화문을 완성해보세요.

(1) A: 8시 7분 전이야.
  B: 7시 다 됐다고?
  A: 아니. 8시 7분 전이라고.
    7시 8분 전이 아니라.
→ 정답 : seven minutes to eight
    / seven (minutes) before eight

(2) A: 9시 반이야.
  B: 벌써? 그럼 서두르는 게 좋겠다.
→ 정답 : nine thirty / half past nine

(3) A: 우리 내일 몇 시 비행기야?
  B: 8시 10분. 늦어도 6시 10분까진
    오도록 해.
→ 정답 : six ten / ten (minutes) after six
    / ten (minutes) past six

(4) A: 너 어제 몇 시에 들어왔어?
  B: 12시 3분 전에.
→ 정답 : Eleven fifty-seven / Three minutes to twelve
    / Three (minutes) before twelve
    / Three minutes to midnight
    / Three minutes before midnight

(5) A: 지금 몇 신지 알아?
  B: 9시 15분 전이야.
  A: 제길, 또 지각이야!
→ 정답 : eight forty-five / a quarter to nine
    / a quarter before nine

※ 가끔 열받거나, 당황스럽거나, 놀랄 때, 우린 자신도 모르게 "이런 씨...", "에이 씨...", "젠장." 등의 감탄사 비슷한 욕 같지도 않은 이상한 말을 하기도 하는데, 다음 표현들은 이에 해당하는 표현들이에요.

  Dang (it)! < Damn (it)! < What the! → 우측으로 갈수록 더 거친 표현임

030

Are we still good for time?
우리 아직 시간 있어?

Gotta Know

A. Let's practice the dialogues. Replace the underlined sentences with the ones in the *Ready-to-Use Boxes*.

(1) A: Hurry up! <u>We're running out of time.</u>
    B: There's plenty of time. No need to rush.

Ready-to-Use Box
We have no time.
We don't have time.
There's no time.
There's no time left.
We're out of time.

(2) A: I need some more time.
    B: <u>There's no rush.</u> Take your time.

Ready-to-Use Box
There's no hurry.
No need to rush.
No need to hurry.

B. Use the *Cheat Box* to fill in the blanks.

(1) Do we have time to _____ some coffee?
(2) Do we have time for a smoke _____?
(3) Do we have enough time to get there?
(4) Are we still _____ for time?
(5) Did you have a good time in Hawaii?
(6) I had a _____ time sleeping.
(7) When is a good time to talk?
(8) Time will _____.
(9) I'm pressed for time.
(10) It's just a _____ of time.
(11) I have _____ the time in the world.
(12) I killed time at a bookstore.
(13) I _____ the time reading.
(14) _____ some time to relax.
(15) You're _____ on time.
(16) You're just in time.

Cheat Box	
all	tell
find	break
good	right
grab	matter
hard	passed

A. Ready-to-Use Box 속 표현들로 밑줄 부분을 바꿔가며 대화문들을 연습해봅시다.

(1) A: 서둘러! <u>시간 다 돼 가.</u>
B: 시간 많아. 서두를 필요 없어.

We have no time.	(우리) 시간 없어.
We don't have time.	(우리) 시간 없어.
There's no time.	시간 없어.
There's no time left.	남은 시간이 없어.
We're out of time.	우리 시간 없어.

(2) A: 시간이 좀 더 필요해.
B: <u>서두를 거 없어.</u> 천천히 해.

There's no hurry.	서두를 거 없어.
No need to rush.	서두를 필요 없어.
No need to hurry.	서두를 필요 없어.

Tip 1) 뭔가 서두르려는 사람에게 **"천천히 해!"**, **"서두를 필요 없어!"**, **"여유 갖고 해!"**라고 말하려면 **"Take your time."**이라고 표현하면 돼요.

B. 다음은 "time"을 활용한 유용한 표현들입니다. Cheat Box 속 표현들로 빈칸을 채워보세요.

(1) 우리 커피 좀 마실 시간 될까? → 정답 : grab
(2) 우리 잠시 쉬면서 담배 피울 시간 돼? → 정답 : break
(3) 우리 거기까지 갈 시간 충분해?
(4) 우리 아직 시간 있어? → 정답 : good
(5) 하와이에서 좋은 시간 보냈어?
(6) 난 수면에 어려움이 있었어. → 정답 : hard
(7) 언제 얘기하는 게 편해?
(8) 시간이 지나면 알게 되겠지. / 시간이 지나 보면 알겠지. → 정답 : tell
(9) 난 시간에 쫓기고 있어. / 난 시간이 촉박해.
(10) (그건) 단지 시간 문제야. → 정답 : matter
(11) 난 남는 게 시간이야. → 정답 : all
(12) 난 서점에서 시간 때웠어.
(13) 난 책을 읽으며 시간을 보냈어. → 정답 : passed
(14) 시간 좀 내서 쉬도록 해. → 정답 : Find
(15) (너) 딱 시간 맞춰 왔네. → 정답 : right
(16) (너) (안 늦게) 제시간에 잘 왔네.

Tip 2) **"good time"**은 **"즐거운 시간"**을 의미할 수도 있고, **"적절한 시간"**, **"적절한 시기"**를 의미할 수도 있어요.

3) 다른 누군가 또는 무언가를 기다리며 **"시간을 보내다"**, **"시간을 때우다"**라고 말할 때는 **"pass the time"** 또는 **"kill time"**이라고 표현해요.

4) **"시간을 내다"**라는 뜻의 표현에는 **"find (some) time"**과 **"make (some) time"**이 있어요. 이 두 표현 사이에는 약간의 차이가 있는데, **"find (some) time"**은 **"자신의 시간 중에서 여유 있는 시간을 찾아 틈을 내다"**라는 뜻이고, **"make (some) time"**은 **"시간이 없어도 어떻게 해서든지 시간을 만들어 내다"**는 뜻이랍니다.

A. Complete the dialogues. (Some answers may vary.)

(1) A: I'm having a _____ following.
   B: Which part is confusing you?

(2) A: Do we have enough time to get there?
   B: Maybe not. We'd better _____ up.

(3) A: We're _____ time.
   B: Oh crap! I'm not finished yet. What do I do?

(4) A: What were you doing while you were waiting?
   B: I was reading some books at the bookstore
      to _____.

(5) A: Do we have time for a pee _____?
   B: Sure, but make it quick.

(6) A: Is it okay to ask you a question?
   B: Sure, go ahead. I have all the time _____.

(7) A: Were you late to work?
   B: Nope. Luckily enough, I made it there _____ in time.

B. Correct the sentences.

(1) Are we still enough for time?   → _____?
(2) I had a hard time to believe that. → _____.
(3) When is a good timing to talk?   → _____?
(4) Do we have enough time for watching the rest of this show?
   → _____?

C. Rearrange the words to form sentences.

(1) good / is / not / time / a / now
   → _____.

(2) in / I / there / won't / get / time
   → _____.

(3) find / to / time / some / you / should / read
   → _____.

Translations & Answers

A. 알맞은 표현으로 다음 각 대화문을 완성해보세요. (일부 정답은 응답자에 따라 다를 수 있음)

(1) A: 나 지금 네가 무슨 말을 하는 건지 이해가 잘 안 돼.
   B: 어느 부분이 헷갈린다는 거야?
   → 정답 : hard time

(2) A: 우리 거기까지 갈 시간 충분해?
   B: 아닐 거 같은데. 좀 서두르는 게 좋겠어.
   → 정답 : hurry

(3) A: 우리 시간 없어.
   B: 아, 이런! 나 아직 못 끝냈는데. 어떻게 하지?
   → 정답 : out of
   / running out of

(4) A: 너 기다리는 동안 뭐 했어?
   B: 시간 때우려고 서점에서 책 몇 권 읽고 있었어.
   → 정답 : pass the time
   / kill time

(5) A: 우리 잠깐 쉬면서 소변보러 다녀올 시간 있어?
   B: 응. 근데 빨리 다녀와.
   → 정답 : break

(6) A: 질문 하나 해도 돼?
   B: 어, 해. 난 남는 게 시간이야.
   → 정답 : in the world

(7) A: 너 회사 늦었어?
   B: 아니. 운 좋게도, 겨우 시간 맞춰 도착했어.
   → 정답 : just

B. 다음 각 문장에서 틀린 부분을 찾아 바르게 고쳐보세요.

(1) 우리 아직 시간 있어?
   → 정답 : Are we still good for time?
(2) 난 그 말을 믿기가 어려웠어.
   → 정답 : I had a hard time believing that.
(3) 언제 얘기하기 편해?
   → 정답 : When is a good time to talk?
(4) 우리 이 TV 프로 마저 볼 시간 있어?
   → 정답 : Do we have enough time to watch the rest of this show?

C. 단어들을 재배열하여 문장을 만들어보세요.

(1) 지금은 때가 안 좋아.
   → 정답 : Now is not a good time.
(2) 나 제시간에 거기 도착 못 할 거야.
   → 정답 : I won't get there in time.
(3) 틈틈이 책을 읽도록 해.
   → 정답 : You should find some time to read.

031 I'm supposed to meet her today.
나 오늘 걔 만나기로 했어.

Gotta Know

A. Let's practice the dialogues using the given information.

A: What time are you supposed to <u>meet Eva</u>?
B: I'm supposed to <u>meet her at 9:15</u>.

A: What time are you going to <u>drop by Clay's place</u>?
B: I'm going to <u>drop by his house at about 8:30</u>.

A: What time are you <u>getting off</u>?
B: I'm <u>getting off at around 7:40</u>.

① go to school around 08:45	② arrive there 02:00	③ hit the gym about 06:30	④ go home 05:15

B. Let's practice the dialogues using the given information.

A: When are you supposed to <u>go work out</u>?
B: I'm supposed to <u>go work out at 6:20</u>.

A: When are you going to <u>tell Erika</u>?
B: I'm going to <u>tell her tonight</u>.

A: When are you <u>coming back</u>?
B: I'm <u>coming back on Friday</u>.

① go to work after lunch	② leave Saturday	③ have dinner around 07:00	④ go shopping tomorrow

C. Let's change the imperative sentences using the phrase *be supposed to*.

ex1) Be here by six.   → You're supposed to be here by six.
ex2) **Don't** smoke in here.   → You're **not** supposed to smoke in here.

(1) Don't drink so much.   → _____.
(2) Pick me up at seven.   → _____.
(3) Be quiet in here.   → _____.
(4) Don't do that.   → _____.

A. 주어진 정보를 이용해 다음 대화문들을 연습해봅시다.

A: 너 몇 시에 에바 만나기로 했어?
B: 난 걔 9시 15분에 만나기로 했어.

A: 너 몇 시에 클레이네 집에 들를 거야?
B: 난 8시 반쯤에 걔 집에 들를 거야.

A: 너 몇 시에 퇴근할 거야?
B: 난 7시 40분쯤에 퇴근할 거야.

① 학교에 가다	/ 8시 45분쯤
② 거기 도착하다	/ 2시
③ 헬스장에 운동하러 가다	/ 6시 반쯤
④ 집에 가다	/ 5시 15분

Tip 1) "I'm supposed to ..."는 "난 ~하기로 했어."라는 뜻으로, 어떤 정해진 일에 대해 그것을 꼭 이행해야 할 의무가 부여되었다는 느낌을 줘요. 반면, "I'm going to ..."는 정해진 계획을 언급할 때 주로 사용되는 표현으로, 그냥 "난 ~할 거야."라는 뜻이며, 별다른 의무감이 느껴지진 않죠. "I'm ~ing ..."처럼 진행형으로도 미래의 계획을 말하기도 하는데, 이는 앞서 소개한 두 표현보다 좀 더 구체적으로 확정된 계획을 말하는 느낌을 준답니다.

B. 주어진 정보를 이용해 다음 대화문들을 연습해봅시다.

A: 너 언제 운동하러 가기로 했어?
B: 난 6시 20분에 운동하러 가기로 했어.

A: 너 언제 에리카한테 말할 거야?
B: 난 오늘 밤에 걔한테 말할 거야.

A: 너 언제 돌아올 거야?
B: 난 금요일에 돌아올 거야.

① 일하러 가다	/ 점심 식사 후에
② 떠나다, 출발하다	/ 토요일
③ 저녁을 먹다	/ 7시쯤
④ 쇼핑하러 가다	/ 내일

C. 보기를 참고로 하여 주어진 명령문들을 바꿔봅시다.

ex1) 여기 6시까지 와. → (넌) 여기 6시까지 와야 해.
ex2) 이 안에서 담배 피우지 마. → (넌) 이 안에서는 담배 피우면 안 돼.

(1) 술 너무 많이 마시지 마. → 정답 : You're not supposed to drink so much.
　　　　　　　　　　　　　　　(넌) 술 그렇게 많이 마시면 안 돼.

(2) 나 7시에 픽업해. → 정답 : You're supposed to pick me up at seven.
　　　　　　　　　　　　(넌) 나 7시에 픽업해야 해.

(3) 이 안에서 조용히 해. → 정답 : You're supposed to be quiet in here.
　　　　　　　　　　　　　(넌) 이 안에서는 조용히 해야 해.

(4) 그러지 마. → 정답 : You're not supposed to do that.
　　　　　　　　(넌) 그러면 안 돼.

Tip 2) "be supposed to ... (~하기로 돼 있다)"의 의미 특성상 "You're supposed to ..." 라고 표현하면 "넌 ~하기로 돼 있어.", 즉 "넌 ~해야 해."라는 의미로 사용될 수 있어요. 반대로, "You're not supposed to ..."라고 표현하면 "넌 ~하지 않기로 돼 있어.", 즉 "넌 ~하면 안 돼."라는 의미로 사용될 수 있죠.

3) 시각 표현 앞에 쓰인 "by"는 "~까지"라는 뜻으로, 정해진 시각까지 무언가를 완료해야 함을 나타내는 전치사예요.

Gotta Remember
Show'em Who's Boss!

A. Make interrogative sentences using the given information. (Answers may vary.)

(1) A: _____? (← pick her up)
   B: I'm supposed to pick her up at seven o'clock in front of her house.

(2) A: _____? (← drop by his place)
   B: Right after school. So it's going to be around 6:20.

(3) A: _____? (← take off)
   B: In half an hour or so.

(4) A: _____? (← arrive there)
   B: Not sure, but I'm thinking about getting there by five.

(5) A: _____? (← go to the gym)
   B: Around 7:10, after my dinner.

B. Rearrange the words to form sentences.

(1) wake-up / to / call / her / I'm / tomorrow / give / a / supposed
   → _____.

(2) o'clock / seven / we're / at / supposed / meet / to / up
   → _____.

(3) be / at / to / I'm / home / 8:20 / back / going / around
   → _____.

(4) today / are / going / when / to / work / you
   → _____?

Translations & Answers

A. 주어진 정보를 이용해 알맞은 의문문으로 자유롭게 다음 각 대화문을 완성해보세요.

(1) A: 너 몇 시에 걔 픽업하기로 했어? / 너 몇 시에 걔 픽업할 거야?
B: 걔 집 앞에서 오전 7시에 픽업하기로 했어.
→ 정답 : What time are you supposed to pick her up?
/ What time are you going to pick her up?
/ What time are you picking her up?

(2) A: 너 몇 시에 걔 집에 들를 거야? / 너 몇 시에 걔 집에 들르기로 했어?
B: 학교 끝나고 바로. 그러면 6시 20분쯤 될 거야.
→ 정답 : What time are you going to drop by his place?
/ What time are you dropping by his place?
/ What time are you supposed to drop by his place?

(3) A: 너 몇 시에 갈 거야? / 너 몇 시에 가야 해?
B: 30분 정도 있다가.
→ 정답 : What time are you taking off?
/ What time are you going to take off?
/ What time are you supposed to take off?

(4) A: 너 거기 몇 시에 도착해야 해? / 너 거기 몇 시에 도착할 거야?
B: 잘은 모르겠고, 5시까지는 도착하려고 생각 중이야.
→ 정답 : What time are you supposed to arrive there?
/ What time are you going to arrive there?
/ What time are you arriving there?

(5) A: 너 몇 시에 헬스장에 갈 거야? / 너 몇 시에 헬스장에 가야 해?
B: 밥 먹고 7시 10분쯤.
→ 정답 : What time are you going to the gym?
/ What time are you going to go to the gym?
/ What time are you supposed to go to the gym?

B. 단어들을 재배열하여 문장을 만들어보세요.

(1) 내가 내일 걔 모닝콜 해주기로 했어.
→ 정답 : I'm supposed to give her a wake-up call tomorrow.

(2) 우린 7시에 만나기로 했어.
→ 정답 : We're supposed to meet up at seven o'clock.

(3) (나) 8시 20분쯤에 집에 돌아올 거야.
→ 정답 : I'm going to be back home at around 8:20.

(4) 너 오늘 언제 일하러 가? / 너 오늘 언제 출근해?
→ 정답 : When are you going to work today?

032 You forgot, didn't you?

너 깜빡했지, 그치?

Gotta Know

A. Let's ask simple questions as in the examples below.

ex1) You're late. → Am I?
ex2) Lucia got fired today. → Did she?
ex3) I can't help you. → Can't you?

(1) You can borrow mine. → _____?

(2) I wasn't drunk that night. → _____?

(3) I'm a little cold. → _____?

(4) Liam broke up with Nora. → _____?

(5) You were there, too. → _____?

(6) She doesn't know that. → _____?

(7) We should leave right now. → _____?

B. Let's change the sentences into tag questions.

ex1) You're hungry. → You're hungry, aren't you?
ex2) He doesn't care. → He doesn't care, does he?
ex3) You can speak Korean. → You can speak Korean, can't you?

(1) He's not there yet. → _____?

(2) She dumped you. → _____?

(3) You won't be here tomorrow. → _____?

(4) You should go now. → _____?

(5) You're making that up. → _____?

(6) It's been cold lately. → _____?

(7) I have to pick her up. → _____?

(8) She didn't show up. → _____?

(9) He's coming, too. → _____?

A. 상대방의 말을 되묻는 간단한 의문문을 만들어봅시다.

ex1) 너 지각이야. → 내가 (지각이야)? / 그래? / 정말?
ex2) 루시아는 오늘 해고됐어. → 걔가 (해고됐어)? / 그래? / 정말?
ex3) 난 너 못 도와줘. → 못 도와줘? / 그래? / 정말?

(1) 넌 내 거 써도 돼. → 정답 : Can I? 그래도 돼? / 그래? / 정말?
(2) 난 그날 밤 취하지 않았어. → 정답 : Weren't you? 안 취했어? / 그래? / 정말?
(3) 나 약간 추워. → 정답 : Are you? 추워? / 그래? / 정말?
(4) 리암은 노라와 헤어졌어. → 정답 : Did he? 걔가 (헤어졌어)? / 그래? / 정말?
(5) 너도 거기 있었어. → 정답 : Was I? 나도 (있었어)? / 그래? / 정말?
(6) 걘 그걸 몰라. → 정답 : Doesn't she? 몰라? / 그래? / 정말?
(7) 우린 지금 당장 떠나야 해. → 정답 : Should we? 그래야 해? / 그래? / 정말?

B. 주어진 문장을 가지고 부가 의문문을 만들어봅시다.

ex1) 넌 배고파. → 너 배고프지, 그치?
ex2) 걘 신경 안 써. → 걘 신경 안 쓰지, 그치?
ex3) 넌 한국말 할 수 있어. → 너 한국말 할 수 있지, 그치?

(1) 걘 아직 거기 도착 안 했어. → 정답 : He's not there yet, is he?
걔 아직 거기 도착 안 했지, 그치?

(2) 걘 널 차버렸어. → 정답 : She dumped you, didn't she?
걔가 널 차버렸지, 그치?

(3) 넌 내일 여기 안 올 거야. → 정답 : You won't be here tomorrow, will you?
너 내일 여기 안 올 거지, 그치?

(4) 넌 지금 가야 해. → 정답 : You should go now, shouldn't you?
너 지금 가야 하지, 그치?

(5) 넌 그 말 지어내고 있는 거야. → 정답 : You're making that up, aren't you?
너 그 말 지어내고 있는 거지, 그치?

(6) 요즘 날씨가 계속 추웠어. → 정답 : It's been cold lately, hasn't it?
요즘 날씨가 계속 추웠지, 그치?

(7) 난 걔 픽업해야 해. → 정답 : I have to pick her up, don't I?
내가 걔 픽업해야 하지, 그치?

(8) 걘 나타나지 않았어. → 정답 : She didn't show up, did she?
걘 나타나지 않았지, 그치?

(9) 걔도 와. → 정답 : He's coming, too, isn't he?
걔도 오지, 그치?

Tip 1) 부가의문문을 만들 때 주어가 "this"나 "that"인 경우에는 "it"을 활용하고, 주어가 "these"나 "those"인 경우에는 "they"를 활용해요.
ex) That is George, isn't it? 저거 조지 맞지, 그치?
ex) These are yours, aren't they? 이것들 네 거지, 그치?

2) "I'm ..."으로 시작하는 긍정문은 부가의문문을 만들 때 끝에 "aren't I?"를 붙여줘요.
ex) I'm right, aren't I? 내가 맞지, 그치?

3) 일반적인 부가의문문은 아니지만, "She was late, was she?"처럼 긍정문 뒤에 긍정 의문 꼬리를 붙이는 경우도 드물게 있어요. 이때는 "걔 지각했지. 맞지?"처럼 자신의 말을 한 번 더 확인하는 의미로 사용되죠. 이번 과에서는 일반적인 부가의문문을 기준으로 학습해주세요.

Gotta Remember
Show'em Who's Boss!

A. Make corrections according to the tag question types we have learned today.

(1) I was not late, wasn't I?
(2) You lied to me, did you?
(3) I'm pretty, amn't?
(4) We're not in trouble, are we?
(5) You can fix it, cannot you?
(6) Those are on sale, too, aren't those?
(7) We still have some time left, aren't we?
(8) You can't tell her the truth, can you?
(9) You told him that, have you?
(10) We mustn't say anything, must we?
(11) You would say yes, too, won't you?
(12) You don't remember anything, do you?
(13) They've done this before, don't they?
(14) This coupon is still good, isn't this?

B. Complete the dialogues according to the tag question types we have learned today.

(1) A: You're not tired, _____?
    B: I think I'm okay so far.

(2) A: She works there, too, _____?
    B: Not anymore. She just got fired this morning.

(3) A: It's a bit spicy, _____?
    B: Yeah, but I love it.

(4) A: You're nervous, _____?
    B: Am I?

(5) A: You've never been here before, _____?
    B: No, this is my first time here.

(6) A: You knew it, _____?
    B: No, I didn't. I swear.

(7) A: Brice is younger than us, _____?
    B: I think so.

Translations & Answers

A. 틀린 문장을 찾아 바르게 고쳐보세요.

(1) 나 안 늦었었지, 그치? → 정답 : I was not late, was I?

(2) 너 나한테 거짓말했지, 그치? → 정답 : You lied to me, didn't you?

(3) 나 예쁘지, 그치? → 정답 : I'm pretty, aren't I?

(4) 우리 문제없는 거지, 그치?

(5) 너 (그거) 고칠 수 있지, 그치? → 정답 : You can fix it, can't you?

(6) 저것들도 할인 중이지, 그치? → 정답 : Those are on sale, too, aren't they?

(7) 우리 아직 시간 있지, 그치? → 정답 : We still have some time left, don't we?

(8) 너 걔한테 사실대로 말 못 하지, 그치?

(9) 네가 걔한테 그거 말했지, 그치? → 정답 : You told him that, didn't you?

(10) 우린 아무 말도 해선 안 돼, 그치?

(11) 너도 승낙할 거지, 그치? → 정답 : You would say yes, too, wouldn't you?

(12) 너 아무것도 기억 안 나는구나, 그치?

(13) 걔네 이거 전에 해본 적 있지, 그치? → 정답 : They've done this before, haven't they?

(14) 이 쿠폰 아직 사용할 수 있지, 그치? → 정답 : This coupon is still good, isn't it?

B. 부가 의문문을 이용해 각 대화문을 완성해보세요.

(1) A: 너 안 피곤하지, 그치?
B: 아직은 괜찮은 것 같아. → 정답 : are you

(2) A: 걔도 거기서 일하지, 그치?
B: 더는 아니야. 오늘 아침에 잘렸어. → 정답 : doesn't she

(3) A: 약간 맵다, 그치?
B: 응, 근데 정말 맛있는데. → 정답 : isn't it

(4) A: 너 초조하지, 그치?
B: 내가? → 정답 : aren't you

(5) A: 너 전에 여기 한 번도 와본 적 없지, 그치?
B: 응, 이번이 여기 처음이야. → 정답 : have you

(6) A: 너 그거 알고 있었지, 그치?
B: 아니, 난 몰랐어. 맹세해. → 정답 : didn't you

(7) A: 브라이스 우리보다 어리지, 그치?
B: 그럴걸. → 정답 : isn't he

033 It's raining like crazy.
비가 미친 듯이 퍼붓고 있어.

A. Let's fill in the blanks using the appropriate forms of the given words.

(1) snow → It _____ a lot here yesterday.

(2) rain → When it _____ here, it floods.

(3) hail → It _____ this morning for a few minutes.

(4) storm → It's _____ outside.

(5) snow → It stopped _____ about an hour ago.

(6) rain → It's _____ cats and dogs outside.

(7) sleet → We're having _____.

(8) clear → It _____ up.

(9) hail → It sometimes _____ in the early summer.

(10) snow → We don't get much _____.

(11) storm → The _____ knocked the power out.

(12) snow → It _____ pretty heavily here.

(13) rain → It will stop _____ real soon.

(14) clear → The sky is _____ up.

(15) hail → We had _____ this morning.

(16) snow → It's _____ like crazy.

(17) rain → We don't get _____ often.

B. Use the *Cheat Box* to fill in the blanks.

(1) What's up with this weather?
= What's _____ with this weather?

(2) I'm feeling _____ the weather.

(3) Can I take a rain _____?

(4) It all _____ on the weather.

(5) I'm saving 100 dollars a month for a _____ day.

(6) When it rains, it _____.

Cheat Box
check
pours
rainy
under
wrong
depends

A. 주어진 단어를 이용해 다음 각 문장을 완성해보세요.

(1) 여긴 어제 눈이 엄청 많이 왔어. → 정답 : snowed
(2) 여긴 비가 한 번 오면 홍수가 날 정도야. → 정답 : rains
(3) 오늘 아침에 몇 분간 우박이 내렸어. → 정답 : hailed
(4) 바깥에 폭풍우가 몰아치고 있어. → 정답 : storming
(5) 약 한 시간 전에 눈이 그쳤어. → 정답 : snowing
(6) 밖에 비가 억수같이 쏟아지고 있어. → 정답 : raining
(7) 진눈깨비가 내려. → 정답 : sleet
(8) 날이 갰어. → 정답 : cleared
(9) 초여름엔 우박이 내리기도 해. → 정답 : hails
(10) 여긴 눈이 별로 안 와. → 정답 : snow
(11) 폭풍 때문에 전기가 나갔어. → 정답 : storm
(12) 여긴 눈이 꽤 많이 내려. → 정답 : snows
(13) 비가 곧 그칠 거야. → 정답 : raining
(14) 하늘이 개고 있어. / 하늘이 맑아지고 있어. → 정답 : clearing
(15) 여기 오늘 아침에 우박 내렸어. → 정답 : hail
(16) 눈이 엄청나게 내려. / 눈이 미친 듯이 내려. → 정답 : snowing
(17) 여긴 비가 그렇게 자주 오진 않아. → 정답 : rain

Tip

1) 날씨를 묘사하는 명사들 가운데 "rain", "snow", "storm", "sleet"처럼 실제로 하늘에서 무언가가 떨어지거나 날씨 현상이 눈에 보이는 것들은 그 자체로 동사로 쓰일 수 있어요. 반면, "태양(sun)"이나 "구름(cloud)", "바람(wind)"처럼 딱히 눈에 띄는 움직임이 없는 날씨 현상들은 그냥 명사로만 쓰이죠.

2) "storm"은 눈에 보이는 날씨 현상이긴 해도 동사로 쓰이기보다 형용사나 명사로 쓰이는 것이 훨씬 더 일반적이에요. "sleet" 역시 거의 대부분 명사로만 사용되죠.

3) 다음은 비나 눈과 관련해 함께 알아두면 좋은 표현들이에요.
- It's been drizzling since this morning.   아침부터 비가 찔끔찔끔 내려.
- It's still pouring.   아직도 비가 엄청 와.
- It's really coming down outside.   [비나 눈 등] 밖에 지금 장난 아니게 쏟아져.

4) 무언가가 막 그쳤다고 말할 때는 "It has stopped snowing."처럼 현재완료 시제로 표현하기도 하지만, 그냥 "It stopped snowing."처럼 과거 시제로 표현하기도 해요.

B. 다음은 날씨 표현과 관련된 유용한 표현들입니다. Cheat Box 속 표현들로 빈칸을 채워보세요.

(1) 날씨 왜 이래? → 정답 : wrong
(2) 나 몸이 안 좋아. / 나 몸 컨디션이 안 좋아. → 정답 : under
(3) 다음에 해도 돼? / 다음에 할까? → 정답 : check
(4) (그건) 전적으로 날씨에 달렸어. / 날씨 봐서. → 정답 : depends
(5) 난 만일을 위해 한 달에 100달러 저금해. → 정답 : rainy
(6) 나쁜 일은 몰아서 와. / 설상가상이야. → 정답 : pours

Tip

5) 야구장에서는 비 때문에 그날 경기가 취소되면 표를 구입한 사람들에게 그다음 경기를 무료로 관람할 수 있는 교환권을 주는데, 이런 것을 "우천 교환권(rain check)"이라고 해요. 이는 "이번에 제공되어야 할 혜택, 제의, 초대 등을 다음번에 이용할 수 있도록 연기해 주는 것"으로 의미가 확장되어 대화 시 심심찮게 사용된답니다.

Gotta Remember
Show'em Who's Boss!

A. Correct the sentences.

(1) It'll stop to rain before you know it. → _____.

(2) I'm feeling down the weather today. → _____.

(3) It all depend on the weather. → _____.

(4) It's really going down outside. → _____.

(5) Can I take a rain bill on that? → _____?

(6) It's snowing cats and dogs outside. → _____.

B. Complete the dialogues. (Some answers may vary.)

(1) A: When _____ here, it floods.
B: You should move.

(2) A: Oh, look. _____ again.
B: Winter really sucks.

(3) A: Can I take a _____?
B: Why? I thought you had no plans
for tonight.

(4) A: How's the weather outside?
B: _____. Don't forget to take your umbrella.

(5) A: Is it still raining?
B: No, it _____ a while ago. But I heard
it's going to rain again this afternoon.

(6) A: You don't look well.
B: I'm feeling _____.

(7) A: Does it snow a lot in Madison?
B: Yeah, _____ all winter long here.

(8) A: Are you going to skip the class today?
B: I don't know. It all _____ the weather.

(9) A: How was the weather yesterday?
B: _____ raining all day.

Translations & Answers

A. 다음 각 문장에서 틀린 부분을 찾아 바르게 고쳐보세요.

(1) 눈 깜짝할 사이에 비가 그칠 거야.   → 정답 : It'll stop raining before you know it.
(2) 나 오늘 몸이 좀 안 좋아.   → 정답 : I'm feeling under the weather today.
(3) (그건) 전적으로 날씨에 달렸어.   → 정답 : It all depends on the weather.
(4) 밖에 지금 장난 아니게 쏟아져.   → 정답 : It's really coming down outside.
(5) 그건 다음에 해도 될까?   → 정답 : Can I take a rain check on that?
(6) 밖에 비가 억수같이 쏟아지고 있어.   → 정답 : It's raining cats and dogs outside.

B. 알맞은 표현으로 다음 각 대화문을 완성해보세요. (일부 정답은 응답자에 따라 다를 수 있음)

(1) A: 여긴 비가 한 번 오면 홍수가 날 정도야.   → 정답 : it rains
    B: 너 이사 가야겠다.

(2) A: 아, 봐봐. 눈 또 와.   → 정답 : It's snowing
    B: 겨울은 정말 짜증 나.

(3) A: 그거 다음 기회에 해도 돼?   → 정답 : rain check
    B: 왜? 너 오늘 밤에 아무 계획도 없는 거 아니었어?

(4) A: 바깥 날씨는 어때?   → 정답 : It's raining
    B: 비가 오고 있어. 우산 꼭 챙겨 가.

(5) A: 아직 비 와?   → 정답 : stopped raining
    B: 아니, 좀 전에 그쳤어. 하지만 오후에 또 온대.

(6) A: 너 안색이 안 좋아.   → 정답 : under the weather
    B: 몸이 좀 안 좋아.

(7) A: 매디슨에는 눈이 많이 내려?   → 정답 : it snows
    B: 응, 여긴 겨울 내내 눈이 내려.

(8) A: 너 오늘 수업 땡땡이칠 거야?   → 정답 : depends on
    B: 모르겠어. 날씨 봐서.

(9) A: 어젠 날씨 어땠어?   → 정답 : It was
    B: 온종일 비가 내렸어.

> ※ "suck"이라는 표현은 저속한 표현이어서 격식적인 영어를 가르치는 책에서는 거의 다루지 않아요. 하지만 다음과 같은 표현들은 미국 젊은이들 사이에서 너무나 자주 사용되는 것들이므로 알아두는 것이 좋습니다.
>
> • You suck!   너 짜증 나! / 너 완전 재수 없어! / 너 완전 재수다!
> • That sucks!   완전 짜증 나! / 완전 재수 없어! / 완전 별로야! / 완전 구려!
> • Snow sucks so bad.   눈은 정말 너무 짜증 나.
> • This weather sucks.   이런 날씨 짜증 나.

034 It looks like it's raining outside.

바깥에 지금 비가 내리고 있나 봐.

Gotta Know

A. Let's practice the dialogues using the given information.

raining

A: I think it's <u>raining</u> outside.
  ≈ It looks like it's <u>raining</u> outside.
  ≈ It seems like it's <u>raining</u> outside.
  / It seems to be <u>raining</u> outside.
B: Again? <u>Rain</u> sucks so bad.

① snowing

foggy

A: It seems to be <u>a foggy day</u>.
  / It seems to be <u>foggy</u>.
B: I guess we can't play badminton
  outside.

② windy

clear up

A: I think it's gonna <u>clear up</u> soon.
  ≈ It looks like it's gonna <u>clear up</u> soon.
  ≈ It seems like it's gonna <u>clear up</u> soon.
  ≈ It feels like it's gonna <u>clear up</u> soon.
B: It seems like it. Let's go out
  and get some fresh air.

③ stop raining

A: I think it's about to <u>snow heavily</u>.
  ≈ It looks like it's about to <u>snow heavily</u>.
  ≈ It seems like it's about to <u>snow heavily</u>.
  ≈ It feels like it's about to <u>snow heavily</u>.
B: I guess we should just
  stay home.

snow heavily

④ rain
like crazy

A. 주어진 정보를 이용해 다음 대화문들을 연습해봅시다.

비가 오는	A: 바깥에 지금 비 오는 것 같아. ≈ 바깥에 지금 비가 오고 있나 봐. B: 또? 비는 정말 너무 짜증 나.	→	① 눈이 오는
안개가 (짙게) 낀	A: 안개가 낀 날 같아. B: 밖에서 배드민턴 못 치겠군.	→	② 바람이 (많이) 부는
날씨가 개다	A: 날씨가 곧 갤 것 같아. ≈ 아마 날씨가 곧 갤 거야. ≈ 날씨가 곧 개려나 봐. B: 그런 것 같네. 나가서 상쾌한 공기 좀 마시자.	→	③ 비가 그치다
눈이 많이 내리다	A: 곧 눈이 많이 쏟아질 것 같아. ≈ 곧 눈이 많이 쏟아지려나 봐. B: 우린 그냥 집에나 있어야겠네.	→	④ 비가 미친 듯이 내리다

Tip

1) "지금 비 오나 봐."처럼 현재 진행 중인 날씨 상태에 대해 짐작할 때는 현재진행 시제를 활용해 "I think it's ~ing ...", "It looks like it's ~ing ...", "It seems like it's ~ing ...", "It seems to be ~ing ..."처럼 표현할 수 있어요.

2) 현재 날씨를 짐작할 때는 "It seems to be a ... day."처럼 표현하기도 해요. 이렇게 표현하면 진행 시제를 활용할 때보다 "지금 이 순간"의 날씨를 예상하는 느낌은 살짝 줄어들며, 오늘 날씨가 전반적으로 어떤 것 같다는 느낌이 되죠.

3) "곧 비가 오려나 봐."처럼 가까운 미래 날씨를 예상할 때는 "I think it's gonna ...", "It looks like it's gonna ...", "It seems like it's gonna ...", "It feels like it's gonna ..."처럼 미래 시제를 이용하면 돼요. 각 표현에서 "it's gonna"를 "it's about to"로 바꿔주면 "곧", "금방" 진행될 것 같은 날씨 현상을 묘사하는 표현으로 바뀌게 된답니다.

4) "look like"는 "보다"라는 뜻의 동사 "look"이 포함되어서 실제 눈으로 보이는 현상을 말할 때만 사용할 수 있다고 말하는 사람들이 더러 있어요. 엄격히 따지면 그렇겠지만, 실제 대화 시에는 이를 구분하지 않고 "look like"를 "seem like"나 "feel like"보다 더 널리 사용한답니다. 참고로, "seem like"는 "look like"나 "feel like"에 비해 다소 격식적인 느낌을 주는 표현이에요.

5) "probably"로도 "I think"와 비슷한 의미를 표현할 수 있어요.
   ex) I think It's gonna snow later this afternoon.
   ≈ It's probably gonna snow later this afternoon.
   아마 오후 늦게 눈이 올 거야.

6) 간혹 날씨를 예상할 때는 "in for ..."라는 표현을 사용하기도 해요. 이는 "~을 맞게 될", "~을 겪게 될"이라는 뜻으로, 날씨 외 다양한 상황에도 사용될 수 있죠.
   ex) It looks like we're in for some heavy rain.　비가 많이 쏟아지려나 봐.
   ex) It looks like we're in for a downpour.　폭우가 쏟아지려나 봐.
   ex) You're in for a huge surprise.　넌 깜짝 놀랄 일을 겪게 될 거야.
   ex) We're in for a long day.　우리에겐 힘든 하루가 될 거야.

A. Complete the dialogues. (Some answers may vary.)

(1) A: It _____ it's cold outside.
B: Make sure to wear something warm.
A: You, too.

(2) A: Is it _____ outside?
B: Not now, but it seems like it's about to snow.
Do you still want to go out?

(3) A: Look at the sky. It's dark and cloudy.
B: Yeah, it looks like it's _____ rain soon.

(4) A: The clouds _____ up.
B: Good. Maybe we'll get some sun.

(5) A: Is it still snowing outside?
B: Not anymore. It _____ about an hour ago.

(6) A: It's _____ going to snow later this afternoon.
B: What makes you say that?
A: Just a hunch.

(7) A: Look at the clouds. They're so thick and dark.
B: It looks like we're ____ for a downpour.

B. Change the following sentences using the phrase *seem to*.

(1) It seems like it's clearing up.
   → _____.

(2) It seems like it's a lot hotter than yesterday.
   → _____.

(3) It seems like it's more humid than yesterday.
   → _____.

C. Answer the question below.

Q: Is it raining outside?
A: _____.

Translations & Answers

A. 알맞은 표현으로 다음 각 대화문을 완성해보세요. (일부 정답은 응답자에 따라 다를 수 있음)

(1) A: 밖에 날씨가 추울 거 같아. → 정답 : looks like / seems like
    B: 따뜻하게 입도록 해.
    A: 너도.

(2) A: 밖에 눈 와? → 정답 : snowing
    B: 지금은 아닌데, 곧 내릴 것 같아.
       그래도 나가고 싶어?

(3) A: 하늘 좀 봐. 날이 어둡고 구름이 많네. → 정답 : about to / gonna
    B: 응, 금방이라도 비가 쏟아질 것 같아.

(4) A: 구름이 걷히면서 점차 날이 개고 있어. → 정답 : are clearing
    B: 잘됐네. 햇빛 좀 보겠군.

(5) A: 바깥에 아직 눈 와? → 정답 : stopped (snowing)
    B: 아니, 이젠 안 와. 약 한 시간 전에 그쳤어.

(6) A: 아마 이따 오후 늦게 눈이 올 거야. → 정답 : probably
    B: 왜 그렇게 생각해?
    A: 그냥 예감이 그래.

(7) A: 구름 좀 봐봐. 새까만 먹구름이 아주 → 정답 : in
       무겁게 내려앉았네.
    B: 폭우가 쏟아지려나 봐.

B. "seem to"를 이용해 다음 각 문장을 동일한 의미의 다른 문장으로 바꿔보세요.

(1) 날이 개고 있는 것 같아.
    → 정답 : It seems to be clearing up.

(2) 날씨가 어제보다 훨씬 더운 것 같아.
    → 정답 : It seems to be a lot hotter than yesterday.

(3) 어제보다 더 습한 것 같아.
    → 정답 : It seems to be more humid than yesterday.

C. 다음 응답은 참고용입니다. 질문에 자유롭게 응답해보세요.

Q: Is it raining outside?
A: <u>Not yet, but it looks like it's going to rain later this afternoon.</u>

Q: 바깥에 지금 비 오나요?
A: 아직은 안 오지만, 오늘 오후 늦게 비가 올 것 같아요.

035

It's getting warmer.

날씨가 더 따뜻해지고 있어.

Gotta Know

A. Let's practice the dialogues using the given information.

cold / winter	A: It's getting <u>cold</u> these days. B: I know. It's almost <u>winter</u>, I guess.	→	①	hot / summer
hotter	A: It's getting <u>hotter</u> these days. B: I know. What's up with this weather?	→	②	colder
colder / warm	A: It's getting <u>colder and colder</u> these days. B: I know. I wish I could go somewhere <u>warm</u>.	→	③	hotter / cool

B. Let's use the following words to form comparatives.

ex1) cool → cooler   ex2) hot → hotter   ex3) dry → drier

(1) cold   → _____
(2) foggy → _____
(3) wet   → _____
(4) chilly → _____

(5) mild   → _____
(6) muggy → _____
(7) warm   → _____
(8) gloomy → _____

C. Let's try matching each sentence on the left with the appropriate response on the right.

A1) I was almost late.   •
A2) I almost got hit by a car. •
A3) Watch your foot.   •
A4) This is almost enough.   •
A5) It's almost fall.   •
A6) We're almost there.   •
A7) When are we leaving?   •

• B1) You were jaywalking, weren't you?
• B2) It should be more than enough.
• B3) See? Good thing you took the subway.
• B4) It's almost time.
• B5) Phew, I almost stepped on it.
• B6) Yeah, but it's still too hot.
• B7) Then I'll be waiting for you guys outside.

A. 주어진 정보를 이용해 다음 대화문들을 연습해봅시다.

| 추운
/ 겨울 | A: 요즘 날씨가 추워지네.
B: 그러게. 겨울이 다 됐나 봐. | → | ① 더운
/ 여름 |

| 더 더운 | A: 요즘 날씨가 더 더워지네.
B: 그러게. 이놈의 날씨가 왜 이러지? | → | ② 더 추운 |

| 더 추운
/ 따뜻한 | A: 요즘 날씨가 점점 더 추워지네.
B: 그러게. 어디 따뜻한 곳에 가면 좋겠어. | → | ③ 더 더운
/ 시원한 |

Tip 1) 변화하는 날씨를 묘사할 때는 "**be getting + 날씨 관련 형용사**"처럼 표현해요. 이미 따뜻하거나, 춥거나, 덥지만, 그보다 정도가 심해지는 경우에는 형용사 끝에 "**-er**"을 더해주며, 이를 더 강조해서 표현하고 싶을 때는 형용사를 "**-er and -er**"처럼 반복해서 표현해주죠.

2) "**I know.**"는 "**(나도) 알아.**"라는 뜻 외에 "**그러게.**"라는 뜻으로도 자주 쓰여요.

B. 보기를 참고로 하여 각 단어를 비교급으로 바꿔봅시다.

ex1) 서늘한 → 더 서늘한
ex2) 더운 → 더 더운
ex3) 건조한 → 더 건조한

(1) 추운	→ 정답 : colder	더 추운
(2) 안개가 (짙게) 낀	→ 정답 : foggier	더 안개가 (짙게) 낀
(3) 습한	→ 정답 : wetter	더 습한
(4) 쌀쌀한	→ 정답 : chillier	더 쌀쌀한
(5) 포근한	→ 정답 : milder	더 포근한
(6) 후덥지근한	→ 정답 : muggier	더 후덥지근한
(7) 따뜻한	→ 정답 : warmer	더 따뜻한
(8) 우중충한	→ 정답 : gloomier	더 우중충한

Tip 3) "**humid**"는 끝에 "**-er**"을 붙이지 않고 앞에 "**more**"을 더해 비교급을 만들어요. "**clear**"도 비교급으로 바꿀 때는 "**clearer**"라고 표현하기도 하지만, 대체로 "**more clear**"이라고 표현하는 사람들이 더 많답니다.

C. 각 문장에 적절한 응답을 연결해보세요.

A1) 나 지각할 뻔했어. → 정답 : B3) 거 봐. 지하철 타기 잘했지?
A2) 나 차에 치일 뻔했어. → 정답 : B1) 너 무단횡단하고 있었구나, 그렇지?
A3) 발 조심해. → 정답 : B5) 휴, 밟을 뻔했어.
A4) 이 정도면 거의 충분해. → 정답 : B2) 충분하고도 남아야지.
A5) 이제 거의 가을이야. → 정답 : B6) 응, 하지만 아직도 날씨가 너무 더워.
A6) 우리 거의 다 왔어. → 정답 : B7) 그럼 밖에서 너희 기다릴게.
A7) 우리 언제 출발해? → 정답 : B4) 시간 거의 다 됐어.

Tip 4) "**almost**"는 "**거의**"라는 뜻으로, 엄밀히 따지면 아직 그 상태가 된 것이 아님을 뜻해요. "**I almost died.** (나 하마터면 죽을 뻔했어.)"라는 말은 아직 살아있단 말이겠죠? 참고로, "**almost**"와 같은 뜻인 "**nearly**"로도 비슷한 표현을 만들어낼 수 있어요.

Gotta Remember
Show'em Who's Boss!

A. Complete the dialogues. (Some answers may vary.)

(1) A: How's the weather outside?
B: It's pretty hot.
A: _____ than yesterday?
B: Pretty much the same.

(2) A: It's so muggy outside.
B: I know. And it's only going to get _____ with this rain.

(3) A: Is it still too cold to jog these days?
B: Not at all. It's actually getting _____.

(4) A: It's getting _____ in here.
B: Why don't you put on your jacket then?

(5) A: You shouldn't be driving today.
B: Why not?
A: It's getting _____ outside.

B. Complete the dialogues with the expressions in the box.

> got fired   missed my class
> froze to death   didn't recognize her

(1) A: I almost _____ today.
B: Again? What did you do this time?

(2) A: I almost _____ this morning.
B: Same here. We shouldn't have stayed out
so late last night.

(3) A: I heard you saw Kelly this morning.
B: I did. I almost _____, though.
She's all grown up now.

(4) A: I almost _____.
B: Same here. Good thing I was wearing my puffer jacket.

Translations & Answers

A. 알맞은 표현으로 다음 각 대화문을 완성해보세요. (일부 정답은 응답자에 따라 다를 수 있음)

(1) A: 바깥 날씨가 어때?
   B: 꽤 더워.
   A: 어제보다 더 더워?
   B: 어제랑 거의 비슷해.
   → 정답 : Hotter

(2) A: 밖에 날씨가 무척 후텁지근해.
   B: 그러게. 나아지기는커녕 이번 비 때문에 더 심해질 거야.
   → 정답 : muggier

(3) A: 요즘 아직 날씨가 너무 추워서 조깅하긴 좀 그렇지?
   B: 전혀 안 그래. 사실 날씨가 조금씩 풀리고 있거든.
   → 정답 : milder / warmer

(4) A: 여기 점점 추워지네.
   B: 그럼 재킷 입지 그래?
   → 정답 : cold / colder
   / colder and colder

(5) A: 너 오늘은 운전 안 하는 게 좋겠어.
   B: 왜?
   A: 바깥에 안개가 점점 더 짙어지고 있거든.
   → 정답 : foggier and foggier
   / foggy / foggier

B. 상자 속 표현들을 이용해 다음 각 대화문을 완성해보세요.

got fired	해고당했다	missed my class	내 수업을 빼먹었다
froze to death	얼어 죽었다	didn't recognize her	그녀를 알아보지 못했다

(1) A: 나 오늘 잘릴 뻔했어.
   B: 또? 이번엔 무슨 짓을 한 거야?
   → 정답 : got fired

(2) A: 나 오늘 아침에 수업 빼먹을 뻔했어.
   B: 나도. 어젯밤에 좀 일찍 집에 들어갔어야 했어.
   → 정답 : missed my class

(3) A: 너 오늘 아침에 켈리 만났다며?
   B: 응. 못 알아볼 뻔하긴 했어. 이제 다 컸더라고.
   → 정답 : didn't recognize her

(4) A: 나 얼어 죽을 뻔했어.
   B: 나도. 패딩 입고 있길 잘했지.
   → 정답 : froze to death

   ※ "~해서 다행이야", "~하길 잘했어"라고 말하고 싶을 땐 "(It's a) Good thing (that) ..."
   이라고 표현해요. "that" 뒤에는 완벽한 문장이 등장하며, "that"은 거의 생략하고
   말하죠.
   ex) Good thing you took a taxi. (네가) 택시를 타서 다행이야.
   / (네가) 택시 타길 잘했어.

036

I can't stand the cold weather.

난 추운 날씨는 딱 질색이야.

Gotta Know

A. Let's look at the words and place them in the right boxes.

calm	scorching
frigid	burning up
steaming	pleasant
sizzling	stifling
freezing	

very cold day	fair day	very hot day

B. Use the *Cheat Box* to fill in the blanks.

(1) A: What's the weather like today?
   B: It's sunny and _____ today.

(2) A: It's dark and _____ today.
   B: Yuck. I hate that kind of weather.

(3) A: The weather is _____!
   B: I hear you. It sucks that I still
      have to go to work today.

(4) A: How's the weather today?
   B: It's a little _____. It seems like
      it's about to rain soon.

Cheat Box

damp
nasty
breezy
overcast

C. Let's practice the dialogues using the given information.

hot weather	A: I can't stand (the) hot weather. B: Me, neither. I can never get used to it.

→ ① cold weather

snow	A: I can't stand (the) snow. B: Why not? A: Because I hate driving in (the) snow.

→ ② rain

winter	A: I'm sick of winter. B: Tell me about it. I wish I lived in Hawaii.

→ ③ snow and ice

A. 다음 표현들을 세 가지 날씨로 분류해봅시다. (아래 내용은 정답입니다.)

몹시 추운 날씨	freezing (cold) frigid	꽁꽁 얼게 추운 냉랭한, 몹시 추운
맑고 온화한 날씨	calm pleasant	바람이 없는, 잔잔한 쾌적한, 즐거운
몹시 더운 날씨	scorching (hot) burning up steaming (hot) sizzling (hot) stifling (hot)	모든 것을 다 태워 버릴 듯이 더운, 찜통같이 더운 불덩이같이 더운 푹푹 찌게 더운 타는 듯이 더운 숨 막힐 듯한, 답답한

B. 다음은 날씨 묘사와 관련된 기타 표현들입니다. Cheat Box 속 표현들로 빈칸을 채워보세요.

(1) A: 오늘 날씨 어때?　　　　　　　　　　　　　　→ 정답 : breezy
　　 B: 오늘은 화창하고 산들바람이 불어.

(2) A: 오늘은 날이 어둡고 눅눅하네.　　　　　　　　→ 정답 : damp
　　 B: 을. 그런 날씨 너무 싫어.

(3) A: 날씨가 아주 형편없네!　　　　　　　　　　　→ 정답 : nasty
　　 B: 그러게. 오늘 같은 날에도 일하러 가야 한다니, 젠장.

(4) A: 오늘 날씨 어때?　　　　　　　　　　　　　　→ 정답 : overcast
　　 B: 날이 좀 많이 흐려. 곧 비가 올 것 같아.

> **Tip**
> 1) "breezy"는 바람이 살랑살랑 적당히 부는 것을 뜻하고, "windy"는 다소 강한 바람이 피부를 때린다고 느껴질 정도로 센 바람을 뜻해요.
>
> 2) 안개와 관련된 표현에는 "hazy", "misty", "foggy"가 있어요. "hazy"는 아주 적은 안개가 낀 것으로 사방이 거의 다 잘 보이는 것을 말하며, "misty"는 어떤 일정한 거리까지는 보이지만 멀리 있는 것은 흐린 정도, "foggy"는 아주 두꺼운 안개로 10미터 가량까지밖에 보이지 않는 정도라고 생각하면 돼요.

C. 주어진 정보를 이용해 다음 대화문들을 연습해봅시다.

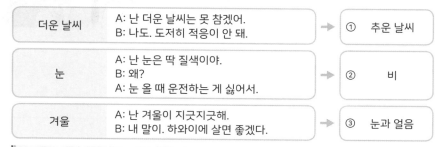

더운 날씨	A: 난 더운 날씨는 못 참겠어. B: 나도. 도저히 적응이 안 돼.	① 추운 날씨
눈	A: 난 눈은 딱 질색이야. B: 왜? A: 눈 올 때 운전하는 게 싫어서.	② 비
겨울	A: 난 겨울이 지긋지긋해. B: 내 말이. 하와이에 살면 좋겠다.	③ 눈과 얼음

> **Tip**
> 3) "stand"는 "서다"라는 뜻으로만 많이 알고 있지만, "~을 견디다", "~을 참다"라는 뜻으로도 쓰이며, 이 경우에는 주로 부정문이나 의문문으로 사용되는 경우가 많아요.

Gotta Remember
Show'em Who's Boss!

A. Complete the dialogues. (Some answers may vary.)

(1) A: I love rainy days.
   B: Really? I hate them because it's _____ when it rains.

(2) A: What's wrong with this weather?
   B: Tell me about it. I'm _____ this hot and humid weather.

(3) A: It's going to be _____ outside this weekend. It'll be about five below.
   B: That's why I plan to hibernate this weekend. I won't be doing anything but sleeping and watching movies.

(4) A: It's freezing today.
   B: Again? I _____ stand this cold weather. Maybe I should move to Miami.

(5) A: Are you hot? You're sweating like a pig.
   B: Yes, it's _____ hot. Besides, I'm wearing several layers.

(6) A: Turn on the heater. I'm _____ my butt off.
   B: Sorry, my heater's broken.

(7) A: I can't stand the rain.
   B: Me, _____. I mean I don't mind the hot weather, but I hate the rain.

B. Make any sentences you want using the phrase "I can't stand ..."

(1) I can't stand _____.
(2) I can't stand _____.
(3) I can't stand _____.
(4) I can't stand _____.

C. Answer the questions below.

(1) Q: What kind of weather do you like?
   A: _____.

(2) Q: What kind of weather do you hate?
   A: _____.

Translations & Answers

A. 알맞은 표현으로 다음 각 대화문을 완성해보세요. (일부 정답은 응답자에 따라 다를 수 있음)

(1) A: 난 비 오는 날씨가 정말 좋아.
B: 진짜? 난 비 오면 눅눅해서 싫은데. → 정답: damp

(2) A: 날씨가 대체 왜 이런대?
B: 내 말이. 이렇게 무덥고 습한 날씨는 지긋지긋해. → 정답: sick of

(3) A: 이번 주말에 바깥 날씨가 엄청 추울 거야. 영하 5도 정도 될걸. → 정답: freezing
B: 그래서 난 이번 주말에 집에서 안 나가려고. 잠만 자고 영화만 볼 거야. / frigid

(4) A: 오늘 엄청 추워.
B: 또? 이놈의 추운 날씨 정말 못 참겠어. 마이애미로 이사 가야 할까 봐. → 정답: can't

(5) A: 너 더워? 땀을 엄청 흘리고 있잖아. → 정답: scorching
B: 응, 날씨가 완전 불볕더위네. 게다가, 난 옷도 여러 겹 껴입었다고. / sizzling

(6) A: 히터 좀 켜. 추워서 돌아가시겠어. → 정답: freezing
B: 미안하지만, 히터가 고장 났어.

(7) A: 난 비는 딱 질색이야. → 정답: neither
B: 나도. 사실 난 무더운 날씨는 괜찮은데 비는 싫더라고.

> ※ **"땀을 비 오듯 흘리다"**라고 말할 때는 **"sweat like a pig"**라고 표현하곤 해요. 이 표현에서처럼 돼지는 몸집이 뚱뚱해서 조금만 움직여도 땀을 많이 흘릴 것 같지만, 실제로는 땀샘이 없어서 땀을 전혀 흘릴 수가 없답니다. 이 표현에서 말하는 **"pig"**는 돼지가 아니라 **"뚱뚱한 사람"**을 말하는 것이라 볼 수 있죠.

B. 다음 문장들은 참고용입니다. "I can't stand ..."를 이용해 자유롭게 문장을 만들어보세요.

(1) I can't stand the heat.   난 더운 날씨는 딱 질색이야.
(2) I can't stand your lame excuses.   난 네 말도 안 되는 변명 못 들어주겠어.
(3) I can't stand this movie.   이 영화는 정말 못 봐 주겠어.
(4) I can't stand living with you.   너랑은 도저히 못 살겠어.

C. 다음 응답들은 참고용입니다. 각 질문에 자유롭게 응답해보세요.

(1) Q: What kind of weather do you like?   Q: 당신은 어떤 날씨를 좋아하나요?
A: I like warm weather because I love   A: 전 외출을 너무 좋아해서 따뜻한
going outside.   날씨가 좋아요.

(2) Q: What kind of weather do you hate?   Q: 당신은 어떤 날씨를 싫어하나요?
A: I hate hot weather, especially when   A: 전 더운 날씨가 싫어요. 특히 습도가
it gets sticky. I just can't sleep when   높을 땐 더더욱요. 그런 날씨일 때는
the weather is like that.   도저히 잠을 잘 수가 없거든요.

037 I usually take the bus to work.

난 보통 버스를 타고 출근해.

A. Use the *Cheat Box* to fill in the blanks.

(1) _____ off the alarm

(2) _____ the bed

(3) brush my teeth

(4) _____ my face

(5) _____ a shower

(6) wash my hair (= _____ my hair)

(7) dry my hair

(8) brush my hair (≈ _____ my hair)

(9) do my hair

(10) change clothes

(11) make breakfast

(12) _____ breakfast (= eat breakfast)

(13) _____ a lunch

(14) take _____ the trash

(15) get my workout clothes on

(16) go _____ a jog

(17) _____ the dog

(18) make coffee

(19) drink coffee

(20) read the newspaper

(21) put on clothes (= get dressed)

(22) put _____ makeup

(23) put contacts _____

(24) take the bus to work

(25) take the subway to work

(26) drive _____ work

(27) leave for work

(28) leave for school

Cheat Box	
in	make
on	pack
to	take
for	turn
out	walk
comb	wash
have	shampoo

164   I usually take the bus to work.

A. 다음은 아침에 주로 하는 것들을 영어로 표현한 것입니다. Cheat Box 속 표현들로 빈칸을 채워보세요.

(1) 자명종을 끄다 → 정답 : turn
(2) 잠자리를 정돈하다 → 정답 : make
(3) 이를 닦다
(4) 세수를 하다 → 정답 : wash
(5) 샤워하다 → 정답 : take
(6) 머리를 감다 → 정답 : shampoo
(7) 머리를 말리다
(8) 머리를 빗다 → 정답 : comb
(9) 머리를 손질하다
(10) 옷을 갈아입다
(11) 아침 식사를 준비하다
(12) 아침을 먹다 → 정답 : have
(13) (점심) 도시락을 싸다 → 정답 : pack
(14) 쓰레기를 내다 버리다 → 정답 : out

(15) 운동복을 입다
(16) 조깅하러 가다 → 정답 : for
(17) 개를 산책시키다 → 정답 : walk
(18) 커피를 타다
(19) 커피를 마시다
(20) 신문을 보다
(21) 옷을 입다
(22) 화장하다 → 정답 : on
(23) 콘택트렌즈를 끼다 → 정답 : in
(24) 버스 타고 출근하다
(25) 지하철 타고 출근하다
(26) 차를 몰고 출근하다 → 정답 : to
(27) 회사로 출발하다
(28) 학교로 출발하다

Tip

1) "make the bed"는 잠자리에서 일어난 후 "**잠자리를 정돈하다**"라는 뜻일 수도 있고, 잠을 자기 위해 "**잠자리를 깔다**"라는 뜻일 수도 있어요. 어떤 의미인지는 대화 상황으로 파악할 수밖에 없죠.

2) "**머리를 빗다**"라고 표현할 때는 "**brush**"라는 동사를 사용할 수도 있지만, "**comb**"이라는 동사를 사용하기도 해요. 단, 사용하는 빗이 좀 다르죠. 다음 그림을 통해 차이를 살펴보세요.

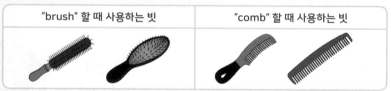

"brush" 할 때 사용하는 빗	"comb" 할 때 사용하는 빗

참고로, "brush"나 "comb"은 동사로 쓰일 뿐만 아니라 위에서 소개된 빗들을 가리키는 명사로도 사용돼요.

3) "walk"는 "**걷다**"라는 뜻이지만, 뒤에 "개(dog)"와 같은 어떤 대상이 등장하면 "걷게 하다", 즉 "**산책시키다**"라는 뜻이 돼요.

4) "**콘택트렌즈**"는 알이 두 개인 안경처럼 쌍으로 착용하기 때문에 "contact lenses"처럼 복수로 표현하며, 간단히 "contacts", 혹은 드물게 "contact lens"라고 표현하기도 해요. 참고로, "put contacts in"은 "put in contacts"라고 표현할 수도 있어요.

5) 잠에서 깬 후 잠자리에서 일어나는 행동은 "get up"이라고 표현하죠. 때론 "침대를 박차고 일어난다"고 하여 "get out of bed"라고 표현하기도 하고, "침대에서 튀어 나온다"라고 하여 "jump out of bed"라고 표현하기도 한답니다. 그냥 간단히 "rise" 라고 표현할 수도 있으니 참고하세요.

Gotta Remember
Show'em Who's Boss!

A. Complete the dialogues. (Some answers may vary.)

(1) A: Hey, Mike, come on down and _____ breakfast.
   B: All right, I'll be right down.

(2) A: I _____ every morning.
   B: Don't they hurt your eyes?

(3) A: What time do you usually go to work?
   B: I _____ work around 8:05 and I arrive at work around 8:25.

(4) A: What's the first thing you do when you wake up?
   B: I wash my face and _____ a jog. I usually run about three miles.

(5) A: Do you usually take the bus to work?
   B: No, I _____. It's much faster and cheaper.

(6) A: How often do you _____ your dog?
   B: At least five times a day. He just loves to go outside.

B. Answer the questions below.

(1) Q: What's your morning routine?
   A: _____
   _____
   _____
   _____.

(2) Q: What time do you usually leave for work (or school)?
   A: _____
   _____
   _____
   _____.

(3) Q: How do you get to work (or school)?
   A: _____.

(4) Q: What's the first thing you do at work (or school)?
   A: _____.

Translations & Answers

A. 알맞은 표현으로 다음 각 대화문을 완성해보세요. (일부 정답은 응답자에 따라 다를 수 있음)

(1) A: 야, 마이크. 어서 내려와서 아침 먹어.
    B: 알겠어. 바로 내려갈게.
→ 정답 : have / eat

(2) A: 난 매일 아침 콘택트렌즈를 껴.
    B: (렌즈 끼면) 눈 안 아파?
→ 정답 : put in my contacts
            / put my contacts in

(3) A: 넌 보통 몇 시에 출근해?
    B: 8시 5분쯤 출근해서 8시 25분쯤에 직장에 도착해.
→ 정답 : leave for

(4) A: 넌 일어나면 뭐부터 해?
    B: 세수하고 조깅하러 가. 보통 3마일 정도 달리지.
→ 정답 : go for

(5) A: 넌 보통 버스 타고 출근해?
    B: 아니, 난 지하철을 타. 훨씬 빠르고 비용도 싸거든.
→ 정답 : take the subway

(6) A: 넌 얼마나 자주 개 산책시켜?
    B: 적어도 하루에 다섯 번. 우리 집 개는 밖에 나가는 걸
       정말이지 너무 좋아해.
→ 정답 : walk

B. 다음 응답들은 참고용입니다. 각 질문에 자유롭게 응답해보세요.

(1) Q: What's your morning routine?
    A: <u>I brush my teeth, shower, get dressed,</u>
       <u>dry and style my hair, do my makeup,</u>
       <u>grab a bagel and head out the door.</u>

Q: 당신은 아침에 주로 무엇을 하나요?
A: 양치질하고, 샤워하고, 옷 입고,
   머리 말린 후 손질하고, 화장하고,
   베이글 하나 집어서 집에서 나가요.

(2) Q: What time do you usually leave for
      work (or school)?
    A: <u>I try to leave around 7:40 to give</u>
       <u>myself enough time. Unless I want</u>
       <u>to be late, I have to leave by 8:00</u>
       <u>at the latest.</u>

Q: 당신은 보통 몇 시에 회사로(/학교로)
   출발하나요?
A: 여유 있게 7시 40분쯤엔 집을
   나서려고 노력해요. 지각을 안 하려면
   늦어도 8시엔 출발해야 하고요.

(3) Q: How do you get to work (or school)?
    A: <u>I usually take the subway to work.</u>

Q: 당신은 회사에(/학교에) 어떻게 가나요?
A: 전 보통 지하철을 타고 출근해요.

(4) Q: What's the first thing you do at work
      (or school)?
    A: <u>I take a coffee break when I arrive</u>
       <u>at the office.</u>

Q: 회사에(/학교에) 도착하면 가장 먼저
   무엇을 하나요?
A: 사무실에 도착하면 잠깐 쉬면서
   커피를 마셔요.

038 I couldn't sleep a wink.

나 잠 한숨도 못 잤어.

Gotta Know

A. Use the *Cheat Box* to fill in the blanks.

(1) I guess it's time to _____ the sack.

(2) My son walks _____ his sleep.

(3) My daughter _____ her teeth in her sleep.

(4) I _____ insomnia.

(5) I'm sleep-deprived.

(6) I can't sleep these days.

(7) I haven't slept in two days.

(8) My husband kicked me in his sleep.

(9) I'm so tired I think I'm gonna pass _____.

(10) I'm so sleepy I can't _____ my eyes open.

(11) I'm half-asleep.

(12) I hope you're not a _____ sleeper.

(13) I'm kind of a night _____.

(14) I need to crash for a few hours.

(15) I'm usually wide-awake at this time of day.

(16) He was _____ and turning all night.

(17) You should _____ a nap.

(18) I fell _____ on the couch watching TV.

(19) Look at him. He's dozing _____.

(20) I _____ a nightmare last night.

(21) He rolls _____ in his sleep.

(22) I heard you talk in your sleep last night.

(23) My husband snores all the time.

(24) He was drooling in his sleep.

(25) _____ some Z's. (= Get some Z's.)

(26) I couldn't sleep a _____ last night.

(27) We _____ an all-nighter yesterday.

(28) Something like that happens all the time. Don't lose sleep _____ it.

Cheat Box	
in	take
had	wink
hit	catch
off	light
out	around
owl	asleep
have	grinds
keep	pulled
over	tossing

A. 다음은 잠과 관련된 표현들입니다. Cheat Box 속 표현들로 빈칸을 채워보세요.

(1) 이제 슬슬 자러 갈 시간이 됐나 보네.　　　　　→ 정답 : hit
(2) 내 아들은 몽유병이 있어.　　　　　　　　　　→ 정답 : in
(3) 우리 딸은 잘 때 이를 갈아.　　　　　　　　　→ 정답 : grinds
(4) 난 불면증이 있어. / 난 불면증이야.　　　　　→ 정답 : have
(5) 나 잠이 부족해.
(6) 나 요즘 도통 잠을 못 자.
(7) 나 이틀 동안 잠을 못 잤어.
(8) 남편이 자면서 나를 발로 찼어.
(9) 나 너무 피곤해서 기절할 것 같아.　　　　　　→ 정답 : out
(10) 나 너무 졸려서 눈이 안 떠져.　　　　　　　→ 정답 : keep
(11) 나 비몽사몽이야.
(12) 네가 잠귀가 밝지 않으면 좋겠어.　　　　　　→ 정답 : light
(13) 난 약간 올빼미 체질이야.　　　　　　　　　→ 정답 : owl
(14) 난 몇 시간 쓰러져서 잠 좀 자야겠어.
(15) 난 보통 이 시간 즈음엔 말똥말똥해.
(16) 걘 밤새 뒤척였어.　　　　　　　　　　　　→ 정답 : tossing
(17) 낮잠 한숨 자.　　　　　　　　　　　　　　→ 정답 : take
(18) 난 TV를 보다가 소파에서 잠이 들었어.　　　→ 정답 : asleep
(19) 쟤 좀 봐. 졸고 있어.　　　　　　　　　　　→ 정답 : off
(20) 나 어젯밤에 악몽 꿨어.　　　　　　　　　　→ 정답 : had
(21) 걘 잠버릇이 나빠.　　　　　　　　　　　　→ 정답 : around
(22) 너 어젯밤에 잠꼬대하던데.
(23) 내 남편은 항상 코를 골아.
(24) 걘 침을 질질 흘리면서 자고 있었어.
(25) 좀 자.　　　　　　　　　　　　　　　　　→ 정답 : Catch
(26) 나 어젯밤에 한숨도 못 잤어.　　　　　　　→ 정답 : wink
(27) 우린 어제 밤을 새웠어.　　　　　　　　　　→ 정답 : pulled
(28) 그런 일은 늘 있기 마련이야. 그것 때문에 잠 못 자고 하지 마.　→ 정답 : over

Tip

1) 미국은 19~20세기 사이에 "큰 자루(sack)"에 "건초(hay)"를 넣어 지금의 매트리스처럼 사용했다고 해요. 그래서 "**잠자리에 들다(go to bed)**"라고 할 때 "몸을 큰 자루에 대고 자다", "몸을 건초를 대고 자다"라는 의미로 "**hit the sack**" 또는 "**hit the hay**"라는 표현을 사용하게 된 것이죠.

2) "**잠귀 밝은 사람**", "**깊게 못 자는 사람**"은 "**light sleeper**"라고 해요. 반대로, "**잠귀 어두운 사람**", "**깊게 자는 사람**"은 "**deep sleeper**" 또는 "**heavy sleeper**"라고 하죠.

3) 자면서 말하거나, 자면서 걸어 다니거나, 자면서 누군가를 걷어차는 등 자면서 어떤 행동을 했다고 말할 때는 모두 끝에 "**in one's sleep**"이라는 표현을 붙여줘요.

4) "**crash**"는 "**평소에 자는 곳이 아닌 곳에서 잠을 자다**"라는 뜻이에요. 예를 들어, 평소엔 침대에서 자지만, 특정한 날에만 소파에서 잠이 들었다거나, 친구 집에 갔다가 잠을 자고 오게 되는 경우 "**crash**"라는 표현을 사용하죠.
ex) Why don't you crash here tonight? 오늘 밤에는 여기서 자고 가는 게 어때?

Gotta Remember
Show'em Who's Boss!

A. Complete the dialogues. (Some answers may vary.)

(1) A: My daughter grinds her teeth _____.
   B: That's so weird.

(2) A: You look half-dead.
   B: Thanks. I _____ in two days.

(3) A: I'm sorry to call so late. I hope I didn't wake you up.
   B: Not at all. I'm kind of _____.

(4) A: My husband kept me up. He was tossing and _____ all night.
   B: My husband does that too sometimes.

(5) A: I woke up at midnight.
   B: Why? Are you stressed about work?
   A: No. I just _____ a weird dream.

(6) A: Jim, you don't look well today.
   B: We moved into a new house and I couldn't _____.

(7) A: I'm so tired right now.
   B: What time did you _____ last night?

(8) A: If you're not too busy, let's go out for a drink.
   B: Maybe next time. I can barely keep my eyes open.
      I've gotta _____.

B. Answer the questions below.

(1) Q: Do you have any weird sleeping habits?
   A: _____
      _____.

(2) Q: Are you a deep sleeper or a light sleeper?
   A: _____.

Translations & Answers

A. 알맞은 표현으로 다음 각 대화문을 완성해보세요. (일부 정답은 응답자에 따라 다를 수 있음)

(1) A: 우리 딸은 잠잘 때 이를 갈아.
    B: 그거 정말 희한하네.
    → 정답 : in her sleep

(2) A: 너 피곤해 죽을 지경인가 보네.
    B: 말 안 해줘도 알아. 나 잠 못 잔지 이틀 됐거든.
    → 정답 : haven't slept

(3) A: 너무 늦게 전화해서 미안해. 내가 널 깨운 게
       아니라면 좋겠네.
    B: 전혀. 난 올빼밋과거든.
    → 정답 : a night owl

(4) A: 나 우리 남편 때문에 잠을 못 잤어. 남편이
       밤새 뒤척이더라고.
    B: 우리 남편도 가끔 그래.
    → 정답 : turning

(5) A: 나 한밤중에 깼어.
    B: 왜? 너 일 때문에 스트레스받아?
    A: 아니. 그냥 이상한 꿈 꿔서 그랬어.
    → 정답 : had

(6) A: 짐, 너 오늘 별로 컨디션이 안 좋아 보이네.
    B: 이사를 했는데, 도통 잠이 와야 말이지.
    → 정답 : sleep a wink

(7) A: 나 지금 엄청 피곤해.
    B: 어젯밤에 몇 시에 잤어?
    → 정답 : go to bed / hit the sack
             / hit the hay

(8) A: 그리 바쁘지 않으면 나가서 한잔하자.
    B: 다음번에 하는 게 좋을 것 같아. 눈꺼풀이
       천근만근이네. 잠 좀 자야겠어.
    → 정답 : catch some Z's
             / get some Z's

B. 다음 응답들은 참고용입니다. 각 질문에 자유롭게 응답해보세요.

(1) Q: Do you have any weird sleeping habits?
    A: I sometimes grind my teeth at night, especially when I'm really tired.
       Q: 당신은 특이한 잠버릇이 있나요?
       A: 전 밤에 가끔 이를 갈아요. 특히 정말 피곤할 땐 영락없이 이를 갈죠.

(2) Q: Are you a deep sleeper or a light sleeper?
    A: I'm a deep sleeper.
       Q: 당신은 잘 때 깊게 자는 편인가요, 아니면 잠귀가 밝아서 잠을 깊게 못 자는 편인가요?
       A: 전 누가 업어가도 모르게 깊게 자요.

039 Can you put the kids to bed?

애들 좀 재워줄래?

Gotta Know

A. Use the *Cheat Box* to fill in the blanks.

(1) Will you go _____ shopping with me?

(2) I have to _____ some errands.

(3) I'm watching TV.

(4) Let's watch a movie.

(5) I just want to relax and read a book.

(6) Did you _____ the cat? Its dish is empty.

(7) You should take a _____.

(8) Are you surfing the Internet?

(9) We should _____ the gym.

(10) I'll _____ the dishes. (= I'll wash the dishes.)

(11) It's time to do the laundry.

(12) It's time to clean the house.

(13) You need to _____ out the trash.

(14) I love taking a hot bath.

(15) Hurry up and change _____ pajamas.

(16) Dad, can you _____ me a story?

(17) Honey, can you _____ the alarm for five o'clock?

(18) Honey, can you _____ the kids to bed?

(19) Let me tuck you _____.

(20) Give Gabe a good night kiss for me.

Cheat Box	
do	feed
in	into
hit	read
put	take
run	walk
set	grocery

B. Let's try making sentences using the phrase "Hurry up and ..."

(1) Hurry up and _____.

(2) Hurry up and _____.

(3) Hurry up and _____.

(4) Hurry up and _____.

(5) Hurry up and _____.

A. 다음은 사람들이 퇴근 후부터 취침 전까지 할 법한 다양한 활동들입니다. Cheat Box 속 표현들로 빈칸을 채워보세요.

(1) 나랑 장 보러 갈래?   → 정답 : grocery

(2) 나 심부름 좀 해야 해.   → 정답 : run

(3) 나 텔레비전 보고 있어.

(4) 우리 영화 보자.

(5) 난 그냥 쉬면서 책이나 읽고 싶어.

(6) 너 고양이한테 밥 줬어? 고양이 밥그릇이 비었네.   → 정답 : feed

(7) (너) 산책 좀 해.   → 정답 : walk

(8) 너 인터넷 서핑하고 있는 거야?

(9) 우리 헬스장에 가서 운동하자.   → 정답 : hit

(10) 내가 설거지할게.   → 정답 : do

(11) 빨래할 시간이야.

(12) 집 청소할 시간이야.

(13) 너 쓰레기 내다 버려야 해.   → 정답 : take

(14) 난 뜨거운 물로 목욕하는 걸 엄청 좋아해.

(15) 어서 잠옷 갈아입어.   → 정답 : into

(16) 아빠, 이야기책 좀 읽어주실래요?   → 정답 : read

(17) 자기야, 알람 좀 5시로 맞춰줄래?   → 정답 : set

(18) 자기야, 애들 좀 재워줄래?   → 정답 : put

(19) (내가) 이불 덮어 줄게.   → 정답 : in

(20) 게이브한테 나 대신 굿나잇 키스해줘.

 Tip

1) 우린 보통 잠옷을 "파자마"라고 표현하기도 하죠. 이를 영어로 표현할 때는 "pajama"가 아니라 "바지(pants)"나 "청바지(jeans)"를 표현할 때와 마찬가지로 복수로 "pajamas"라고 표현해야 해요.

2) "put the kids to bed"는 "아이들을 침대로 밀어 넣다", 즉 "아이들을 재우다"라는 뜻이에요. 동사 "put" 대신 "get"을 써서 "get the kids to bed" 또는 "get the kids to go to bed"라고 표현하기도 하죠.

B. 다음 문장들은 참고용입니다. "Hurry up and ..."를 이용해 자유롭게 문장을 만들어봅시다.

(1) Hurry up and <u>finish it</u>.   빨리 (그거) 끝내.

(2) Hurry up and <u>get ready</u>.   서둘러 준비해.

(3) Hurry up and <u>get dressed</u>.   어서 옷 입어.

(4) Hurry up and <u>answer my question</u>.   빨리 내 질문에 대답해.

(5) Hurry up and <u>move your car out of my way</u>.   빨리 차 빼.

Tip

3) "Hurry up and ..."은 무언가를 빨리하라고 독촉할 때 사용하는 표현이에요. 단순한 명령에 "어서", "빨리", "서둘러"라는 부사의 뜻을 더해주는 것이죠.

Gotta Remember
Show'em Who's Boss!

A. Complete the dialogues. (Some answers may vary.)

(1) A: I'll do the dishes.
   B: Okay, then I'll _____ the trash.

(2) A: Will you _____ grocery shopping with me?
   B: Sure, what time?

(3) A: What're you doing this afternoon?
   B: I've got to _____ some errands.

(4) A: Dad, can you _____ a story?
   B: Maybe a quick one. I have to get up early tomorrow.

(5) A: It's time to _____ the laundry.
   B: I did it last time. It's your turn.

(6) A: Honey, can you _____ for five o'clock?
   B: Okay, but don't expect me to get up with you.

(7) A: Let me _____ you in.
   B: Thanks, Mommy.

(8) A: It's time to go to bed. Turn off the TV
      and _____ pajamas.
   B: Can I watch TV for five more minutes?
   A: Okay, but just five more minutes.
   B: Okay.

(9) A: Honey, can you _____ the kids to bed?
   B: One minute. Let me take out the trash
      first.

B. Answer the questions below.

(1) Q: What do you usually do after work (or school)?
   A: _____ .

(2) Q: What do you usually do before going to bed?
   A: _____ .

Translations & Answers

A. 알맞은 표현으로 다음 각 대화문을 완성해보세요. (일부 정답은 응답자에 따라 다를 수 있음)

(1) A: 설거지는 내가 할게.
B: 좋아. 그럼 쓰레기는 내가 내다 버릴게.
→ 정답 : take out

(2) A: 나랑 장 보러 같이 갈래?
B: 응. 몇 시에?
→ 정답 : go

(3) A: 너 오늘 오후에 뭐 해?
B: 심부름 좀 해야 해.
→ 정답 : run

(4) A: 아빠, 이야기책 좀 읽어주세요.
B: 짧은 거 하나 읽어줄게. 내일 일찍 일어나야 하거든.
→ 정답 : read me

(5) A: 빨래할 시간이야.
B: 난 지난번에 했어. 이번엔 네 차례야.
→ 정답 : do

(6) A: 자기야, 알람 좀 5시로 맞춰줄래?
B: 알았어. 하지만 난 그때 안 일어날 거야.
→ 정답 : set the alarm

(7) A: 내가 이불 덮어줄게.
B: 고마워요, 엄마.
→ 정답 : tuck

(8) A: 잘 시간이야. 텔레비전 끄고 잠옷 갈아입어.
B: 텔레비전 5분만 더 보면 안 돼요?
A: 좋아, 하지만 딱 5분만이야.
B: 네.
→ 정답 : change into

(9) A: 여보, 애들 좀 재워줄래?
B: 잠시만. 쓰레기부터 내다 놓고.
→ 정답 : put / get

B. 다음 응답들은 참고용입니다. 각 질문에 자유롭게 응답해보세요.

(1) Q: What do you usually do after work (or school)?
A: <u>I usually head straight home and have dinner.</u>

　　Q: 당신은 보통 일(/학교) 끝나고 무엇을 하나요?
　　A: 보통 집으로 곧장 가서 저녁을 먹어요.

(2) Q: What do you usually do before going to bed?
A: <u>I usually watch YouTube.</u>

　　Q: 당신은 보통 자기 전에 무엇을 하나요?
　　A: 전 보통 유튜브를 봐요.

040   I was wondering who it was.

(그게) 누구였을까... (궁금하네.)

Gotta Know

A. Let's make sentences using the given questions.

ex1) Do we have anything in common?
    → I was (just) wondering if we had anything in common.

ex2) Who told you that?
    → I was (just) wondering who told you that.

(1) Can I borrow some money?
    → _____.

(2) Why is she scolding her son?
    → _____.

(3) Do you have some free time tomorrow?
    → _____.

(4) When will you meet her?
    → _____.

B. Let's look at the examples and change sentences accordingly.

ex1) Is there an ATM around here?
    → Do you happen to know if there's an ATM around here?
    → Do you know if there's an ATM around here by any chance?

ex2) Why did she break up with him?
    → Do you happen to know why she broke up with him?
    → Do you know why she broke up with him by any chance?

(1) Does she have a boyfriend?
    → _____?
    → _____?

(2) Where does he live?
    → _____?
    → _____?

A. 주어진 의문문을 이용해 문장을 만들어봅시다.

ex1) 우리에게 뭔가 공통점이 있어? → 우리에게 뭔가 공통점이 있는지... (궁금하네.)
ex2) 누가 (너한테) 그래? → 누가 너한테 그걸 말해준 건지... (궁금하네.)

(1) 돈 좀 빌려줄래?
→ 정답 : I was (just) wondering if I could borrow some money.
내가 돈 좀 빌릴 수 있을지... (궁금하네.)

(2) 걘 왜 아들을 꾸짖고 있어?
→ 정답 : I was (just) wondering why she was scolding her son.
걔가 왜 아들을 꾸짖고 있는 건지... (궁금하네.)

(3) 너 내일 한가한 시간 좀 있어?
→ 정답 : I was (just) wondering if you had some free time tomorrow.
너 내일 한가한 시간 좀 있는지... (궁금하네.)

(4) 너 걔 언제 만날 거야?
→ 정답 : I was (just) wondering when you would meet her.
네가 걜 언제 만날는지... (궁금하네.)

Tip 1) "I wonder ..."은 현재진행 시제뿐만 아니라 "I was (just) wondering ..."처럼 과거 진행 시제로 표현하기도 해요. 이때는 "wondering" 뒷부분을 과거 시제로 바꿔줘야 하지만, 실제 대화 시에는 그냥 현재 시제로 표현하기도 하죠. 궁금했던 시점이 과거라는 차이는 있지만, 그것을 현재에 언급한다는 것은 아직 궁금증이 해결되지 않았다는 뜻이기도 해서, 결과적으로는 "I wonder ..."과 같은 의미로 사용돼요. 참고로, "I was (just) wondering ..."은 주로 무언가를 부탁하거나 요청하는 경우에 사용되는 경우가 많아요.

2) 때때로 "I'm just wondering, **have you tried sushi? (혹시, 너 초밥 먹어본 적 있어?)**"처럼 "I wonder ..." 류의 표현을 그냥 의문문 앞에 부사처럼 사용하기도 하는데, 이때는 그냥 의문문에 "혹시"라는 의미를 더해주는 역할을 해요.
ex) I'm wondering, what time do you get off? 혹시, 너 언제 퇴근해?
ex) I was wondering, would you like chicken for dinner?
혹시, 너 저녁에 닭 요리 괜찮아?

B. 보기를 참고로 하여 각 문장을 바꿔봅시다.

ex1) 이 근처에 ATM 있어? → 너 혹시 이 근처에 ATM 있는지 알아?
ex2) 그녀는 왜 그와 헤어졌어? → 너 혹시 그녀가 왜 그와 헤어졌는지 알아?

(1) 걔 남친 있어? → 정답 : Do you happen to know if she has a boyfriend?
Do you know if she has a boyfriend by any chance?
너 혹시 걔 남친 있는지 알아?

(2) 걔 어디 살아? → 정답 : Do you happen to know where he lives?
Do you know where he lives by any chance?
너 혹시 걔 어디 사는지 알아?

Tip 3) "혹시"라는 의미를 더해서 질문하고 싶을 때는 다음과 같이 "happen to"나 "by any chance"를 사용하면 돼요. 참고로, "by any chance"는 드물게 그냥 "by chance"라고 표현하기도 해요.
ex) Do you happen to know why? 너 혹시 왜 그런지 알아?
ex) Do you know how to get there by any chance?
너 혹시 거기 어떻게 가는지 알아?

Gotta Remember
Show'em Who's Boss!

A. Correct the sentences below. (Some answers may vary.)

(1) I was wondering if he want to go someplace else.

(2) I was just wondering how did you get here so quickly.

(3) I'm wondering, if you like to ski?

(4) Do you happened to know if Terry is coming, too?

(5) Do you have an extra pen I can borrow by a chance?

B. Complete the dialogues using the given questions.

(1) A: I was wondering _____
   _____.
   B: Sure. I'm free all day.

   → Do you have time to go shopping with me right now?

(2) A: I was just wondering _____
   _____.
   B: I got it for cheap. I only paid like five dollars.

   → How much did you pay for this?

(3) A: I'm wondering, _____?
   B: I'm not sure. We'll see.

   → Is she really coming?

(4) A: I was wondering, _____?
   B: I don't think so. If he did, he wouldn't hang out with us all the time.

   → Does he have a girlfriend?

(5) A: Do you happen to _____?
   B: Let me check. Sorry, I only have five singles.

   → Do you have change for a 20?

(6) A: Do you know _____ by any chance?
   B: She's at Judy's place.

   → Where is Kerry?

Translations & Answers

A. 다음 각 문장을 바르게 고쳐보세요. (일부 정답은 응답자에 따라 다를 수 있음)

(1) 걘 다른 곳에 가고 싶었던 게 아니었을까... (궁금하네.)
→ 정답 : I was wondering if he wanted to go someplace else.
("I was wondering if he wants to go someplace else."도 가능)

(2) 네가 어떻게 여길 이렇게 빨리 온 건지... (궁금하네.)
→ 정답 : I was just wondering how you got here so quickly.
("I was just wondering, how did you get here so quickly?"도 가능)

(3) 혹시, 너 스키 타는 거 좋아해?
→ 정답 : I'm wondering, do you like to ski?
("I was wondering if you liked to ski."
또는 "I was wondering if you like to ski."도 가능)

(4) 너 혹시 테리도 오는지 알아?
→ 정답 : Do you happen to know if Terry is coming, too?

(5) 너 혹시 펜 남는 거 있으면 나 좀 빌려줄래?
→ 정답 : Do you have an extra pen I can borrow by any chance?

B. 주어진 문장(의문문)을 이용해 다음 각 대화문을 완성해보세요.

너 지금 나랑 쇼핑 갈 시간 있어? →	(1) A: 네가 지금 나랑 쇼핑 갈 시간이 있으려나... B: 있지. 나 온종일 한가해. → 정답 : if you had time to go shopping with me right now / if you have time to go shopping with me right now
너 이거 얼마 주고 샀어? →	(2) A: 네가 이거 얼마 주고 샀으려나... B: 싸게 주고 샀어. 5달러 정도밖에 안 줬어. → 정답 : how much you paid for this
걔 정말 와? →	(3) A: 혹시, 걔 정말 오는 거야? B: 잘 모르겠어. 보면 알겠지. → 정답 : is she really coming
걔 여친 있어? →	(4) A: 혹시, 걔 여친 있어? B: 없을걸. 있다면 맨날 우리랑 놀러 다니지 않겠지. → 정답 : does he have a girlfriend
너 20달러짜리 바꿔줄 돈 있어? →	(5) A: 너 혹시 20달러짜리 바꿔줄 돈 있어? B: 어디 보자. 미안, 1달러짜리 다섯 개밖에 없네. → 정답 : have change for a 20
케리 어디 있어? →	(6) A: 너 혹시 케리 어디 있는지 알아? B: 걘 주디네 집에 있어. → 정답 : where Kerry is

The news was shocking.

그 소식은 충격적이었어.

Gotta Know

A. Let's fill in the blanks using the given verbs.

Verbs	Past participles	Present participles
excite	excited	exciting
bore	① _____	boring
interest	interested	② _____
surprise	③ _____	surprising
shock	shocked	shocking
frighten	④ _____	frightening
scare	scared	scary
frustrate	frustrated	⑤ _____
disappoint	disappointed	disappointing
embarrass	⑥ _____	embarrassing
confuse	⑦ _____	confusing
worry	worried	worrisome
tire	tired	⑧ _____
exhaust	⑨ _____	exhausting
disgust	disgusted	⑩ _____

B. Let's look at the examples and complete the sentences accordingly.

ex1) disappoint → Sorry to disappoint you.
ex2) surprise → I was a bit surprised.
ex3) bore → He's very boring.

(1) worry → I'm _____ about him.
(2) confuse → You're _____ me now.
(3) disgust → This is _____.
(4) exhaust → Playing with babies is _____.
(5) scare → He almost _____ me to death.
(6) shock → The news was _____.
(7) interest → She's _____.
(8) embarrass → His gift was _____.
(9) frustrate → I was a little _____.
(10) disappoint → The results were _____.

Translations & Explanations

A. 주어진 동사를 이용해 빈칸을 채워봅시다.

동사	과거분사	현재분사
흥분시키다	신이 난, (신이 나서) 들뜬	신나는, 흥미진진한
지루하게 하다	지루해하는, 심심해하는	지루한, 따분한, 재미없는
관심(/흥미)을 끌다	관심(흥미) 있어 하는	재미있는, 흥미로운
놀라게 하다	놀란	놀라운
충격을 주다	충격받은, 얼떨떨한	충격적인, 쇼킹한, 어이없는
겁나게 하다	겁먹은, 무서워하는	겁나는, 무서운
겁나게 하다	겁먹은, 무서워하는	겁나는, 무서운
좌절시키다	답답해하는, 불만스러워하는	불만스러운, 답답한, 짜증 나는
실망시키다	실망한, 낙담한	실망스러운
당황하게 하다	창피한, 당혹해하는, 무안한	난처한, 당혹스러운
혼란시키다	혼란스러워하는, 헷갈려 하는	혼란스러운, 헷갈리는
걱정시키다	걱정하는, 우려하는	걱정스러운
피곤하게 하다	피곤한, 피로한, 지친	피곤한, 피로하게 하는
기진맥진하게 하다	기진맥진한, 진이 다 빠진	진을 빼는
역겹게 하다	역겨워하는, 넌더리를 내는	역겨운, 넌더리 나는

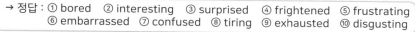

→ 정답 : ① bored ② interesting ③ surprised ④ frightened ⑤ frustrating
⑥ embarrassed ⑦ confused ⑧ tiring ⑨ exhausted ⑩ disgusting

Tip

1) 기분, 느낌, 감정을 묘사하는 표현 중에는 끝이 "-ed"나 "-ing"로 끝나는 것들이 많은데,
이런 것들은 "누군가의 기분이나 느낌, 또는 감정을 어떠한 상태로 만들다"라는 뜻의
일반동사에서 파생된 것이에요. 이를테면 "tired"는 "tire"에서 파생된 것이랍니다.
여기서 "-ed"로 끝나는 것들은 "과거분사", "-ing"로 끝나는 것들은 "현재분사"라고 해요.

B. 보기를 참고로 하여 다음 각 문장을 완성해봅시다.

ex1) 널 실망시켜서 미안해. (1) 난 걔가 걱정돼. → 정답 : worried
ex2) 난 좀 놀랐어. (2) 나 너 때문에 지금 헷갈려. → 정답 : confusing
ex3) 걘 아주 따분한 놈이야. (3) 이건 역겨워. / 이건 혐오스러워. → 정답 : disgusting

(4) 아기들과 놀아주면 진이 빠져. → 정답 : exhausting
(5) 나 걔 때문에 놀라서 돌아가시는 줄 알았어. → 정답 : scared
(6) 그 소식은 충격적이었어. → 정답 : shocking
(7) 그녀는 흥미로운 여자야. → 정답 : interesting
(8) 걔 선물은 당혹스러웠어. → 정답 : embarrassing
(9) 난 좀 답답했어. / 난 좀 짜증 났어. → 정답 : frustrated
(10) 결과가 실망스러웠어. → 정답 : disappointing

Tip

2) 과거분사는 어떠한 기분, 느낌, 감정을 "받는 대상"을 꾸며주기 위해 사용하며, 반대로
현재분사는 어떠한 기분, 느낌, 감정을 "주는 대상"을 꾸며주기 위해 사용해요.

• It's boring. 그건 따분해. → 그것 = 지루함을 "주는 대상"
• So, I'm bored. 그래서 난 지루해. → 나 = 지루함을 "받는 대상"

Gotta Remember
Show'em Who's Boss!

A. Find the incorrect sentences and correct them.

(1) The experience was frightened.

(2) Aren't you even a little worrisome?

(3) The results are surprising.

(4) I bet you were shocking when you found out.

(5) His job is very tired.

(6) The instructions are very confusing.

(7) I'm both mentally and physically exhausting.

(8) The movie was so scary.

B. Complete the dialogues. (Some answers may vary.)

(1) A: I'm _____.
B: Yeah, same here. Let's do something fun.

(2) A: Kim walked in on me in the bathroom.
B: How _____.

(3) A: I couldn't reach you.
B: Sorry. I guess my phone died.
A: I was _____ sick about you.
B: I'm really sorry. Can you forgive me?

(4) A: What happened to your grade?
B: I'm _____, too. I'll go ask my professor about it.

(5) A: It's very _____ to play with kids.
B: Really? Not for me. I never get tired. I can play with them for hours.
A: That's why you work at a daycare center.

(6) A: I'm _____.
B: It's okay. Everybody makes mistakes. Don't worry.

(7) A: I'm a bit _____.
B: Just wait until I get there. Don't touch anything.

Translations & Answers

A. 잘못된 문장을 찾아 바르게 고쳐보세요.

(1) 그 경험은 소름 끼쳤어. → 정답 : The experience was frightening.
(2) 넌 조금도 걱정이 안 돼? → 정답 : Aren't you even a little worried?
(3) 결과가 놀라워.
(4) 사실을 알고 나서 충격받았겠네. → 정답 : I bet you were shocked when you found out.
(5) 그의 일은 엄청 고돼. → 정답 : His job is very tiring.
(6) 설명서가 엄청 헷갈려.
(7) 난 몸도 마음도 너무 지쳤어. → 정답 : I'm both mentally and physically exhausted.
(8) 그 영화는 엄청 무서웠어.

B. 알맞은 표현으로 다음 각 대화문을 완성해보세요. (일부 정답은 응답자에 따라 다를 수 있음)

(1) A: 나 심심해. → 정답 : bored
   B: 응, 나도. 뭐 재미난 것 좀 하자.

(2) A: 내가 욕실에 있는데 킴이 불쑥 들어왔어. → 정답 : embarrassing
   B: 정말 당황스러웠겠다.

(3) A: 너 연락이 안 되더라. → 정답 : worried
   B: 미안. 핸드폰 배터리가 나갔었나 봐.
   A: 엄청 걱정했잖아.
   B: 정말 미안. 용서해줘.

(4) A: 네 성적이 왜 그래? → 정답 : shocked
   B: 나도 충격받았어(shocked). 교수님께 가서 여쭤봐야겠어.   / surprised
    / 나도 놀랐어(surprised). 교수님께 가서 여쭤봐야겠어.

(5) A: 아이들과 놀아주는 건 정말 힘들어. → 정답 : tiring
   B: 그래? 난 아닌데. 난 전혀 피곤해지지 않아.   / exhausting
    아이들과 몇 시간이라도 함께 놀아줄 수 있어.
   A: 그러니까 네가 어린이집에서 일하지.

(6) A: 창피해(embarrassed). → 정답 : embarrassed
    / 짜증 나고 답답해(frustrated).   / frustrated
   B: 괜찮아. 실수 안 하는 사람은 없어. 걱정 마.

(7) A: 나 좀 헷갈려. → 정답 : confused
   B: 내가 거기 갈 때까지 그냥 기다리고 있어.
    아무것도 만지지 말고.

※ "I was worried about you."라고 하면 "(너) 걱정했잖아."라는 뜻이 돼요. "I was worried sick about you."는 이를 좀 더 강조한 표현으로 "걱정돼서 죽는 줄 알았잖아." 라는 뜻이랍니다.

042 I'm so tired I can't go out.

나 너무 피곤해서 놀러 못 나가겠어.

Gotta Know

A. Use the *Cheat Box* to fill in the blanks. (Some answers may vary.)

(1) Check this out. This is so _____.

(2) I'm not so _____ about that.
Ask Jessie. She might know.

(3) You broke Dan's laptop? He's gonna kill you.
You're so _____.

(4) I didn't do so _____. I only got a C.

(5) Why are you up so _____?

(6) How did you get here so _____?

Cheat Box

cool
dead
sure
well
early
quickly

B. Let's look at the example and make new sentences using the ones given.

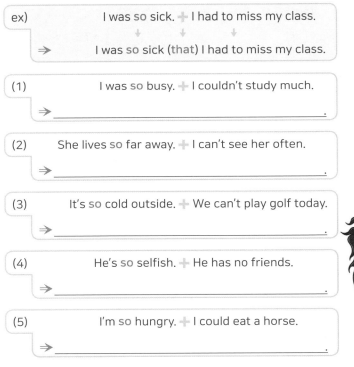

ex)　　　　I was so sick. ➕ I had to miss my class.

➡　　　I was so sick (that) I had to miss my class.

(1)　　　I was so busy. ➕ I couldn't study much.

➡ _____.

(2)　　　She lives so far away. ➕ I can't see her often.

➡ _____.

(3)　　　It's so cold outside. ➕ We can't play golf today.

➡ _____.

(4)　　　He's so selfish. ➕ He has no friends.

➡ _____.

(5)　　　I'm so hungry. ➕ I could eat a horse.

➡ _____.

A. Cheat Box 속 표현들 중에서 가장 자연스러운 표현으로 빈칸을 채워보세요. (일부 정답은 응답자에 따라 다를 수 있음)

(1) 이것 좀 봐. 이거 정말 죽이는데! → 정답 : cool
(2) 난 그거 확실히 잘 모르겠어. 제시한테 물어봐. 걘 아마 알 거야. → 정답 : sure
(3) 네가 댄 노트북 고장 냈다고? 걔가 가만히 안 있겠군. 넌 이제 죽었다. → 정답 : dead
(4) 난 잘 못 했어. 겨우 C 받았어. → 정답 : well
(5) (너) 왜 이렇게 일찍 일어난 거야? → 정답 : early
(6) (너) 여기 어떻게 이리 빨리 온 거야? (→ quickly) → 정답 : quickly
/ (너) 여기 어떻게 이렇게 일찍 온 거야? (→ early) / early

> **Tip**
> 1) "**명사**"를 꾸며주는 것을 "**형용사**"라고 하죠. "**부사**"는 간단히 명사류(명사, 대명사) 외의 것들을 꾸며주는 것들이라고 이해하면 돼요. "**so**"도 대화 시 가장 많이 사용하는 부사 중 하나로, "**so good(너무 좋은)**"처럼 형용사를 꾸며주기도 하고, "**so much (너무 많이)**"처럼 부사를 꾸며주기도 한답니다.
> 2) "**You're so dead!**"는 무언가 사고를 쳤거나 잘못한 사람에게 "**너 이제 죽었다!**", "**너 이제 큰일 났다!**"는 투로 말하는 표현이에요.

B. 보기를 참고로 하여 주어진 문장들로 새로운 문장을 만들어봅시다.

> ex) 난 너무 아팠어. + 난 수업을 빼먹어야 했어.
> ⇒ 난 너무 아파서 수업을 빼먹어야 했어.

(1) 난 너무 바빴어. + 난 공부를 많이 못 했어.
→ 정답 : I was so busy (that) I couldn't study much.
난 너무 바빠서 공부를 많이 못 했어.

(2) 걘 너무 먼 곳에 살아. + 난 걔 자주 못 봐.
→ 정답 : She lives so far away (that) I can't see her often.
걘 너무 멀리 살아서 자주 못 봐.

(3) 바깥에 너무 추워. + 우리 오늘 골프 못 치겠어.
→ 정답 : It's so cold outside (that) we can't play golf today.
바깥 날씨가 너무 추워서 우리 오늘 골프 못 치겠어.

(4) 걘 너무 이기적이야. + 걘 친구가 한 명도 없어.
→ 정답 : He's so selfish (that) he has no friends.
걘 너무 이기적이어서 친구가 한 명도 없어.

(5) 나 너무 배고파. + 나 돌이라도 씹어먹겠어.
→ 정답 : I'm so hungry (that) I could eat a horse.
나 너무 배고파서 돌이라도 씹어먹겠어.

> **Tip**
> 3) "**난 너무 아팠어.**"에서 끝나지 않고, "**그래서 수업을 빼먹어야 했어.**"라고 그 결과까지 말하려면 "**so ~ that ...**"이라는 구문을 사용해요. "**that**" 뒤에 결과를 이어서 말해주면 되는데, "**that**"은 생략되는 경우가 많기 때문에 그냥 두 문장을 이어서 표현해주면 되죠.

Gotta Remember
Show'em Who's Boss!

A. Complete the dialogues. (Some answers may vary.)

(1) A: You did _____! Good job!
   B: Thanks. It's all thanks to you.

(2) A: I scratched my father's car.
     What should I do?
   B: You're _____.

(3) A: Why are you up _____?
   B: I have a couple of things to take care of
     before noon.

(4) A: How did you get here _____?
   B: I took a cab.

B. Complete the dialogues with the sentences in the box.

> I couldn't drive.   I don't think we should go out.
> I didn't want to go home.   I don't think I can eat anymore.
> I can't buy more than two.   I don't think I can go out tonight.

(1) A: Go ahead and have some more.
   B: No, I'm okay. I'm so full _____.

(2) A: Why did you leave your car at Kevin's place?
   B: I was so drunk that _____.

(3) A: It's Friday. Let's go out and get drunk.
   B: I'm so tired _____.

(4) A: It's so expensive that _____.
   B: I know. I wish it were cheaper.

(5) A: Do you want to play golf this afternoon?
   B: It's so hot today _____.

(6) A: Why did you stay out so late?
   B: I was having so much fun that _____.

Translations & Answers

A. 알맞은 표현으로 다음 각 대화문을 완성해보세요. (일부 정답은 응답자에 따라 다를 수 있음)

(1) A: 아주 잘했어! 훌륭해!
    B: 고마워. 다 네 덕이야.
                                         → 정답 : so well

(2) A: 나 아빠 차 긁어놨어. 어떡하지?
    B: 넌 이제 죽었다.
                                         → 정답 : so dead

(3) A: 너 왜 이렇게 일찍 일어난 거야?
    B: 오전 중에 처리해야 할 게 두어 가지 있어서.
                                         → 정답 : so early

(4) A: 너 여기 어떻게 이리 빨리 온 거야?   (→ so quickly)   → 정답 : so quickly
    / 너 여기 어떻게 이렇게 일찍 온 거야?   (→ so early)   / so early
    B: 택시 탔지.

B. 상자 속 문장들을 이용해 다음 각 대화문을 완성해보세요.

I couldn't drive.	난 운전할 수가 없었어.
I didn't want to go home.	난 집에 가고 싶지 않았어.
I can't buy more than two.	난 두 개 이상은 못 사.
I don't think we should go out.	(우리) 안 나가는 게 좋겠어.
I don't think I can eat anymore.	난 더 못 먹을 거 같아.
I don't think I can go out tonight.	난 오늘 밤에 못 나갈 거 같아.

(1) A: 편히 좀 더 들어.
    B: 아니야. 난 됐어. 너무 배불러서 더 못 먹을   →정답: I don't think I can eat anymore.
       거 같아.

(2) A: 너 왜 차를 케빈네 집에 두고 왔어?   →정답: I couldn't drive.
    B: 너무 취해서 운전할 수가 없었어.

(3) A: 금요일이야. 나가서 취하도록 마셔보자.   →정답: I don't think I can go out tonight.
    B: 난 너무 피곤해서 오늘 밤에 못 나갈 거 같아.

(4) A: 그건 너무 비싸서 두 개 이상은 못 사.   →정답: I can't buy more than two.
    B: 그러게. 그게 좀 더 싸면 좋을 텐데.

(5) A: 오늘 오후에 골프 치러 갈래?   →정답: I don't think we should go out.
    B: 오늘은 너무 더워서 안 나가는 게 좋겠어.

(6) A: 너 왜 그렇게 늦게 들어온 거야?   →정답: I didn't want to go home.
    B: 난 너무 즐거워서 집에 가고 싶지가 않았어.

043 Why is he angry with you?

걘 왜 너한테 화가 나 있는 거야?

Gotta Know

A. Let's circle the best answers.

(1) I'm very mad (at / in) you right now.
(2) She's still mad (at / about) yesterday.
(3) Why is he angry (with / by) you?
(4) He's still angry (on / with) me.
(5) He's still angry (in / about) something.
(6) I'm angry (about / of) Jim's behavior.
(7) He's shocked (at / of) you.
(8) She's shocked (of / about) what you said.
(9) I'm disappointed (in / at) you.
(10) I'm disappointed (on / about) my life.
(11) I'm disappointed (with / of) the result.

B. Use the *Cheat Box* to fill in the blanks.

(1) Very much _____!
(2) I'm very _____. It won't happen again.
(3) It's very wrong to judge people by their looks.
(4) You don't look very _____. Are you okay?
(5) She's very good at English.
(6) Thank you very _____.
(7) That's very _____ of you.
(8) I did my very _____.
(9) That's the very reason I quit my job.

Cheat Box	
so	much
best	well
kind	sorry

the very left   the very middle   the very right

A. 괄호 속 표현 중 각 문장에 가장 적절한 것을 골라보세요.

(1) 나 지금 너 때문에 몹시 화났어. → 정답 : at
(2) 갠 아직 어제 일 때문에 화가 나 있어. → 정답 : about
(3) 갠 왜 너한테 화가 나 있는 거야? → 정답 : with
(4) 갠 아직도 나한테 화가 나 있어. → 정답 : with
(5) 갠 아직 뭔가에 화가 나 있는 상태야. → 정답 : about
(6) 난 짐의 태도(/행동/행실) 때문에 화가 나. → 정답 : about
(7) 갠 너 때문에 놀랐어. / 갠 너 때문에 충격받았어. → 정답 : at
(8) 갠 네 말에 충격받았어. → 정답 : about
(9) 나 너한테 실망했어. → 정답 : in
(10) 난 내 인생이 실망스러워. → 정답 : about
(11) 난 그 결과에 실망했어. → 정답 : with

> **Tip**
>
> 1) 감정은 "사람이나 사물에 대한 감정"일 수도 있고 "상황에 대한 감정"일 수도 있죠. 감정을 묘사하는 형용사 중에는 감정의 대상에 따라 전치사가 달라지는 것들이 있는데, 이번 과에서 등장하는 형용사들이 바로 그런 형용사들이에요. 심지어 같은 대상일지라도 **"그 대상에게(at)"** 느끼는 감정인지, **"그 대상에 관한(about)"** 감정인지에 따라 전치사가 달라지기도 한답니다. 즉, 여기서 소개하는 전치사들은 "일반적"으로 쓰이는 것들이긴 하지만, "절대적"이진 않아요.
>
> 2) **"angry"**와 비슷한 뜻으로 자주 사용되는 표현으로는 **"upset"**과 **"pissed off"**도 있어요.
> ex) I'm not upset with you at all. 난 너한테 기분 언짢은 거 전혀 없어.
> ex) I'm upset about this weather. 난 날씨가 이래서 속상해.
> ex) I'm so pissed (off)! 나 정말 화났어! / 정말 짜증 나!
> ex) I'm pissed (off) at you. 나 너 때문에 짜증 나.

B. Cheat Box 속 표현들로 빈칸을 채워보세요.

(1) 정말 그래! ('Yes'의 강조) → 정답 : so
(2) 정말 미안해. 다신 그런 일 없을 거야. → 정답 : sorry
(3) 사람들을 외모로 판단하는 건 대단히 잘못된 거야.
(4) 너 안색이 그리 좋아 보이지 않네. 괜찮아? → 정답 : well
(5) 갠 영어 아주 잘해.
(6) 대단히 감사합니다. → 정답 : much
(7) 정말 친절하시군요. → 정답 : kind
(8) 난 할 수 있는 한 최선을 다했어. → 정답 : best
(9) 그게 바로 내가 일을 관둔 이유야.

> **Tip**
>
> 3) **"very"**가 부사가 아닌 형용사로도 쓰일 수 있다는 사실 알고 계셨나요? **"very"**는 가끔 시간이나 장소를 강조하여 **"맨"**, **"가장"**이라는 뜻으로도 쓰인답니다. "맨 왼쪽", "가장 오른쪽"처럼 "맨" 혹은 "가장"이라는 의미가 붙으면 특정하고 유일한 것이 되기 때문에 **"very"**가 이런 의미로 사용될 때는 앞에 정관사 **"the"**가 함께 따라다니게 되죠. **"the very"** 뒤에 시간이나 장소를 나타내는 명사가 아닌 일반적인 명사가 등장하게 되면 **"the very"**의 뜻은 **"바로 그"**가 된다는 점도 함께 알아두세요.

Gotta Remember
Show'em Who's Boss!

A. Find the incorrect sentences and correct them. (Some answers may vary.)

(1) I'm so mad with myself.

(2) I hope you weren't mad about last night.

(3) I'm not upset about you at all.

(4) I'm pissed out at you.

(5) I was really angry with her.

(6) I'm angry with what you did to me.

(7) I'm disappointed at myself.

(8) I'm disappointed at my grades.

(9) I was shocked at the news.

(10) He's shocked about what happened yesterday.

(11) We were all shocked with the news of his death.

B. Complete the dialogues. (Some answers may vary.)

(1) A: Do you love me?
B: Very _____!

(2) A: Do you know why she's _____ with me?
B: Do you really not know? Are you stupid or something? She likes you.

(3) A: She's very _____ English.
B: I know. She sounds just like a native speaker.

(4) A: Why is Mandy avoiding me?
B: She's _____ what you said.
A: I was just being honest.

(5) A: You dumped your boyfriend because he cheated on you?
B: Yep, that's the _____.

(6) A: I'm really _____ in you.
B: Sorry I lied. I won't do it again.

(7) A: Don't worry. I'll take care of it for you.
B: Thanks. That's very _____ you.

Translations & Answers

A. 잘못된 문장을 찾아 바르게 고쳐보세요. (일부 정답은 응답자에 따라 다를 수 있음)

(1) 난 스스로에게 너무 화가 나.　　　　→ 정답 : I'm so mad at myself.

(2) 네가 어젯밤 일로 화가 안 났었길 바라.

(3) 난 너한테 기분 언짢은 거 전혀 없어.　　→ 정답 : I'm not upset with you at all.
　　　　　　　　　　　　　　　　　　　또는 I'm not upset at you at all.

(4) 나 너 때문에 짜증 나.　　　　　　　→ 정답 : I'm pissed off at you.

(5) 난 걔한테 정말 화났어.

(6) 난 네가 나한테 한 짓 때문에 화가 나.　→ 정답 : I'm angry about what you did to me.

(7) 난 나 자신에게 실망했어.　　　　　　→ 정답 : I'm disappointed in myself.
　　　　　　　　　　　　　　　　　　　또는 I'm disappointed with myself.

(8) 난 내 성적에 실망했어.

(9) 난 그 소식에 깜짝 놀랐어.

(10) 그는 어제 일로 매우 충격받았어.

(11) 우린 모두 걔 사망 소식에 충격받았어.
　　　　　　　　→ 정답 : We were all shocked by the news of his death.
　　　　　　　　　　또는 We were all shocked at the news of his death.

B. 알맞은 표현으로 다음 각 대화문을 완성해보세요. (일부 정답은 응답자에 따라 다를 수 있음)

(1) A: 너 나 사랑해?　　　　　　　　　　→ 정답 : much so
　　B: 당연하지!

(2) A: 그녀가 왜 나한테 화난 건지 알아?　　→ 정답 : angry / upset
　　B: 정말 몰라서 묻는 거야? 너 바보야, 뭐야?
　　　 그녀가 널 좋아하잖아.

(3) A: 걔 영어 아주 잘해.　　　　　　　　→ 정답 : good at
　　B: 그러게. 말하는 게 꼭 원어민 같아.

(4) A: 맨디가 왜 날 피하는 거지?　　　　　→ 정답 : shocked about
　　B: 네 말에 충격받아서 그래.　　　　　　　 / shocked by
　　A: 난 그저 솔직히 말해준 건데.　　　　　　 / shocked at

(5) A: 남친이 너 몰래 바람피워서 차버렸다고?　→ 정답 : (very) reason
　　B: 응, 그게 (바로) 그 이유야.

(6) A: 나 너한테 정말 실망했어.　　　　　　→ 정답 : disappointed
　　B: 거짓말해서 미안. 다신 안 그럴게.

(7) A: 걱정 마. 내가 처리해줄게.　　　　　　→ 정답 : kind of / good of
　　B: 고마워. 참 친절하기도 해라.

044 How do you feel about me?

나 어떤 것 같아?

Gotta Know

A. Let's complete the dialogues with the appropriate questions in the box.

> How do you feel about your job?
> How do you feel about leftover pizza?
> How do you feel about your boyfriend?
> How do you feel about going out tonight?

(1) A: _____ ?
   B: I'm tired of him.

(2) A: What should we eat?
   B: _____ ?

(3) A: _____ ?
   B: I'm not really feeling it.

(4) A: _____ ?
   B: I love it. It's very tough, but it's still fun
      and they pay me well.

B. Let's look at the examples and change the sentences accordingly.

ex1) I don't like you anymore.   → I'm tired of you.
ex2) I don't want to be single anymore. → I'm tired of being single.

(1) I don't like your jokes anymore.   → _____ .

(2) I don't like pizza anymore.   → _____ .

(3) I don't want to wait anymore.   → _____ .

(4) I don't want to study anymore.   → _____ .

ex3) I'm (very) tired of my job.   = I'm (so) fed up with my job.

(5) I'm (very) tired of everything.   = _____ .

(6) I'm (very) tired of my boyfriend.   = _____ .

(7) I'm (very) tired of your lame excuses. = _____ .

(8) I'm (very) tired of working here.   = _____ .

(9) I'm (very) tired of being lied to.   = _____ .

A. 상자 속 질문 중 알맞은 것을 이용해 다음 각 대화문을 완성해봅시다.

> How do you feel about your job?　　　　　(네) 하는 일은 어떤 거 같아?
> How do you feel about leftover pizza?　　먹다 남은 피자 어때?
> How do you feel about your boyfriend?　 네 남친 어떻게 생각해? / 네 남친 어때?
> How do you feel about going out tonight? 오늘 밤에 외출하는 거 어때?

(1) A: 네 남친 어때?　　　　　　　　→ 정답 : How do you feel about your boyfriend?
　　 B: 지겨워.

(2) A: 우리 뭐 먹을까?　　　　　　　→ 정답 : How do you feel about leftover pizza?
　　 B: 먹다 남은 피자 어때?

(3) A: 오늘 밤 외출하는 거 어때?　　→ 정답 : How do you feel about going out tonight?
　　 B: 별로 안 내켜.

(4) A: 하는 일은 어때?　　　　　　　→ 정답 : How do you feel about your job?
　　 B: 정말 좋아. 일은 아주 힘들지만,
　　　　아직까진 재밌고 보수도 좋거든.

Tip 1) "**How do you feel about …?**"은 무언가 또는 누군가에 대한 상대방의 느낌이나
생각, 또는 감정을 묻는 표현이에요. "**… 어때?**", "**~에 대해 어떻게 생각해?**"라는 뜻이죠.

B. 보기를 참고로 하여 다음 각 문장을 바꿔봅시다.

ex1) 난 이제 너 좋아하지 않아.　→ 난 네가 지겨워. / 나 너한테 지쳤어.
ex2) 난 이제 솔로이고 싶지 않아.　→ 난 솔로 생활이 지겨워.

(1) 난 이제 네 농담 재미없어.　　→ 정답 : I'm tired of your jokes.　난 네 농담이 지겨워.
(2) 난 이제 피자 싫어.　　　　　→ 정답 : I'm tired of pizza.　　　난 피자라면 질렸어.
(3) 난 이제 기다리고 싶지 않아.　→ 정답 : I'm tired of waiting.　　난 기다리는 거 지겨워.
(4) 난 이제 공부하고 싶지 않아.　→ 정답 : I'm tired of studying.　　난 공부하는 거 지겨워.

ex3) 난 내 일이 지긋지긋해.

(5) 난 모든 게 지긋지긋해.　　　　　　→ 정답 : I'm (so) fed up with everything.
(6) 난 내 남친한테 정말 질렸어.　　　　→ 정답 : I'm (so) fed up with my boyfriend.
(7) 난 네 말도 안 되는 변명이 지긋지긋해.→ 정답 : I'm (so) fed up with your lame excuses.
(8) 난 여기서 일하는 거 지긋지긋해.　　→ 정답 : I'm (so) fed up with working here.
(9) 난 거짓말 듣는 거 지겨워 죽겠어.　　→ 정답 : I'm (so) fed up with being lied to.

Tip 2) "**피곤한**"이라는 뜻으로 배운 "**tired**"는 "**be tired of**"처럼 표현하면 "**지겹다**"라는 뜻이
돼요. 뒤에는 어떤 대상이 등장할 수도 있고, "**~ing**" 형태의 행위가 등장하기도 하죠.

3) "**be tired of**"는 "**be sick of**"라고 표현하기도 하고, 훨씬 더 강조하고 싶을 땐 이 둘을
합쳐 "**be sick and tired of**"라고 표현하기도 해요. 몸서리날 정도로 싫다는 뜻이 되죠.
　　 ex) I'm sick of you.　　　난 네가 지긋지긋해.
　　 ex) I'm sick and tired of hearing your excuses.
　　　　　　　　난 네 변명 듣는 거 정말 지긋지긋해.

4) "**be (very) tired of**"는 "**be (so) fed up with**"라고 표현할 수도 있어요.

A. Make any sentences you want using the given phrases.

(1) How do you feel about _____?

(2) How do you feel about _____?

(3) How do you feel about _____?

(4) How do you feel about _____?

(5) I'm tired of _____.

(6) I'm so tired of _____.

(7) I'm sick of _____.

(8) I'm sick and tired of _____.

(9) I'm fed up with _____.

B. Complete the dialogues. (Some answers may vary.)

(1) A: How do you feel about _____?
   B: Aside from snoring at night, he's perfect.

(2) A: How do you feel about _____ a drink tonight?
   B: Not tonight. I think I'm coming down with a cold or something.

(3) A: I'm _____ every day.
   B: Then find another good restaurant.

(4) A: I'm so _____.
   B: You're not the only one. I'm even thinking about quitting my job and starting my own business.

(5) A: Aren't you _____?
   B: Not at all. It's still fun and pays well.

C. Answer the questions below.

(1) Q: How do you feel about studying abroad?
   A: _____.

(2) Q: Is there anything in particular that you're "sick and tired of"?
   A: _____.

Translations & Answers

A. 다음 문장들은 참고용입니다. 주어진 표현들을 이용해 자유롭게 문장을 만들어보세요.

(1) How do you feel about kids?   아이들에 대해 어떻게 생각해?

(2) How do you feel about 10:30?   10시 30분 어때?

(3) How do you feel about your husband?   네 남편 어떻게 생각해? / 네 남편 어때?

(4) How do you feel about growing older?   나이 먹어보니 어때?

(5) I'm tired of hearing your excuses.   난 네 변명 듣는 거 지겨워.

(6) I'm so tired of eating out.   나 밥 사 먹는 거 지긋지긋해 죽겠어.

(7) I'm sick of winter.   난 겨울이 지긋지긋해.

(8) I'm sick and tired of people like you.   난 너 같은 사람들이 정말 지긋지긋해.

(9) I'm fed up with your complaints.   난 네 불평이 지긋지긋해.

B. 알맞은 표현으로 다음 각 대화문을 완성해보세요. (일부 정답은 응답자에 따라 다를 수 있음)

(1) A: 네 남편 어때?   → 정답 : your husband
    B: 밤에 코 고는 것만 빼면 만점이지.

(2) A: 오늘 밤에 한잔하러 가는 거 어때?   → 정답 : going (out) for
    B: 오늘 밤은 안 되겠어. 감기 같은 게 걸렸는지
      몸이 좀 안 좋네.

(3) A: 매일 여기서 밥 먹는 거 지겨워.   → 정답 : sick of eating here
    B: 그럼 다른 좋은 식당 찾아봐.

(4) A: 난 내 일이 지겨워 죽겠어.   → 정답 : fed up with my job
    B: 나도 마찬가지야. 난 심지어 일 그만두고
      내 사업을 시작할까 생각 중이야.

(5) A: 너 지금 직장 안 지겨워?   → 정답 : tired of your (current) job
    B: 응, 전혀. 여전히 재미있고 보수도 좋아.

C. 다음 응답들은 참고용입니다. 각 질문에 자유롭게 응답해보세요.

(1) Q: How do you feel about studying abroad?
    A: I think it's a must for those who are serious about learning English.

      Q: 당신은 어학연수를 떠나는 것에 대해 어떻게 생각하나요?
      A: 영어를 정말로 배우고 싶어 하는 사람들에겐 필수라고 생각해요.

(2) Q: Is there anything in particular that you're "sick and tired of"?
    A: I'm sick and tired of waking up early in the morning and going to work.

      Q: 당신은 '특별히 지겨워하는' 게 있나요?
      A: 아침 일찍 일어나서 출근하는 게 지긋지긋해 죽겠어요.

045 How the heck did you know?
너 대체 어떻게 알았어?

A. Let's practice the dialogues. Replace the underlined sentences with the ones in the *Ready-to-Use Box*.

(1) A: You look kind of worried. <u>What's wrong?</u>
    B: I have a big test tomorrow.

(2) A: You look stressed. <u>What's going on?</u>
    B: It's all because of my boss. He's such a jerk.

Ready-to-Use Box

What's happening?
What happened?
What's the matter?
What's the issue?
What's the problem?

B. Let's look at the example and change the questions accordingly.

ex) What's wrong?
    → What **the heck** is wrong?
    → What **in the world** is wrong?
    → What **on earth** is wrong?

(1) What did you just say?
    → _____ ?
    → _____ ?
    → _____ ?

(2) How did you know?
    → _____ ?
    → _____ ?
    → _____ ?

(3) When can we hear from him?
    → _____ ?
    → _____ ?
    → _____ ?

(4) Where should we park our car?
    → _____ ?
    → _____ ?
    → _____ ?

A. Ready-to-Use Box 속 표현들로 밑줄 부분을 바꿔가며 대화문들을 연습해봅시다.

(1) A: 너 걱정이 좀 있어 보여. <u>무슨 일이야?</u>
    B: 내일 중요한 시험이 있어서.

(2) A: 스트레스받은 것 같은데. <u>무슨 일이야?</u>
    B: 내 상사 때문에 그래. 그 사람은 정말 얼간이야.

What's wrong?	뭐가 잘못됐어? / 뭐가 문제야? / 무슨 일이야? / 왜 그래?
What's going on?	무슨 일이야? / 무슨 일이 벌어지고 있는 거야? / 왜 그래?
What's happening?	무슨 일이야? / 무슨 일이 벌어지고 있는 거야? / 왜 그래?
What happened?	무슨 일 있었어? / 어떻게 된 거야? / 왜 그래?
What's the matter?	뭐가 문제야? / 왜 그래?
What's the issue?	뭐가 문제야? / 왜 그래?
What's the problem?	뭐가 문제야? / 왜 그래?

Tip 1) 상대방이 걱정돼서 먼저 말을 거는 경우에는 "**What's wrong?**" 류의 질문들 외에도 "**Are you all right?**"나 "**Are you okay?**"처럼 상대방이 괜찮은지를 묻기도 해요.

B. 보기를 참고로 하여 주어진 문장들을 바꿔봅시다.

ex) 뭐가 문제야? / 무슨 일이야? / 왜 그래?
→ 대체 뭐가 문제야? / 대체 무슨 일이야? / 대체 왜 그래?

(1) 너 방금 뭐라고 했어?
  → 너 대체 방금 뭐라고 했어?
    → 정답 : What the heck did you just say?
    → 정답 : What in the world did you just say?
    → 정답 : What on earth did you just say?

(2) 너 어떻게 알았어?
  → 너 대체 어떻게 알았어?
    → 정답 : How the heck did you know?
    → 정답 : How in the world did you know?
    → 정답 : How on earth did you know?

(3) (우리) 언제 걔 소식 들을 수 있어?
  → (우리) 대체 걔 소식은 언제 들을 수 있는 거야?
    → 정답 : When the heck can we hear from him?
    → 정답 : When in the world can we hear from him?
    → 정답 : When on earth can we hear from him?

(4) (우리) 차 어디에 주차해야 할까?
  → (우리) 대체 차를 어디에 주차해야 하는 거야?
    → 정답 : Where the heck should we park our car?
    → 정답 : Where in the world should we park our car?
    → 정답 : Where on earth should we park our car?

Tip 2) 질문을 좀 더 강조하고자 할 때는 "**the heck**"이라는 표현을 사용하기도 해요. 이는 "**젠장, 대체**"라는 뜻으로, 다소 짜증이나 거부감, 싫증이 묻어나는 표현이며, 감탄사처럼 사용되기도 하죠. 사실, "**the heck**"은 "**the hell(제기랄, 도대체)**"의 순화된 표현이에요. 즉, 반대로 말하면 "**the hell**"은 정도가 아주 심한 표현이므로 가급적 사용을 피하는 게 좋겠죠? 전치사 "**in**"을 더해 "**in the heck**", "**in the hell**"이라고 표현하기도 하지만, 전치사 "**in**" 없이 표현하는 것이 훨씬 일반적이에요.

3) "**in the world(세상에, 대관절, 도대체)**"와 "**on earth(세상에, 대관절, 도대체)**"도 "**the heck**"처럼 질문을 강조하기 위해 사용할 수 있어요.

A. Change the underlined parts with what we have learned today.

(1) A: You look sick. <u>Are you all right?</u>
    B: I think there was something wrong with my breakfast.

(2) A: You look angry. <u>What happened?</u>
    B: Nothing. I'm just tired. That's all.

B. Correct the sentences.

(1) What the world are you talking about?

(2) What a hell are you looking at?

(3) Why in the earth did you quit your job?

(4) What on the heck did you eat?

C. Rearrange the words to complete the dialogues.

(1) A: ___the / thinking / heck / you / what / were___ ?
    B: I'm sorry. I made a mistake. Don't be mad.

(2) A: ___you / earth / did / how / on / know___ ?
    B: A little bird told me.

(3) A: ___world / you / in / are / what / doing / the___ ?
    B: I'm trying to fix this computer.

(4) A: ___did / quickly / get / on / you / so / earth / here / how___ ?
    B: I took a cab.

(5) A: ___hell / what / going / is / the / on___ ? I'm gonna freak out!
    B: You should be more laid-back.
    A: Shut it!

(6) A: ___heck / do / that / you / gonna / how / the / are___ ?
    B: Don't worry. I'll figure something out.

Translations & Answers

A. 오늘 학습한 내용을 이용해 밑줄 부분을 바꿔가며 자유롭게 대화를 나눠보세요.

(1) A: 너 아파 보이는데. <u>괜찮아?</u>
B: 아침에 뭔가 상한 걸 먹었나 봐.

(2) A: 너 화나 보여. <u>무슨 일이야?</u>
B: 아무것도 아니야. 그냥 피곤해서 그래. 다른 건 없어.

B. 다음 각 문장을 바르게 고쳐보세요.

(1) 너 대체 지금 무슨 말 하는 거야? → 정답 : What in the world are you talking about?
(2) 너 대체 뭐 보는 거야? → 정답 : What (in) the hell are you looking at?
(3) 너 대체 직장은 왜 그만둔 거야? → 정답 : Why on earth did you quit your job?
(4) 너 대체 뭐 먹은 거야? → 정답 : What (in) the heck did you eat?

C. 단어들을 재배열하여 각 대화문을 완성해보세요.

(1) A: 너 대체 어디다 정신 판 거야? → 정답 : What the heck were you thinking?
B: 미안해. 내 실수야. 화내지 마.

(2) A: 너 대체 어떻게 안 거야? → 정답 : How on earth did you know?
B: 다 아는 수가 있지.

(3) A: 너 대체 뭐 하는 거야? → 정답 : What in the world are you doing?
B: 이 컴퓨터 고치려고.

(4) A: 너 대체 여기 어떻게 이렇게 → 정답 : How on earth did you get here so quickly?
빨리 온 거야?
B: 택시 탔지.

(5) A: 대체 무슨 일이야? → 정답 : What the hell is going on?
놀라 자빠지겠네!
B: 넌 좀 더 느긋해질 필요가 있어.
A: 닥쳐!

(6) A: 너 대체 그거 어떻게 하려고? → 정답 : How the heck are you gonna do that?
B: 걱정 마. 내가 뭔가 방법을
생각해볼 테니.

※ "A little bird told me. (지나가던 어떤 작은 새가 내게 말해줬어.)"라는 표현은 어떤
소식을 누군가에게 들었으나 출처를 말하고 싶지 않을 때 사용하는 표현으로, **"누가
그러던데." "소식통이 있어." "다 아는 수가 있어."**라는 뜻이에요.

046 It seems like a good idea.
(그거) 좋은 생각 같아.

Gotta Know

A. Use the *Cheat Box* to fill in the blanks.

(1) A: You look like _____!
   B: I know. I need some rest. I feel like I'm gonna pass out.

(2) A: You look just like _____.
   B: I'll take that as a compliment.

(3) A: Let's go out for a drink.
   B: Sounds like _____ to me. What time should we get together?

(4) A: Just say your dog ate your homework. I'm sure your professor will believe you.
   B: You sound like _____.

(5) A: It seems like _____.
   B: Yeah, it's probably not worth doing.

(6) A: It seems like _____ to me.
   B: Easy for you to say!

Cheat Box

hell
a plan
an idiot
your father
a no-brainer
a waste of time

B. Let's look at the examples and change the sentences accordingly.

ex1) I'm waiting for someone. → 👁 → It looks like you're waiting for someone.

ex2) I need help. → 👂 → It sounds like you need help.

(1) I'm in a good mood today. → 👁 → _____.

(2) I'm stuck. → 👂 → _____.

(3) I drank too much last night. → 👁 → _____.

(4) I need some sleep. → 👂 → _____.

(5) I like it here. → 👁 → _____.

(6) I haven't decided it yet. → 👂 → _____.

A. Cheat Box 속 표현들로 빈칸을 채워보세요.

(1) A: 너 몰골이 장난이 아니야!
B: 어. 좀 쉬어야겠어. 피곤해서 쓰러질 것 같아.
→ 정답 : hell

(2) A: 넌 꼭 네 아버지 같아.
B: 그거 칭찬이라고 생각할게요.
→ 정답 : your father

(3) A: 한잔하러 가자.
B: 좋은 생각이야. 몇 시에 만날까?
→ 정답 : a plan

(4) A: 그냥 네가 숙제한 걸 개가 씹어먹어 버렸다고 해.
교수님은 분명 네 말을 믿어주실 거야.
B: 바보 같은 소리 한다.
→ 정답 : an idiot

(5) A: 시간 낭비인 거 같아.
B: 응, 그럴 가치가 없을 거야.
→ 정답 : a waste of time

(6) A: 생각할 필요도 없는 거 같네.
B: 말이야 쉽지!
→ 정답 : a no-brainer

> **Tip** 1) "look like …", "seem like …", "sound like …" 뒤에는 명사가 등장할 수 있어요. 생김새가 "닮았다"고 말할 때는 "look like …"를 사용하며, 전체적인 상황, 분위기, 계획 등에 대한 의견을 말할 때는 "seem like …"를 사용하죠. "sound like …"는 소리 또는 말투가 "닮았다"고 말할 때도 쓰이고, 누군가의 생각이나 계획, 또는 특정 상황에 대한 의견을 말할 때도 쓰여요.

B. 보기를 참고로 하여 주어진 문장들을 바꿔봅시다.

ex1) 나 누구 기다리는 중이야. → (너) 누구 기다리는 모양이구나.
ex2) 난 도움이 필요해. → 너 도움이 필요한가 보구나.

(1) 나 오늘 기분 좋아. → 정답: It looks like you're in a good mood today.
(너) 오늘 기분이 좋은가 보네.

(2) 나 곤경에 처했어. → 정답: It sounds like you're stuck.
너 곤경에 처한 거 같네. / 너 곤란한가 보네.

(3) 나 어젯밤에 너무 많이 마셨어. → 정답: It looks like you drank too much last night.
(너) 어젯밤에 (술을) 너무 많이 마셨나 보네.

(4) 난 잠이 좀 필요해. → 정답: It sounds like you need some sleep.
너 잠이 좀 필요한 거 같네.

(5) 난 여기가 마음에 들어. → 정답: It looks like you like it here.
(넌) 여기가 마음에 드나 보군.

(6) 난 아직 (그거) 결정 못 했어. → 정답: It sounds like you haven't decided it yet.
너 아직 (그거) 결정 못 했나 보네.

> **Tip** 2) "look like …", "seem like …", "sound like …" 뒤에는 완벽한 문장이 등장할 수도 있어요. 이때는 "It looks like …"처럼 주어로 "it"을 사용하는 게 일반적이지만, 판단 대상을 더 정확히 밝혀주기 위해 "You sound like you need help."처럼 표현하기도 하죠.

A. Circle the best answers.

(1) Look at the sky. It (looks / sounds) like it's about to rain.

(2) It (looks / sounds) like thunder to me.

(3) You (look / sound) like a wreck!

(4) It (looks / seems) like yesterday.

(5) You (seem / sound) like a broken record.

(6) It (looks / seems) just like my wallet.

(7) It (looks / seems) like a joke.

(8) What's wrong with your voice? You (look / sound) like you have a cold.

(9) It (looks / sounds) like a knock-off to me.

(10) Was it really that bad? You (look / sound) like you never want to go back there again.

B. Complete the dialogues using what we have learned today. (Answers may vary.)

(1) A: The dark circles under your eyes are gone. It _____ you had a good night last night.
B: I did. I slept for 10 hours.

(2) A: You _____ you've lost weight recently.
B: Thanks. Now I should go out there and get me a hot boyfriend.

(3) A: You _____ you work out.
B: Yeah, if by "work out" you mean chasing after my kids.

(4) A: It _____ you're always busy.
B: I'm only pretending to be busy when you're around.

(5) A: I'd better get some rest.
B: Yeah, you should. It _____ you're about to pass out.

(6) A: It _____ your cough is getting worse.
B: It is. It's much worse.

C. Answer the question below.

Q: Do you look more like your mom or your dad?

A: _____.

Translations & Answers

A. 괄호 속 표현 중 각 문장에 가장 어울리는 것을 골라보세요.

(1) 하늘 좀 봐. 금방이라도 비 올 것 같아.   → 정답 : looks

(2) 내가 듣기엔 천둥소리 같아.   → 정답 : sounds

(3) 너 몰골이 장난이 아니야! / 너 꼴이 말이 아니야!   → 정답 : look

(4) (그건) 어제 일 같아.   → 정답 : seems

(5) 너 고장 난 음반 같아. (왜 자꾸 똑같은 말을 몇 번씩 반복하니?)   → 정답 : sound

(6) 그거 꼭 내 지갑 같아.   → 정답 : looks

(7) (그건) 농담 같아.   → 정답 : seems

(8) 너 목소리가 왜 그래? 감기든 목소리네.   → 정답 : sound

(9) (그거) 내가 보기엔 짝퉁 같아.   → 정답 : looks

(10) 정말로 그렇게 안 좋았다고? 다신 절대로 거기 돌아가고 싶지 않나 보네.   → 정답 : sound

B. 가장 자연스러운 표현으로 다음 각 대화문을 완성해보세요. (정답은 응답자에 따라 다를 수 있음)

(1) A: 눈 밑에 다크서클이 없어졌네. 어젯밤에 푹 잘 잤나 보군.   → 정답 : looks like / seems like
     B: 응. 10시간 잤어.

(2) A: 너 요즘 살 빠진 것 같네.   → 정답 : look like / seem like
     B: 고마워. 이제 나도 좀 밖에 나가서 멋진 남친 만들어야겠어.

(3) A: 너 평소에 운동하나 보구나.   → 정답 : look like / seem like
     B: 애들 쫓아다니는 게 운동이라면, 뭐.

(4) A: 넌 늘 바쁜 것 같아.   → 정답 : seems like / looks like
     B: 너 올 때만 바쁜 척하는 거야.   / sounds like

(5) A: 나 좀 쉬어야겠어.   → 정답 : looks like / seems like
     B: 그래, 좀 쉬어. 너 꼭 쓰러질 것 같아.

(6) A: 기침 소리 들어보니 점점 더 심해지나 보네.   → 정답 : sounds like / seems like
     B: 응. 훨씬 더 심해졌어.

C. 다음 응답은 참고용입니다. 질문에 자유롭게 응답해보세요.

Q: Do you look more like your mom or your dad?

A: <u>People say I look just like my dad.</u>

     Q: 당신은 어머니와 아버지 중 누굴 더 많이 닮았나요?

     A: 사람들 말이 전 아버지를 똑 닮았대요.

047 Do I look like I'm kidding?
내가 농담하는 것 같아?

Gotta Know

A. Let's look at the examples and make questions accordingly.

ex1) You look good.   → Do I look good?
ex2) You look like a liar.   → Do I look like a liar?
ex3) You look like you care.   → Do I look like I care?
ex4) You sound old.   → Do I sound old?

(1) You look serious.   → _____?
(2) You look funny to me.   → _____?
(3) You look upset to me.   → _____?
(4) You look like a pushover to me.   → _____?
(5) You look like you're kidding.   → _____?
(6) You look like you're sleepy.   → _____?
(7) You look like you're lying.   → _____?
(8) You sound angry.   → _____?
(9) You sound weird.   → _____?

B. Use the *Cheat Box* to fill in the blanks.

(1) Look _____! There's a car coming.
(2) _____ a look (at this). (= Have a look (at this).)
(3) Look who's _____. (≈ Back at ya.)
(4) Look who's _____. It's James. (= Well, well, if it isn't James.)
(5) Look it _____ in the dictionary.
(6) I'll look the other _____ this time.
(7) I'm just looking _____. (= I'm just browsing.)
(8) I've been looking all _____ for you.
(9) Don't look at me _____ that.
(10) Don't _____ me that look.

Cheat Box
up
out
way
give
here
like
over
take
around
talking

A. 보기를 참고로 하여 다음 각 문장에 어울리는 의문문을 만들어봅시다.

ex1) 너 좋아 보여. → 나 괜찮아 보여?
ex2) 너 거짓말쟁이 같아. → 내가 거짓말쟁이 같아?
ex3) 너 신경 쓰는 것 같아. → 내가 신경이나 쓰는 것 같아? / 쓸 거 같아?
ex4) 너 말투 노티나. → 내 말투가 노티나? / 내 생각이 구식인가?

(1) 너 심각해 보여. / 너 진지해 보여. → 정답 : Do I look serious?
　　나 심각해 보여? / 나 진지해 보여?

(2) 내가 보기엔 너 우스꽝스러워 보여. → 정답 : Do I look funny to you?
　　네가 보기엔 나 우스꽝스러워 보여?

(3) 내가 보기엔 너 화난 것 같아. → 정답 : Do I look upset to you?
　　네가 보기엔 나 화난 것 같아?

(4) 내가 보기엔 너 만만해 보여. → 정답 : Do I look like a pushover to you?
　　네가 보기엔 내가 그리 만만해 보여?

(5) 너 농담하는 것 같아. → 정답 : Do I look like I'm kidding?
　　내가 농담하는 것 같아?

(6) 너 졸린 것 같아. → 정답 : Do I look like I'm sleepy?
　　내가 졸린 것 같아?

(7) 너 거짓말하는 것 같아. → 정답 : Do I look like I'm lying?
　　내가 거짓말하는 것 같아?

(8) 너 말투가 화난 것 같아. → 정답 : Do I sound angry?
　　내 말투가 화난 것 같아?

(9) 너 말투가 이상해. → 정답 : Do I sound weird?
　　내 말투가 이상해? / 내 생각이 이상한가?

B. 다음은 "look"을 활용한 유용한 표현들입니다. Cheat Box 속 표현들로 빈칸을 채워보세요.

(1) 조심해! 차 와. → 정답 : out
(2) (이거) 한번 봐봐. → 정답 : Take
(3) 사돈 남 말 하시네. (≈ 너도! / 반사! / 누가 할 소리! / 사돈 남 말 하네!) → 정답 : talking
(4) 이야~ 이게 누구야. 제임스잖아. → 정답 : here
(5) (그거) 사전에서 찾아봐. → 정답 : up
(6) 이번엔 못 본 척해줄게. → 정답 : way
(7) [가게에서] 그냥 구경 중이에요. → 정답 : around
(8) (나) 널 찾아 온통 헤매고 다녔어. → 정답 : over
(9) 날 그런 식으로 보지 마. → 정답 : like
(10) 날 그렇게 보지 마. / 날 그렇게 쳐다보지 마. → 정답 : give

 Tip　1) "Look out!"은 지금 바로 일어날 수 있는 일에 대해 경고할 때 사용하는 표현으로, "Watch out!"이라고 표현하기도 해요. 반면, 혹시 나중에 생길 수도 있는 일에 대해 조심하라고 말할 때는 "Be careful!"이라고 하죠.

　　ex) Watch out! You're gonna burn your hand.　조심해! (그러다) 손 데겠다.
　　ex) Be careful, or you're gonna burn your hand.　조심해. 안 그랬다간 손 델 거야.

A. Make any sentences you want using the given phrases.

(1) Do I look _____?

(2) Do I look _____?

(3) Do I look like _____?

(4) Do I look like _____?

(5) Do I look like _____?

(6) Do I sound _____?

(7) Do I sound _____?

B. Complete the dialogues. (Some answers may vary.)

(1) A: Do I look like _____?
    B: Not at all. I'm sure you're telling me
       the truth.

(2) A: You'd better watch your back.
    B: Do I look like _____?

(3) A: Do I sound _____ to you?
    B: Yes. You sound like you're dying.

(4) A: Do I look like _____?
    B: You sure do. You look like you haven't
       slept for days.

(5) A: What? Get out of here.
    B: Do I look like _____?

(6) A: Do I sound _____?
    B: Yeah, you do all the time. You always have an angry tone.
       You'd better change it.

(7) A: Wow, look _____! What're you doing here?
    B: I came to see you.

(8) A: May I help you with anything?
    B: No thank you. I'm just _____, but I'll let you know
       if I need anything.

(9) A: Where've you been? I've been looking _____ for you.
    B: I was in my car taking a short nap.

Translations & Answers

A. 다음 문장들은 참고용입니다. 주어진 표현들을 이용해 자유롭게 문장을 만들어보세요.

(1) Do I look <u>better</u>?　　　　　　　　나 좀 나아 보여?
(2) Do I look <u>fat</u>?　　　　　　　　　　나 뚱뚱해 보여?
(3) Do I look like <u>I've been crying</u>?　나 운 것 같아?
(4) Do I look like <u>I'm blind</u>?　　　　　내가 장님 같아?
(5) Do I look like <u>I'm gonna say yes</u>?　내가 허락해 줄 것 같아? / 내가 승낙할 것 같아?
(6) Do I sound <u>sick to you</u>?　　　　　네가 듣기엔 나 아픈 것 같아?
(7) Do I sound <u>envious</u>?　　　　　　　내가 부러워하는 것 같아?

B. 알맞은 표현으로 다음 각 대화문을 완성해보세요. (일부 정답은 응답자에 따라 다를 수 있음)

(1) A: 내가 거짓말하는 것 같아?
　　B: 전혀. 난 네가 하는 말이 사실이라고 믿어.
　　　　　　　　　　　　　　　　→ 정답 : I'm lying

(2) A: 넌 밤길 조심하는 게 좋을 거야.
　　B: 내가 신경이나 쓰는 것 같아?
　　　　　　　　　　　　　　　　→ 정답 : I care

(3) A: 네가 듣기엔 나 아픈 것 같아?
　　B: 응. 다 죽어가는 목소리야.
　　　　　　　　　　　　　　　　→ 정답 : sick

(4) A: 나 졸린 것 같아?
　　B: 두말하면 잔소리지. 며칠 동안 잠 못 잔 것 같아.
　　　　　　　　　　　　　　　　→ 정답 : I'm sleepy

(5) A: 뭐? 설마!
　　B: 내가 지금 농담하는 것 같아?
　　　　　　　　　　　　　　　　→ 정답 : I'm kidding

(6) A: 내 말투가 화난 것 같아?
　　B: 어, 넌 항상 그래. 늘 화 난 말투야. 말투 좀 고치는 게
　　　　좋겠어.
　　　　　　　　　　　　　　　　→ 정답 : angry

(7) A: 아니, 이게 누구야! 네가 여기 웬일이야?
　　B: 너 보려고 왔지.
　　　　　　　　　　　　　　　　→ 정답 : who's here

(8) A: 뭐 좀 도와드릴까요?
　　B: 아뇨, 괜찮아요. 그냥 둘러보는 건데, 필요한 게
　　　　있으면 말씀드릴게요.
　　　　　　　　　　　　　　　　→ 정답 : looking around
　　　　　　　　　　　　　　　　　　　　　/ browsing

(9) A: 너 어디 있었어? 널 찾아 사방을 헤매고 다녔잖아.
　　B: 차에서 잠시 낮잠 좀 자고 있었어.
　　　　　　　　　　　　　　　　→ 정답 : all over

Gotta Know

A. Let's practice the dialogues using the given information.

| A: What kind of person is <u>Lucian</u>? | A: What kind of person is <u>Laney</u>? |
| B: <u>He's a greedy person.</u> | B: <u>I think she's odd.</u> |

①
Holly
introverted

②
Mason
self-centered

③
Lucia
calm

④
Peyton
dense

| A: What do you think about <u>Kaleb</u>? | A: What do you think about <u>Macey</u>? |
| B: <u>I'd say he's a likeable person.</u> | B: <u>I guess she's warm-hearted.</u> |

⑤
Camilla
perky

⑥
Killian
aggressive

⑦
Heather
aloof

⑧
Regan
judgmental

| A: What do you think of <u>Abbey</u>? | A: What do you think of <u>Mario</u>? |
| B: <u>She seems like a passionate person.</u> | B: <u>It seems like he's decisive.</u> |

⑨
Justin
irresponsible

⑩
Stanley
two-faced

⑪
Davis
quick-tempered

⑫
Scarlet
good-hearted

A. 주어진 정보를 이용해 다음 대화문들을 연습해봅시다.

A: 루션은 어떤 사람이야? B: 욕심이 많은 사람이야.	① 홀리 / 내성적인, 내향적인
	② 메이슨 / 자기중심적인
A: 레이니는 어떤 사람이야? B: 이상한 사람 같아.	③ 루시아 / 침착한, 차분한
	④ 페이튼 / 꽉 막힌, 멍청한
A: 케일럽은 어떤 거 같아? B: 호감 가는 사람 같아.	⑤ 카밀라 / 활발한, 생기 넘치는
	⑥ 킬리언 / 공격적인
A: 메이시는 어떤 거 같아? B: 마음이 따뜻한 거 같아.	⑦ 헤더 / 냉담한, 시큰둥한, 쌀쌀맞은
	⑧ 리건 / 비판을 잘하는
A: 애비 어떤 거 같아? B: 열정적인 사람 같아.	⑨ 저스틴 / 무책임한
	⑩ 스탠리 / 이중적인, 위선적인
A: 마리오 어떤 거 같아? B: 결단력이 있는 것 같아.	⑪ 데이비스 / 화를 잘 내는
	⑫ 스칼렛 / 마음씨가 고운, 착한

Tip

1) 사람의 성격을 물어볼 때는 "What kind of person is he? (그는 어떤 사람이야?)" 처럼 묻기도 하고, "What do you think about him? (그에 대해 어떻게 생각해?)" 처럼 묻기도 해요. "What do you think about ...?"은 "What do you think of ...?" 라고 표현하기도 하며, 사람 외에 여러 다양한 대상에 관해 물을 수 있답니다.

2) 자신의 생각이나 의견을 말할 때는 "I think ..."라고만 표현할 수 있는 게 아니에요. 그 외에도 이번 과에서 소개하는 바와 같이 "I guess ...", "I'd say ..." 등 다양한 표현들을 이용할 수 있답니다.

3) 보통, 습관적으로 "What kind of + 단수 또는 불가산(셀 수 없는) 명사 ...?"처럼 뒤에 단수 명사나 불가산 명사가 등장할 때는 "kind"를 단수로 표현하고 "What kinds of + 복수 명사 ~?"처럼 뒤에 복수 명사가 등장할 때는 "kind"를 복수로 표현하는 경우가 많죠. 하지만 여러 대상(복수 명사)이 한 종류일 수도 있고, 한 대상(단수 명사나 불가산 명사)이 여러 기준에서 다양한 종류에 속할 수도 있기 때문에 반드시 이렇게 표현해야 한다고 말할 순 없답니다. 즉, "kind"를 어떻게 표현하는지는 말하는 사람의 의도나 언어 습관에 따라 달라진다고 볼 수 있어요. 다행히도, 일반적인 질문에서는 여러 종류를 묻기보다 특정한 한 종류를 묻는 경우가 많아서 구어체 질문에서는 뒤에 등장하는 명사의 단수/복수에 관계없이 그냥 "What kind of ...?"처럼 표현하는 경우가 더 많아요.

• What kind of question is that?　　무슨 질문이 그래?
• What kind of people do you usually hang out with?
　　　　　　　　　　　　　　넌 보통 어떤 종류의 사람들과 어울려?
• What kinds of movies do girls like? 여자애들은 어떤 종류의 영화를 좋아해?
• What kinds of food do you like?　　넌 어떤 종류의 음식을 좋아해?

A. Make any sentences you want using the given phrases.

(1) What do you think about _____?

(2) What do you think about _____?

(3) What do you think about _____?

(4) What do you think of _____?

(5) What do you think of _____?

(6) What do you think of _____?

B. Complete the dialogues. (Answers may vary.)

(1) A: What do you think of _____?
B: It's not what I would have chosen, but I had no say in it.

(2) A: What do you think of _____?
B: It's the best I've read recently.

(3) A: What do you think of _____?
B: It's half-baked. He'd better come up with something better.

(4) A: What do you think about _____?
B: Would it have killed you to ask me sooner?
I mean before I started cooking? Jeez!

(5) A: What do you think of _____?
B: Another chance? I don't think so.

(6) A: What do you think about _____?
B: It's just absurd. I wouldn't even buy it
for half that price.

C. Answer the question below.

Q: What do you think about me?

A: _____.

Translations & Answers

A. 다음 문장들은 참고용입니다. 주어진 표현들을 이용해 자유롭게 문장을 만들어보세요.

(1) What do you think about <u>this proposal</u>?　　　이 제안에 대해 어떻게 생각해?
(2) What do you think about <u>working with us</u>?　　우리와 함께 일하는 거 어때?
(3) What do you think about <u>eating out tonight</u>?　오늘 저녁에 외식하는 거 어때?
(4) What do you think of <u>my new sunglasses</u>?　　내 새 선글라스 어떤 거 같아?
(5) What do you think of <u>buying my car for 10 grand</u>? 내 차 1만 달러에 사는 게 어때?
(6) What do you think of <u>giving him another chance</u>?　걔한테 기회를 한 번 더 주는 게 어때?

B. 알맞은 표현으로 다음 각 대화문을 완성해보세요. (정답은 응답자에 따라 다를 수 있음)

(1) A: 넌 그들의 결정에 대해 어떻게 생각해?　　→ 정답 : their decision
　　B: 나라면 그런 결정 안 내렸겠지만,
　　　나한테 결정권이 있던 게 아니라서.

(2) A: 넌 이 책에 대해 어떻게 생각해?　　　　　→ 정답 : this book
　　B: 근래 읽은 책 중 제일 재미있어.

(3) A: 넌 그의 계획이 어떤 것 같아?　　　　　　→ 정답 : his plan
　　B: 어설퍼. 뭔가 더 좋은 걸 생각해 내야 할 거야.

(4) A: 오늘 저녁에 외식하는 거 어때?　　　　　　→ 정답 : eating out tonight
　　B: 좀 더 일찍 물어봐 주면 어디가 덧나?
　　　저녁 준비하기 전에라도 말이야. 젠장.

(5) A: 걔한테 기회를 한 번 더 주는 게 어때?　　　→ 정답 : giving him another chance
　　B: 기회를 한 번 더 주자고? 안 될 말씀.

(6) A: 넌 그 가격 어떤 것 같아?　　　　　　　　→ 정답 : the price / the cost
　　B: 완전 어처구니없어. 절반 값에도 안 사겠다.

> ※ 보통, 원어민들은 짜증스러운 상황, 불쾌한 상황, 당황스러운 상황 등 별로 안 좋은 상황에
> 입버릇처럼 "Jesus!"라고 표현하곤 하는데, "Jeez!"는 이처럼 안 좋은 상황에 예수님의
> 이름을 습관처럼 함부로 부르는 것을 불경스럽다고 여겨 이를 대신해 사용하는 표현
> 이에요. 이보다는 사용 빈도가 낮지만, "Jeeze!" 또는 "Gee!"라고 표현하기도 하며,
> "Gee!"와 "Jeez!"를 결합해 "Geez!"라고 표현하기도 하죠.

C. 다음 응답은 참고용입니다. 질문에 자유롭게 응답해보세요.

Q: What do you think about me?
A: <u>You're a very knowledgeable and fun teacher.</u>
　<u>On top of that, you sure know how to teach English.</u>

　Q: 당신은 저에 대해 어떻게 생각해요?
　A: 아는 것 엄청 많고, 재밌는 선생님 같아요. 게다가, 영어도 아주 잘 가르쳐주시고요.

You look great in white.

넌 하얀색이 정말 잘 어울려.

A. Let's circle the correct answers.

(1) You do look good (in / on) white.
(2) This color looks good (in / on) you.
(3) I don't look nice (in / on) a suit.
(4) He looks good (in / on) casual clothes.
(5) She looks better (in / on) her glasses.
(6) This jacket looks great (in / on) you.
(7) He looks okay (in / on) jeans.
(8) This sweater looks perfect (in / on) you.

B. Let's look at the examples and complete the sentences using the given information.

ex1) close to blue → That blueish T-shirt looks better on you.
ex2) around 06:00 → I woke up around six-ish this morning.

(1) close to yellow → I love this _____ sweater.
(2) about 10:00 → He came here at about _____.
(3) like a child → Stop being so _____.
(4) around 30 years → He looks _____.

C. Use the *Cheat Box* to fill in the blanks.

blue, blue white, white red, red black, black	① _____ blue intense blue ② _____ red
bright white pure white snow white white as ③ _____	④ _____ black totally black completely black black as ⑤ _____

Cheat Box
ink   snow   blood
true   pitch

A. 괄호 속 표현 중 각 문장에 올바른 것을 골라봅시다.

(1) 넌 하얀색이 정말 잘 어울려. → 정답 : in

(2) 이 색이 너랑 잘 어울려. → 정답 : on

(3) 난 정장이 잘 안 어울려. → 정답 : in

(4) 걘 평상복이 잘 어울려. → 정답 : in

(5) 걘 안경을 쓰는 게 더 나아 보여. → 정답 : in

(6) 이 재킷이 너한테 정말 잘 어울려. → 정답 : on

(7) 걘 청바지가 잘 어울려. → 정답 : in

(8) 이 스웨터가 너한테 딱이야. → 정답 : on

Tip

1) 누군가가 어떤 색 옷을 입었을 때 좋아 보인다고 말해주려면 "**사람 + look good in + 옷**" 또는 "**옷 + look good on + 사람**"처럼 표현할 수 있어요. 위치적으로 봤을 때 사람은 옷 "**속에(in)**" 있고, 의복은 사람 "**겉에(on)**" 있기 때문에 이와 같이 전치사가 달라지는 것이랍니다.

2) 어떤 색 또는 어떤 의복이 다른 무언가와 잘 어울린다거나, 안경 등을 착용하는 게 더 낫다고 말할 때는 전치사 "**with**"를 이용할 수 있어요. 반대로, 착용하지 않는 게 낫다고 말할 때는 "**without**"을 이용해야겠죠?

　　ex) You look better without glasses.　　넌 안경 안 쓰는 게 나아.

B. 주어진 정보를 이용해 다음 각 문장을 완성해봅시다.

ex1) 파란색에 가까운 → 저 푸른색 계열 티셔츠가 너한테 더 잘 어울려.

ex2) 6시경 → 나 오늘 아침에 6시 정도에 일어났어.

(1) 노란색에 가까운 → 난 노란빛이 나는 이 스웨터가 정말 좋아. → 정답 : yellowish

(2) 10시쯤 → 걘 10시쯤에 여기 왔어. → 정답 : 10-ish

(3) 아이 같은 → 그만 좀 유치하게 굴어. → 정답 : childish

(4) 30살 정도 → 그는 30살 정도로 보여. → 정답 : 30-ish

Tip

3) "**-ish**"는 명사와 결합해 "**~다운**", "**~와 같은**", "**~와 비슷한**"이라는 의미를 만들어내는 접미사예요. 이를 색 관련 명사에 활용하면 "**불그스름한**", "**누리끼리한**" 등 어떤 색에 흡사한 색을 표현할 수 있고, "**10-ish**", "**30-ish**"처럼 숫자에 활용하면 대략 그 숫자에 가깝다는 의미로 사용할 수 있답니다.

C. 다음은 색을 표현하는 기타 다양한 표현들입니다. Cheat Box 속 표현들로 빈칸을 채워보세요.

blue, blue	새파란	true blue	남빛		정답
white, white	새하얀	intense blue	강렬한 푸른색		① true
red, red	새빨간	blood red	선홍색 / 핏빛		② blood
black, black	새까만				③ snow
bright white	밝은 흰색	pitch black	칠흑같이 새까만		④ pitch
pure white	순백	totally black	완전 새까만		⑤ ink
snow white	눈처럼 하얀	completely black	완전 새까만		
white as snow	눈처럼 하얀	black as ink	잉크처럼 까만		

Tip

4) "**yellow, yellow**"처럼 색이름을 두 번 반복하면 "**샛노란**"처럼 그 색을 강조하게 돼요. 색이름 외의 단어들도 강조하고 싶을 땐 이렇게 두 번씩 반복해서 말하면 된답니다.

Gotta Remember
Show'em Who's Boss!

A. Complete the dialogues. (Some answers may vary.)

(1) A: You look good ____ white.
   B: Thanks. I get that a lot.

(2) A: That necklace looks nice ____ you.
   B: Thanks.

(3) A: You look nice in casual clothes.
   B: Not ____ a suit, though.

(4) A: It's _____ outside.
   B: The moon must not be up yet.

(5) A: The carpet is _____.
      It's kind of freaking me out.
   B: Just don't look at it. We're going to rip it out
      and put in hardwood anyway.

B. Rearrange the words to form sentences.

(1) this / in / do / I / look / color / good
   → _____ ?

(2) good / this / me / does / on / look / color
   → _____ ?

(3) look / in / do / color / good / what / you
   → _____ ?

(4) better / think / do / one / you / on / looks / which / me
   → _____ ?

C. Answer the questions below.

(1) Q: What time did you get up today?
   A: _____ .

(2) Q: Do you look young or old for your age?
   A: _____ .

Translations & Answers

A. 알맞은 표현으로 다음 각 대화문을 완성해보세요. (일부 정답은 응답자에 따라 다를 수 있음)

(1) A: 넌 흰색이 잘 어울리네.　　　　→정답 : in
　　B: 고마워. 그런 말 많이 들어.

(2) A: 그 목걸이 너한테 잘 어울리네.　→정답 : on
　　B: 고마워.

(3) A: 넌 평상복이 잘 어울리네.　　　→정답 : in
　　B: 근데 정장은 안 어울리더라고.

(4) A: 밖이 칠흑같이 어두워.　　　　→정답 : pitch black
　　B: 아직 달이 안 떴나 보네.

(5) A: 카펫이 선홍색이네. 좀 소름 끼치는걸.　→정답 : blood red
　　B: 그냥 보지 마. 어차피 우리 그거 다
　　　뜯어내고 바닥을 원목으로 깔 건데, 뭐.

B. 단어들을 재배열하여 문장을 만들어보세요.

(1) 나 이 색깔 어울려?　　　　→정답 : Do I look good in this color?
(2) 이 색깔 나한테 어울려?　　→정답 : Does this color look good on me?
(3) 넌 어떤 색이 잘 어울려?　　→정답 : What color do you look good in?
(4) 어느 게 나한테 더 잘 어울릴까? →정답 : Which one do you think looks better on me?

C. 다음 응답들은 참고용입니다. 각 질문에 자유롭게 응답해보세요.

(1) Q: What time did you get up today?
　　A: I got up around seven-ish.

　　　Q: 당신은 오늘 몇 시에 일어났나요?
　　　A: 7시 정도에 일어났어요.

(2) Q: Do you look young or old for your age?
　　A: I'm actually in my early forties, but many of my friends tell me I look 30-ish.

　　　Q: 당신은 나이에 비해 어려 보이나요, 아니면 더 나이 들어 보이나요?
　　　A: 전 사실 40대 초반인데, 30살 정도로 보인다는 친구들이 많아요.

※ "-ish"가 붙어서 만들어진 단어들의 경우, 색과 관련된 것들은 이미 단어로 정착된
　것들이 많아서 하이픈 없이 그냥 "grayish", "yellowish"처럼 표현하지만, 그 외 숫자
　같은 것들과 결합될 경우에는 그때그때 만들어지는 단어이기 때문에 하이픈을 써서
　"10-ish", "five-ish"처럼 표현하게 돼요.

She has strawberry blond hair.
걘 붉은빛이 도는 금발 머리야.

Gotta Know

A. Use the *Cheat Box* to fill in the blanks.

① Grace	② Chelsea	③ Patricia	④ Elsa
⑤ Grant	⑥ Asher	⑦ Cole	⑧ Richard

① Grace has many _____ across her nose.
② Chelsea has some _____ on her face.
③ Patricia has _____ on her cheeks.
④ Elsa has many _____ on her forehead.
⑤ Grant has a _____.
⑥ Asher has _____.
⑦ Cole has a _____.
⑧ Richard has a _____.

Cheat Box

beard	freckles
goatee	mustache
dimples	wrinkles
pimples	sideburns

B. Let's look at the example and change the sentences accordingly.

ex) He's short. He **has** a goatee.　　→ He's short **with** a goatee.

(1) He's handsome. He has dimples.
　　→ _____.

(2) I'm of average height. I have a mustache.
　　→ _____.

(3) She's beautiful. She has long, blond hair.
　　→ _____.

(4) She's cute. She has some freckles across her nose.
　　→ _____.

A. Cheat Box 속 표현들로 빈칸을 채워보세요.

① 그레이스는 코 주위에 주근깨가 많아.	→ 정답 : freckles 주근깨, 기미
② 첼시는 얼굴에 여드름이 약간 있어.	→ 정답 : pimples 여드름, 뾰루지
③ 패트리샤는 양쪽에 보조개가 있어.	→ 정답 : dimples 보조개
④ 엘사는 이마에 주름이 많아.	→ 정답 : wrinkles 주름
⑤ 그랜트는 턱수염이 있어.	→ 정답 : beard (턱)수염
⑥ 애셔는 짧은 구레나룻이 있어.	→ 정답 : sideburns 짧은 구레나룻
⑦ 콜은 아래턱 수염이 있어.	→ 정답 : goatee (아래) 턱수염, 아랫수염
⑧ 리처드는 콧수염을 길러.	→ 정답 : mustache 콧수염

Tip

1) 사람의 외모를 묘사할 때는 "**수염**", "**여드름**", "**보조개**"처럼 무언가가 있는지 없는지로 묘사하기도 하죠. 이러한 표현들은 모두 명사인데, 이를 활용하여 사람의 외모를 묘사할 때는 동사 "**have**"를 사용해요.

2) "**goatee**"는 아래턱 부분에만 밀집된 수염을 말하는데, "**염소(goat)**"의 수염과 비슷하다고 해서 "**염소수염**"이라고도 한답니다.

3) 한쪽에만 생길 수 있는 보조개를 제외하고, 여드름, 뾰루지, 기미, 주근깨, 주름 등은 대부분 복수로 표현돼요.

4) 수염들은 한 가닥만 있는 것은 아니지만 "한 뭉치"로 봐서 "a beard"나 "a goatee", "a mustache"처럼 관사 "a"를 동반해서 표현하며, 얼굴 양쪽에 나는 구레나룻은 "sideburns", "mutton chops"처럼 복수로 표현해요.

B. 주어진 문장들로 새로운 문장을 만들어봅시다.

ex) 걘 키가 작아. 걘 아래턱 수염이 있어. → 걘 키가 작고, 아래턱 수염이 있어.

(1) 걘 잘생겼어. 걘 보조개가 있어.   → 정답 : He's handsome with dimples.
　　　　　　　　　　　　　　　　　　　　 걘 잘생겼고, 보조개가 있어.

(2) 난 보통 키야. 난 콧수염을 길러.   → 정답 : I'm of average height with a mustache.
　　　　　　　　　　　　　　　　　　　　 난 키가 보통이고, 콧수염을 길러.

(3) 걘 아름다워. 걘 머리가 긴 금발이야. → 정답 : She's beautiful with long, blond hair.
　　　　　　　　　　　　　　　　　　　　 걘 아름답고, 머리가 긴 금발이야.

(4) 걘 귀엽게 생겼어. 걘 코 주위에 주근깨가 좀 있어.
　　　　　　　　　　→ 정답 : She's cute with some freckles across her nose.
　　　　　　　　　　　 걘 귀엽게 생겼고, 코 주위에 주근깨가 좀 있어.

Tip

5) 외모 묘사 시 형용사와 명사를 섞어서 하나의 문장으로 표현하고자 할 경우에는 동사 "**have**" 대신 "**~을 가진**"이라는 뜻의 전치사 "**with**"를 활용할 수 있어요.

6) 머리 색이나 모양을 묘사할 때는 "**have + (머리 색 또는 모양) + hair**"처럼 표현해요. 이 역시 다른 외모 묘사 형용사들과 함께 사용할 때는 "**have**" 대신 "**with**"를 써서 표현할 수 있어요.

7) 묘사하고자 하는 대상에게 머리카락이 없는 경우엔 "**대머리의**"라는 뜻의 형용사 "**bald**"를 이용해요.
　　ex) He's bald.　　　그 남자는 대머리야.

A. Look at the pictures and describe each person. (Answers may vary.)

(1) William _____.

(2) Mr. Miller _____.

(3) Dwayne _____.

(4) Issac _____.

(5) Monica _____.

(6) Mrs. Kim _____.

(7) Kiley _____.

(8) Nancy _____.

B. Answer the question below.

Q: What does your best friend look like?

A: _____.

218   She has strawberry blond hair.

Translations & Answers

A. 그림을 보고 각 사람을 자유롭게 묘사해보세요. (정답은 응답자에 따라 다를 수 있음)

(1) → 정답 : William is tall and handsome with dimples.
윌리엄은 큰 키에, 잘생겼고, 보조개가 있어.

(2) → 정답 : Mr. Miller is old, short and medium-built with a beard.
밀러 씨는 나이 많고, 작은 키에, 체격은 보통인데, 턱수염이 있어.

(3) → 정답 : Dwayne is average height and well-built with brown, curly hair.
드웨인은 보통 키에, 체격 좋고, 갈색 곱슬머리야.

(4) → 정답 : Isaac is tall and skinny and has pimples all over his face.
아이작은 키가 크고 빼빼 말랐는데, 얼굴은 온통 여드름투성이야.

(5) → 정답 : Monica has freckles across her nose and strawberry blond hair.
모니카는 코 주위에 주근깨가 있고, 머리는 붉은빛이 도는 금발이야.

(6) → 정답 : Mrs. Kim is small and thin with many wrinkles and gray hair.
김 여사는 왜소한 체격에 말랐으며, 주름이 많고, 머리는 백발이야.

(7) → 정답 : Kiley is plain with long, straight hair and some pimples on her face.
카일리는 긴 생머리에, 얼굴에 여드름이 좀 있고, 평범하게 생겼어.

(8) → 정답 : Nancy has long, red, wavy hair and cute dimples.
낸시는 웨이브가 있는 긴 빨간 머리에, 귀여운 보조개가 있어.

※ "curly hair"은 "곱슬머리"를 뜻해요. 보통, "코르크 따개(corkscrew)"처럼 원 모양으로 돌돌 말려 내려가는 머리를 가리키죠. 이에 반해, "wavy hair"은 파도처럼 완만한 굴곡은 있어도 원 모양으로 말려서 내려가진 않는 머리를 가리켜요.

※ "흰머리"는 자연색소인 멜라닌(melanin)의 양이 감소하여 생긴 머리를 말해요. 자연 색소가 완전히 빠지면 흰색이 되겠지만, 대부분은 색소가 약간 남아 있는 상태가 많으며, 일부 머리는 완전히 흰색일지라도 그 주변의 회색 머리와 섞여 전체적으로는 회색 또는 은회색 머리처럼 보이게 되는데, 이러한 이유로 "흰머리", "백발"은 "white hair"가 아니라 "gray hair"라고 표현하죠.

※ 외모를 설명할 때는 다음과 같이 따라야 할 규칙들이 있어요.
 - Rule #1 - 머리에 관해 설명할 때는 "hair" 앞에 길이, 색, 모양 등을 알려주는 형용사들을 연이어 사용할 수 있어요. 단, 형용사 사이는 콤마로 구분해줘야 하죠.
 - Rule #2 - 외모를 설명할 때는 형용사 사이에 콤마나 "and"를 붙여야 해요. 형용사가 단 두 개라면 "and"만 사용하고, 그 이상이라면 콤마를 사용하다가 마지막 형용사 앞에만 "and"를 붙여 주면 되죠. 이는 명사를 사용할 때도 마찬가지예요.
 - Rule #3 - "with"를 이용해 사람이 가진 특징을 설명할 때도 위와 같은 규칙을 따라요.

B. 다음 응답은 참고용입니다. 질문에 자유롭게 응답해보세요.

Q: What does your best friend look like?
A: He's tall and thin with brown hair. He's 25 years old.

Q: 당신의 절친은 어떻게 생겼는지 설명해주겠어요?
A: 제 절친은 갈색 머리에, 키가 크고 말랐어요. 25살이에요.

051 Jack has a baby face.

잭은 동안이야.

Gotta Know

A. Use the *Cheat Box* to fill in the blanks.

Lewis

① Lewis has an _____ face.
② Lewis has big, _____ eyes.
③ Lewis has _____ eyebrows.
④ Lewis has a broad nose.

Cheat Box

full
long
oval
thin
light
round
thick
almond
hooded
hooked
upturned
heart-shaped

Lisa

⑤ Lisa has a _____ face.
⑥ Lisa has small, hazel eyes.
⑦ Lisa has thin eyebrows.
⑧ Lisa has a small nose.
⑨ Lisa has _____ lips.

Tara

⑩ Tara has a small, round face.
⑪ Tara has _____, blue eyes.
⑫ Tara has _____ eyebrows.
⑬ Tara has a slim, _____ nose.
⑭ Tara has _____ lips.

Josh

⑮ Josh has a _____ face.
⑯ Josh has dark brown, _____ eyes.
⑰ Josh has dark eyebrows.
⑱ Josh has a big, long, _____ nose.
⑲ Josh has thick lips.

A. Cheat Box 속 표현들로 빈칸을 채워보세요.

① 루이스는 얼굴이 타원형이야. → 정답 : oval
② 루이스는 눈이 크고 아몬드 모양이야. → 정답 : almond
③ 루이스는 눈썹이 두꺼워. → 정답 : thick
④ 루이스는 코가 커.
⑤ 리사는 얼굴이 하트 모양이야. → 정답 : heart-shaped
⑥ 리사는 눈이 작고 담갈색이야.
⑦ 리사는 눈썹이 얇아.
⑧ 리사는 코가 작아.
⑨ 리사는 입술이 도톰해. → 정답 : full
⑩ 타라는 얼굴이 작고 동그래.
⑪ 타라는 동그랗고 파란 눈을 가졌어. → 정답 : round
⑫ 타라는 눈썹이 옅어. → 정답 : light
⑬ 타라는 코가 슬림하고 살짝 들려 있어. → 정답 : upturned
⑭ 타라는 입술이 얇아. → 정답 : thin
⑮ 조쉬는 얼굴이 길어. → 정답 : long
⑯ 조쉬는 눈이 검은색인데, 처져 있어. → 정답 : hooded
⑰ 조쉬는 눈썹이 짙어.
⑱ 조쉬는 코가 크고 길쭉한 매부리코야. → 정답 : hooked
⑲ 조쉬는 입술이 두꺼워.

Tip

1) 얼굴 생김새를 물을 때는 다음과 같은 표현들을 사용할 수 있어요.
   • What does her face look like?   걔 얼굴 생김새는 어떻게 생겼어?
   • Can you describe his face?   걔 얼굴 생김새 좀 설명해 줄래?

2) 우리는 보통 동양인들의 눈은 검고, 서양인들의 눈은 파랗거나 녹색이라고 생각하죠. 하지만 자세히 살펴보면 인종에 관계없이 모든 사람들의 눈동자는 검은색이에요. 눈알 안쪽에 있는 망막은 검은색인데 눈동자는 그것이 반사되어 나오는 것이기 때문에 이것도 역시 검은 것이죠. 실제로 눈의 색깔은 눈동자가 아니라 그것의 외곽을 둘러싸고 있는 홍채의 색으로 판단되는데, 보통 동양인들의 홍채는 암갈색이며, 따라서 영어로는 "black eyes"가 아니라 "dark brown eyes"라고 표현해야 한답니다. 실제로 "black eye"는 "누군가와 싸우다 얻어맞아서 생긴 눈 주위의 멍", 또는 그와 같이 "멍든 눈"을 말할 때 사용되며, 양쪽 눈 다 멍이 드는 경우는 드물므로 대부분 단수로 쓰여요.
   ex) She has dark brown eyes.   걔 눈은 암갈색(검은색)이야.
   ex) I got a black eye.   나 눈에 멍들었어.

3) "오똑하게 살짝 들려 있는 코"는 영어로 "upturned nose" 또는 "turned-up nose" 라고 표현해요. 이보다 좀 더 들려 있는 "들창코"는 "snub nose"라고 하죠.

4) 술에 취했을 때 자주 보는 현상 중의 하나는 코가 빨개지는 것이죠. 이런 코를 우리 말에서는 "딸기코"라고 하지만, 영어에서는 "감자코(potato nose)"라고 합니다.

5) "full lips"는 안젤리나 졸리의 입술처럼 보기 좋게 적당히 두꺼운 것으로 생각하면 되고, "thick lips"는 만화 "둘리"에 등장하는 "마이콜"처럼 과하게 두꺼운 입술로 보면 돼요.

Gotta Remember
Show'em Who's Boss!

A. Look at the pictures and describe each person's face. (Answers may vary.)

Gillian

Ruth

Megan

Cynthia

(1) Gillian _____.

(2) Ruth _____.

(3) Megan _____.

(4) Cynthia _____.

Jeffrey

Milton

Diego

Jacob

(5) Jeffrey _____.

(6) Milton _____.

(7) Diego _____.

(8) Jacob _____.

B. Answer the question below.

Q: Can you describe your best friend's face?

A: _____.

Jack has a baby face.

Translations & Answers

A. 그림을 보고 각 사람을 자유롭게 묘사해보세요. (정답은 응답자에 따라 다를 수 있음)

(1) → 정답 : Gillian has a slim, upturned nose and full lips.
질리언은 코가 슬림하면서도 살짝 들려 있고, 입술은 도톰해.

(2) → 정답 : Ruth has an oval face and a small nose.
루스는 계란형 얼굴에, 작은 코를 가지고 있어.

(3) → 정답 : Megan has dark brown eyes, thin eyebrows and thick lips.
메건은 암갈색 눈에, 눈썹이 연하고, 입술은 두꺼워.

(4) → 정답 : Cynthia has perfectly straight teeth and a heart-shaped face.
신시아는 치아가 아주 가지런하고, 얼굴은 V라인이야.

(5) → 정답 : Jeffrey has a long face, small eyes and thick black eyebrows.
제프리는 긴 얼굴에, 눈은 작고, 눈썹은 두껍고 진해.

(6) → 정답 : Milton has a round face and a small forehead.
밀턴은 동그란 얼굴에, 이마는 좁아.

(7) → 정답 : Diego has hooded eyes and long eyelashes.
디에고는 눈이 처져 있고, 속눈썹은 길어.

(8) → 정답 : Jacob has round eyes and a broad nose.
제이컵은 눈이 동그랗고, 코가 커.

※ 다음은 치아를 묘사할 때 사용하는 표현들이에요.
  - white teeth   하얀 이
  - straight teeth (= well-aligned teeth)   가지런한 이
  - crooked teeth   들쑥날쑥한 이, 고르지 않은 이
  - buckteeth   뻐드렁니(밖으로 벋은 앞니)
  - protruding tooth (= snaggletooth)   덧니
  - gapped teeth   벌어진 이

※ 치아를 가리키는 표현 중에는 "sweet tooth"와 "wisdom tooth"라는 것도 있어요. 그대로 직역하면 "달콤한 이", "지혜의 이"라는 뜻이 되죠. 이 자체가 달콤하거나 지혜롭진 않겠죠? 실제로 "sweet tooth"는 "단 것을 좋아하는 이"라는 뜻으로, "I have a sweet tooth."라고 하면 "난 단 것을 좋아해."라는 뜻이 돼요. "wisdom tooth"는 "사랑니"라는 뜻으로, 우리나라에서는 사랑을 시작할 나이에 난다고 해서 "사랑니"라고 하지만, 서양에서는 지혜로워지기 시작할 나이에 생긴다고 하여 "wisdom tooth"라고 하죠.

B. 다음 응답은 참고용입니다. 질문에 자유롭게 응답해보세요.

Q: Can you describe your best friend's face?
A: <u>She has a heart-shaped face, blue eyes, long eyelashes, full lips and long, blond hair.</u>

Q: 당신의 절친은 얼굴 생김새가 어떻게 생겼는지 설명해주겠어요?
A: 걘 V라인 얼굴에, 눈은 파랗고, 속눈썹은 길고, 입술은 도톰하고, 머리는 긴 금발이에요.

I'm all ears.

나 잘 듣고 있어.

Gotta Know

A. Use the *Cheat Boxes* to fill in the blanks.

  (1) It's written all _____ your face.

  (2) It's easy on the eye(s).

  (3) I can see it in your eyes.

  (4) Keep an eye _____ her. She's dangerous.

  (5) Keep your nose _____ my business.

  (6) He has a potty mouth. (= He uses foul language.)

  (7) She has a _____ mouth.

  (8) I put my foot _____ my mouth.

  (9) I'm all ears.

(10) My ears are _____.

(11) It's easy on the ear.

(12) Let's just play it _____ ear.

(13) I'll kick your butt.

(14) If this fails, it's on your head.

(15) I need some good ideas. Can I pick your _____?

(16) I'm having a bad _____ day.

(17) Jane is a real pain in the neck.

Cheat Box	
by	in
on	hair
over	brain
motor	out of
burning	

---

(18) I have a _____ in my throat.

(19) Don't talk behind my _____.

(20) My hands are tied.

(21) My hands are full right now.

(22) The situation is getting out of hand.

(23) _____ a leg.

(24) My leg fell _____.

(25) She's just pulling your _____.

(26) It cost me an _____ and a leg to get this car.

(27) I'm _____ thumbs.

(28) Gimme _____.

(29) He gave me the (middle) _____.

(30) I'll keep my fingers crossed for you.

Cheat Box	
all	arm
leg	back
five	frog
shake	asleep
finger	

A. 다음은 신체 각 부위와 관련된 유용한 표현들입니다. Cheat Box 속 표현들로 빈칸을 채워보세요.

(1) 네 얼굴에 온통 (그렇게) 쓰여 있어. / (그건) 다 네 얼굴에 쓰여 있어. → 정답 : over
(2) (그거) 보기 좋네.
(3) (난) 네 눈을 보면 (네 느낌/속셈/생각) 다 알겠어.
(4) 그녀를 잘 감시해. 그녀는 위험한 사람이야. → 정답 : on
(5) 내 일에 참견 마. → 정답 : out of
(6) 걘 입이 거칠어.
(7) 걘 쉴새 없이 말해. / 걘 입에 모터 달렸어. → 정답 : motor
(8) 내가 말실수를 했네. / 내가 실언을 했네. → 정답 : in
(9) 나 잘 듣고 있어. / 나 경청하고 있어.
(10) 나 귀 간지러워. (누가 내 욕하나 봐.) → 정답 : burning
(11) (그거) 듣기 좋네. / (그거) 솔깃하네.
(12) (그건) 그냥 되는 대로 하자. / (그건) 그냥 상황 봐 가며 처리하자. → 정답 : by
(13) 너 가만 안 둘 줄 알아.
(14) 이거 실패하면 네 책임이야.
(15) 좋은 아이디어가 좀 필요해. 머리 좀 빌려줘. → 정답 : brain
(16) 오늘은 만사가 잘 안 풀리는 날이야. / 일진이 정말 안 좋아. → 정답 : hair
(17) 제인은 진짜 골칫거리야. / 제인은 정말 짜증 나.
(18) 나 목이 잠겼어. → 정답 : frog
(19) 내 험담 하지 마. → 정답 : back
(20) 나 너무 바빠.
(21) 나 지금은 너무 바빠. / 지금은 받을 손이 없어.
(22) 상황이 걷잡을 수 없이 커지고 있어.
(23) 빨리빨리 해. / 빨리 서둘러. → 정답 : Shake
(24) 나 다리 저려. → 정답 : asleep
(25) 걘 그냥 농담하는 거야. / 걘 그냥 너 놀리는 거야. → 정답 : leg
(26) 이 차 사는 데 돈 엄청 깨졌어. → 정답 : arm
(27) 난 손재주가 없어. → 정답 : all
(28) 하이파이브 (하자)! → 정답 : five
(29) 걔가 나에게 가운뎃손가락으로 욕했어. → 정답 : finger
(30) 행운을 빌어.

Tip 1) "Gimme five! (하이파이브 하자!)"는 "Give me five!"를 소리 나는 대로 표현한 거예요. 여기서 말하는 "five"는 "five fingers"를 뜻하죠.

2) "give ... the finger"은 "누군가에게 손가락을 주다"라는 뜻인데, 여기서 "the finger"은 "the middle finger"을 가리켜요. 어떤 동작인지 아시겠죠? 주로 "middle"을 생략하지 않고 "the middle finger"이라고 표현하지만 가끔 그냥 "the finger"이라고도 한답니다. 참고로, 사진 찍을 때 주로 취하는 V 사인은 "승리(victory)"의 "V"를 의미하지만 이러한 모양으로 손등을 상대방에게 향하게 하면 가운뎃손가락으로 욕하는 것과 동일한 파장을 불러일으킬 수 있으니 주의하세요.

Gotta Remember
Show'em Who's Boss!

A. Complete the dialogues using what we have learned today.

(1) A: What do you want to have for dinner?
    B: I don't want to think about it right now. Let's just play it _____.

(2) A: What are you doing?
    B: Keep your nose _____.

(3) A: This should work.
    B: Okay, but if it fails, it's on your _____.

(4) A: Are you free right now?
    B: No, my _____ are full. Why don't you come back later this afternoon?

(5) A: It cost me an arm and _____ to get this car.
    B: Was it worth it?
    A: You know it was.

(6) A: Don't _____ my back.
    B: Me? I always say good things about you.
    A: Yeah, I bet.

(7) A: She never stops talking.
    B: She has a _____.

(8) A: Does it show that I like her?
    B: Yes, it does. It's written _____.

(9) A: I'm so worried about my job interview tomorrow!
    B: Don't worry, you can do it! I'll keep my fingers _____ for you!

B. Answer the question below.

Q: Have you ever bought something that cost you "an arm and a leg"?
   If so, what was it? Was it worth the money?
A: _____.

Translations & Answers

A. 알맞은 표현으로 다음 각 대화문을 완성해보세요.

(1) A: 저녁때 뭐 먹고 싶어?
    B: 지금은 그거 생각하고 싶지 않아. 그냥 봐서 정하자.   → 정답 : by ear

(2) A: 너 뭐 해?
    B: 내 일에 참견 마.   → 정답 : out of my business

(3) A: 이거 분명 효과가 있을 거야.
    B: 좋아. 하지만 실패하면 네 책임이야.   → 정답 : head

(4) A: 너 지금 시간 돼?
    B: 아니, 지금은 너무 바빠. 이따 오후에 다시 오는 게 어때?   → 정답 : hands

(5) A: 이 차 사는 데 돈 엄청 깨졌어.
    B: 그럴만한 가치는 있었어?
    A: 당연하지.   → 정답 : a leg

(6) A: 내 험담 하지 마.
    B: 내가? 난 항상 네 칭찬만 하고 다녀.
    A: 네가 퍽이나 그러겠다.   → 정답 : talk behind

(7) A: 걘 쉴새 없이 말해.
    B: 걔 입에 모터 달렸잖아.   → 정답 : motor mouth

(8) A: 내가 그녈 좋아하는 게 티 나?
    B: 응. 얼굴만 봐도 딱 알겠어.   → 정답 : all over your face

(9) A: 내일 면접이 너무 걱정이야!
    B: 걱정하지 마. 넌 할 수 있어. 내가 행운을 빌어줄게.   → 정답 : crossed

B. 다음 응답은 참고용입니다. 질문에 자유롭게 응답해보세요.

Q: Have you ever bought something that cost you "an arm and a leg"?
   If so, what was it? Was it worth the money?

A: I bought a very expensive watch. I think I paid over 5,000 dollars,
   but it's so heavy that I rarely wear it. I feel like an idiot now.

   Q: 당신은 어마어마한 돈을 주고 무언가를 산 적이 있나요?
      있다면, 그것은 무엇이었나요? 그만한 가치가 있었나요?

   A: 아주 비싼 시계를 하나 샀어요. 5천 달러 넘게 주고 산 거 같은데,
      너무 무거워서 거의 안 차고 다녀요. 참 바보 같다는 생각이 드네요.

053 I sprained my wrist.

나 손목 삐었어.

Gotta Know

A. Use the *Cheat Box* to fill in the blanks.

(1) A: My gums are _____ again.
B: Again? Call your dentist and make an appointment with him right away.

(2) A: Why are you limping? Are you hurt?
B: I just _____ my ankle.

(3) A: I fell off my chair.
B: Are you okay?
A: Yeah, just _____ my butt.

(4) A: I fell down the stairs and
_____ my tailbone.
B: Ouch!
A: Yeah.

Cheat Box
broke
bruised
twisted
bleeding

B. Let's look at the example and make sentences accordingly.

ex) sprain / wrist / bowling → I sprained my wrist (while) bowling.

(1) sprain / ankle / falling down the stairs
→ _____.

(2) sprain / big toe / kicking the door → _____.

(3) twist / back / playing basketball → _____.

(4) twist / ankle / jogging → _____.

(5) pull / hamstring / playing soccer → _____.

(6) bruise / knee / sleeping → _____.

(7) bruise / forehead / bumping into someone
→ _____.

(8) break / arm / skiing → _____.

(9) break / leg / rolling down a hill → _____.

A. Cheat Box 속 표현들로 빈칸을 채워보세요.

(1) A: 나 또 잇몸에서 피 나.
  B: 또? 치과에 전화해서 당장 진료 예약 잡아.

→ 정답 : bleeding

(2) A: 너 왜 절뚝거려? 다쳤어?
  B: 방금 발목을 삐었어.

→ 정답 : twisted

(3) A: 나 의자에서 떨어졌어.
  B: 괜찮아?
  A: 응. 그냥 엉덩이에 멍이 들었을 뿐이야.

→ 정답 : bruised

(4) A: 나 계단에서 넘어져서 꼬리뼈 부러졌어.
  B: 아팠겠다!
  A: 응.

→ 정답 : broke

Tip 1) 영어로 "삐다", "접질리다"라고 표현할 때는 "sprain" 또는 "twist"를 사용해요. "twist"가
     살짝 접질린 것이라면, "sprain"은 심하게 삔 것을 말하죠.

B. 보기를 참고로 하여 문장들을 만들어봅시다.

ex) 나 볼링 치다가 손목 삐었어.

(1) → 정답 : I sprained my ankle (while) falling down the stairs.
      나 계단에서 넘어져서 발목 삐었어.

(2) → 정답 : I sprained my big toe (while) kicking the door.
      나 문을 발로 차다가 엄지발가락 삐었어.

(3) → 정답 : I twisted my back (while) playing basketball.
      나 농구 하다가 허리 접질렸어.

(4) → 정답 : I twisted my ankle (while) jogging.
      나 조깅하다가 발목 접질렸어.

(5) → 정답 : I pulled my hamstring (while) playing soccer.
      나 축구 하다가 햄스트링이 늘어났어.

(6) → 정답 : I bruised my knee (while) sleeping.
      나 잠자다가 무릎에 멍이 들었어.

(7) → 정답 : I bruised my forehead (while) bumping into someone.
      나 누구랑 부딪혀서 이마에 멍이 들었어.

(8) → 정답 : I broke my arm (while) skiing.
      나 스키 타다가 팔 부러졌어.

(9) → 정답 : I broke my leg (while) rolling down a hill.
      나 언덕에서 굴러서 다리 부러졌어.

A. Complete the dialogues. (Some answers may vary.)

(1) A: I _____ my arm.
   B: What happened?
   A: Who knows? I bruise easily. Just bumping into someone can give me a bruise.

(2) A: I _____ my ankle jogging.
   B: It's a really common injury for joggers. That's why I told you to watch out when jogging.

(3) A: Is your nose _____?
   B: I'm always getting nosebleeds.

(4) A: I _____ my groin muscle while running.
   B: I guess you won't be running for a while.

(5) A: I _____ my ankle jumping out from the second floor.
   B: Why did you jump out from the second floor? What on earth were you doing?

(6) A: Where are you hurt?
   B: My right ankle. I _____ it while playing tennis.
   A: That must've hurt a lot.
   B: Yup!

B. Answer the questions below.

(1) Q: Have you ever sprained your ankle or wrist? If so, how?
   A: _____
   _____.

(2) Q: Have you ever broken a bone? If so, how?
   A: _____
   _____.

Translations & Answers

A. 알맞은 표현으로 다음 각 대화문을 완성해보세요. (일부 정답은 응답자에 따라 다를 수 있음)

(1) A: 나 팔에 멍들었어. → 정답 : bruised
   B: 어쩌다가?
   A: 난들 알겠어? 난 원래 멍이 잘 들어서 누구랑 살짝만
      부딪혀도 이래.

(2) A: 나 조깅하다가 발목을 삐었어. → 정답 : sprained
   B: 그건 조깅하는 사람들에게 아주 흔한 부상이야.   / twisted
      그래서 내가 조깅할 때 조심하랬잖아.

(3) A: 너 코피 나는 거야? → 정답 : bleeding
   B: 나 맨날 코피 나.

(4) A: 나 달리기하다가 사타구니 근육 다쳤어. → 정답 : pulled
   B: 당분간 달리기는 안 하겠군.

(5) A: 나 2층에서 뛰어내리다가 발목 부러졌어. → 정답 : broke
   B: 2층에선 왜 뛰어내린 거야? 대체 뭘 하고 있었길래?

(6) A: 너 어디 다쳤어? → 정답 : twisted
   B: 오른쪽 발목. 테니스 칠 때 접질렸어.   / sprained
   A: 엄청 아팠겠네.
   B: 응!

※ "~에 멍이 들다", "~에 타박상을 입다"라고 말할 때는 다음과 같이 표현할 수 있어요.
   ex) I bruised my big toe.   나 엄지발가락에 멍들었어.
      = My big toe got bruised.
      = I got my big toe bruised.

※ "bruise"는 "멍"이라는 뜻의 명사로도 쓰여요.
   ex) I have a huge bruise on my knee.   나 무릎에 멍이 크게 들었어.
   ex) She punched me and it left a bruise. 걔가 날 주먹으로 쳐서 멍이 생겼어.

B. 다음 응답들은 참고용입니다. 각 질문에 자유롭게 응답해보세요.

(1) Q: Have you ever sprained your ankle or wrist? If so, how?
   A: I've had several ankle sprains since I usually wear heels to work.
      Q: 당신은 발목이나 손목을 삔 적이 있나요? 있다면, 어쩌다가 삐었죠?
      A: 전 보통 회사에 힐을 신고 다녀서, 발목을 여러 번 삔 적이 있어요.

(2) Q: Have you ever broken a bone? If so, how?
   A: I once fell down the stairs and broke my right arm
      while playing with my friend.
      Q: 당신은 뼈가 부러진 적이 있나요? 있다면, 어쩌다가 부러졌죠?
      A: 친구랑 장난치다가 계단에서 넘어져서 오른쪽 팔이 한 번 부러진 적이 있어요.

My feet are swollen.
나 발이 부었어.

A. Use the *Cheat Boxes* to fill in the blanks.

(1) My head is spinning.
(2) My head is throbbing.
(3) My headache is _____ me.
(4) My cough is _____ me up at night.
(5) My feet are swollen.
(6) My eye is twitching.
(7) My eyes are very puffy.
(8) My nose is _____ like a faucet.
(9) My lower back _____.
(10) My back _____ out.
(11) I can't swallow anything.
(12) I can't _____ hiccuping.
(13) I feel dizzy.
(14) I feel lightheaded.
(15) I feel _____ all over (my body).
(16) I feel like _____ up.
　　　(= I feel like vomiting. = I feel like puking.)
(17) I cut my finger.
(18) I jumped off something and landed _____.

Cheat Box	
achy	stop
went	aches
funny	keeping
killing	running
throwing	

(19) I think I'm _____ down with something.
(20) I'm _____ off a bad cough.
(21) I'm running a fever of 102 degrees.
(22) I'm getting _____.
(23) I get _____ sickness easily.
(24) I have a _____ knee.
(25) I have eczema on my palms.
(26) I have _____ eye after visiting the swimming pool.
(27) I have a stitch in my side from this morning.
(28) I have a cramp in my neck.
(29) He has real serious athlete's _____.
(30) He has a severe _____ tremor.
(31) My family has a _____ of diabetes.

Cheat Box
bum
foot
hand
pink
coming
motion
carsick
history
fighting

A. 다음은 몸의 이상과 관련된 유용한 표현들입니다. Cheat Box 속 표현들로 빈칸을 채워보세요.

(1) 나 머리가 빙글빙글 돌아.

(2) 나 머리가 지끈거려.

(3) 나 두통 때문에 죽겠어. / 나 머리가 아파서 죽겠어.   → 정답 : killing

(4) (난) 기침 때문에 (요즘) 밤에 잠을 잘 못 자.   → 정답 : keeping

(5) 나 발이 부었어.

(6) 나 눈에서 경련이 일어나.

(7) 나 눈이 많이 부었어.

(8) 나 수도꼭지를 틀어놓은 것처럼 코가 계속 나와.   → 정답 : running

(9) 나 허리 아파.   → 정답 : aches

(10) 나 허리 삐었어.   → 정답 : went

(11) 나 아무것도 못 삼키겠어.

(12) 나 딸꾹질이 멈추질 않아.   → 정답 : stop

(13) 나 어지러워.

(14) 나 어지러워서 쓰러질 것 같아. / 나 빈혈기가 좀 있어.

(15) 나 온몸이 쑤셔.   → 정답 : achy

(16) 나 토하고 싶어.   → 정답 : throwing

(17) 나 손가락 베었어.

(18) 나 어디서 뛰어내리다가 착지할 때 발을 잘못 디뎠어.   → 정답 : funny

(19) (나) 왠지 몸이 좀 안 좋은 것 같아.   → 정답 : coming

(20) 나 기침이 심해서 엄청 고생하고 있어.   → 정답 : fighting

(21) 나 열이 39도(화씨 102도)야.

(22) 슬슬 (차)멀미가 나네. / (차)멀미가 나기 시작하네.   → 정답 : carsick

(23) 난 멀미를 자주 해.   → 정답 : motion

(24) 나 원래 한쪽 무릎이 좀 안 좋아.   → 정답 : bum

(25) 나 손바닥에 습진 생겼어.

(26) 나 수영장 갔다가 유행성 결막염 걸렸어.   → 정답 : pink

(27) 나 아침부터 계속 옆구리가 결려.

(28) 나 목에 쥐 났어.

(29) 걘 무좀이 엄청 심해.   → 정답 : foot

(30) 걘 수전증이 심해.   → 정답 : hand

(31) 우리 집엔 대대로 당뇨병 환자가 많아.   → 정답 : history

 Tip

1) "**come down**"은 내려가다는 뜻이죠? 가끔은 실제로 어느 위치에서 내려간다는 의미 외에도 "컨디션이 내려가다(떨어지다)"라는 의미로 쓰이기도 해서 "**come down with something**"이라고 하면 "어떤 병에 걸리다", "컨디션이 안 좋다"라는 뜻이 된답니다.

2) "**질병 때문에 고생한다**"고 말할 때는 "**I'm suffering from ...**"이라고 표현할 수도 있지만, "질병을 몸에서 몰아내기 위해 싸운다"는 의미에서 "**I'm fighting off ...**", "**I'm fighting with ...**" 또는 "**I'm battling ...**"이라고 표현하기도 해요.

3) "**멀미**"란 주로 차나 배, 비행기 등의 교통수단을 이용했을 때 흔들림으로 인해 속이 매스껍고 어지러워지는 증상을 말하죠. 주로 움직임과 관련되어 있기 때문에 영어로는 "**motion sickness**"라고 하고, 구체적으로는 특정 교통수단의 이름이나 특징을 붙여 "**carsickness(차멀미)**", "**airsickness(비행기 멀미)**", "**seasickness(뱃멀미)**"라고 표현할 수도 있어요.

A. Complete the dialogues using what we have learned today.

(1) A: My feet are _____.
   B: Maybe you walked too much today.
   A: And I shouldn't have worn these high heels.

(2) A: I have _____ on my palms.
   B: I don't get it. You don't even wash the dishes!

(3) A: Are you okay? Why are you limping?
   B: I have _____.

(4) A: Have some more.
   B: I can't. I ate too much. I feel like _____ up now.

(5) A: Are you all right?
   B: Not really. I think I'm _____ with something.

(6) A: I'm getting _____.
   B: Are you okay? Let me roll down the windows,
     so you can get some fresh air.

(7) A: He has real serious _____.
   B: No wonder his feet stink.

(8) A: I _____ all over my body. Feels like someone
     has beaten me so hard.
   B: It wasn't me.

(9) A: Why are you limping?
   B: I _____ after jumping.

B. Rearrange the words to form sentences.

(1) body / feel / over / achy / my / I / all
   → _____.

(2) my / a / faucet / running / like / nose / is
   → _____.

(3) I / coming / something / down / think / I'm / with
   → _____.

(4) fever / I'm / of / running / 102 degrees / a
   → _____.

Translations & Answers

A. 알맞은 표현으로 다음 각 대화문을 완성해보세요.

(1) A: 내 발이 퉁퉁 부었어.
    B: 오늘 너무 많이 걸었나 봐.
    A: 그리고 이렇게 높은 하이힐은 신지 말았어야 했어.
→ 정답 : swollen

(2) A: 나 손바닥에 습진 생겼어.
    B: 이해가 안 되네. 넌 설거지도 안 하잖아!
→ 정답 : eczema

(3) A: 너 괜찮아? 다리는 왜 절어?
    B: 나 원래 한쪽 무릎이 좀 안 좋아.
→ 정답 : a bum knee

(4) A: 좀 더 들어.
    B: 못 먹겠어. 너무 많이 먹었어. 지금 속에서 올라올 것 같아.
→ 정답 : throwing

(5) A: 너 괜찮아?
    B: 아니, 별로 안 괜찮아. 컨디션이 점점 안 좋아지는 것 같아.
→ 정답 : coming down

(6) A: 나 차멀미나.
    B: 괜찮아? 창문 내려줄 테니까 공기 좀 쐐.
→ 정답 : carsick

(7) A: 걘 무좀이 엄청 심해.
    B: 그래서 그렇게 발 냄새가 심하구나.
→ 정답 : athlete's foot

(8) A: 나 온몸이 쑤셔. 자면서 누구에게 얻어맞은 거 같아.
    B: 난 아니야.
→ 정답 : feel achy

(9) A: 너 왜 절뚝거려?
    B: 뛰었다가 착지할 때 발을 잘못 디뎠어.
→ 정답 : landed funny

B. 단어들을 재배열하여 문장을 만들어보세요.

(1) 나 온몸이 쑤셔.
    → 정답 : I feel achy all over my body.

(2) 나 수도꼭지를 틀어놓은 것처럼 코가 계속 나와.
    → 정답 : My nose is running like a faucet.

(3) 나 아무래도 무슨 병에 걸린 것 같아. (몸이 안 좋네.)
    → 정답 : I think I'm coming down with something.

(4) 나 열이 39도(화씨 102도)야.
    → 정답 : I'm running a fever of 102 degrees.

What're your symptoms?

증상이 뭔가요?

Gotta Know

A. Use the *Cheat Boxes* to fill in the blanks.

(1) I had a stomachache all week, so I went to the doctor.

(2) My father went to see a doctor a while ago.

(3) You'd better go _____ your doctor right away.

(4) I'm _____ my way to the E.R.

(5) What symptoms do you have?

(6) What're your _____?

(7) She took the kids to Dr. Smith for a checkup.

(8) How often do you get a physical?

(9) My doctor _____ the wrong diagnosis.

(10) My diagnosis is that you have a cold.

(11) I got my eyes _____ yesterday.

(12) She got an X-ray _____.

(13) Did you get your flu _____?

(14) My mother had an _____ on her heart.

Cheat Box	
on	taken
see	tested
made	symptoms
shot	operation

(15) I've been in and out of the hospital.

(16) She's in the hospital for treatment.

(17) He's being _____ at the hospital.

(18) He was sent to the hospital _____ a heart attack.

(19) Have you ever checked into a hospital?

(20) She went _____ the hospital this morning.

(21) He entered the hospital.

(22) I was _____ for two weeks.

(23) I went to visit my friend in the hospital.

(24) She finally checked out last week.

(25) She was _____ from the hospital this morning.

(26) He's out of the hospital now.

(27) She got out of the hospital in just two days.

(28) Call 911.

(29) Someone please call an ambulance! It's an _____!

Cheat Box
for
into
treated
emergency
discharged
hospitalized

A. 다음은 병원 이용과 관련된 유용한 표현들입니다. Cheat Box 속 표현들로 빈칸을 채워보세요.

(1) 나 일주일 내내 복통에 시달려서 병원에 갔어.

(2) 우리 아버지는 조금 전에 병원에 가셨어.

(3) 너 지금 당장 병원에 가보는 게 좋겠어. → 정답 : see

(4) 나 지금 응급실 가는 길이야. → 정답 : on

(5) 증상이 어때요? / 어떤 증상이 있나요?

(6) 증상이 뭔가요? → 정답 : symptoms

(7) 갠 아이들을 스미스 박사님한테 데려가서 진찰받게 했어.

(8) 넌 검진을 얼마나 자주 받아?

(9) (내) 의사 선생님이 오진했어. → 정답 : made

(10) 제 진단으로는 (당신은) 감기에 걸리신 거 같아요.

(11) 나 어제 시력검사 받았어. → 정답 : tested

(12) 갠 엑스레이를 찍었어. → 정답 : taken

(13) 너 독감 주사 맞았어? → 정답 : shot

(14) 우리 어머니는 심장 수술을 받으셨어. → 정답 : operation

(15) 난 요즘 병원에 들락날락해.

(16) 갠 치료를 받기 위해 병원에 있어.

(17) 갠 병원에서 치료받고 있어. → 정답 : treated

(18) 갠 심장마비로 병원에 실려 갔어. → 정답 : for

(19) 너 병원에 입원해본 적 있어?

(20) 걔 오늘 아침에 (병원에) 입원했어. → 정답 : into

(21) 걔 (병원에) 입원했어.

(22) 난 2주간 입원해 있었어. → 정답 : hospitalized

(23) 난 병원에 있는 친구에게 문병 갔어.

(24) 갠 드디어 지난주에 퇴원했어.

(25) 갠 오늘 아침에 (병원에서) 퇴원했어. → 정답 : discharged

(26) 갠 이제 (병원에서) 퇴원했어.

(27) 갠 겨우 이틀 만에 (병원에서) 퇴원했어.

(28) 911 불러. / 911에 전화해.

(29) 아무나 구급차 좀 불러줘요! 긴급상황이에요! → 정답 : emergency

Tip

1) 미국에서는 자신의 건강 상태를 점검해 주거나 병 또는 다친 부위를 치료해 주는 담당 의사가 있는데 이를 "**주치의(family doctor)**"라고 하며, 보통 미국에서의 진료 예약은 자신의 주치의와 이루어지는 것이 일반적이에요. 그래서 보통 "**병원에 진료받으러 간다**"고 말할 때는 "go (to) see my doctor", "go (to) see his doctor", "go (to) see her doctor"처럼 "나의 의사", "그의 의사", "그녀의 의사"를 만나러 간다고 표현하죠.

2) 병원에서 엑스레이를 찍을 때는 본인이 직접 찍는 게 아니므로 "get an X-ray taken" 또는 "have an X-ray taken"처럼 표현해요. 즉, "누군가에 의해서 엑스레이 찍힘을 당하다"는 뜻이죠. 혈압 및 체온을 재거나 시력 검사를 받는 것도 이처럼 "get/have + (혈압/체온/시력) + p.p." 형태로 표현해요.

3) "checkup"은 "진찰"이라는 뜻으로 쓰일 수도 있고, "검진"이라는 뜻으로 쓰일 수도 있어요.

A. Complete the dialogues. (Some answers may vary.)

(1) A: How often do you _____?
    B: I get one once a year.

(2) A: You sound furious. What's going on?
    B: My doctor _____. What a quack!

(3) A: I got _____ yesterday.
    B: Let me guess, 20/20, right?

(4) A: She _____ to see if any bones were broken.
    B: Well? Were any bones broken?

(5) A: Where're you?
    B: I'm _____ to the hospital.
    A: For what?
    B: I broke my arm.

(6) A: What did you do yesterday?
    B: I went to _____ my friend in the hospital.

(7) A: Have you ever _____ into a hospital?
    B: Yeah, when I broke my leg.

B. Look at the example and make sentences accordingly.

ex) take an X-ray   → I got an X-ray taken.

(1) take my temperature   → _____.
(2) check my blood pressure → _____.
(3) test my eyes   → _____.

Translations & Answers

A. 알맞은 표현으로 다음 각 대화문을 완성해보세요. (일부 정답은 응답자에 따라 다를 수 있음)

(1) A: 넌 검진을 얼마나 자주 받아?   → 정답 : get a physical / get a checkup
    B: 1년에 한 번 받아.

(2) A: 너 엄청 화난 거 같은데.   → 정답 : made the wrong diagnosis
       무슨 일이야?
    B: 의사가 오진했어.
       돌팔이 같으니라고!

(3) A: 나 어제 시력검사 받았어.   → 정답 : my eyes tested / my eyes checked
    B: 맞혀 볼게. 1.0 맞지?   / my vision tested / my vision checked

(4) A: 걘 뼈 부러진 곳은 없는지   → 정답 : got an X-ray taken
       보려고 엑스레이를 찍었어.   / had an X-ray taken
    B: 응? 뼈 부러진 곳 있었어?

(5) A: 너 어디야?   → 정답 : on my way
    B: 병원 가는 길이야.
    A: 거긴 왜?
    B: 팔 부러져서.

(6) A: 너 어제 뭐 했어?   → 정답 : visit
    B: 친구 병문안 갔어.

(7) A: 넌 병원에 입원한 적 있어?   → 정답 : checked
    B: 응, 다리 부러졌을 때.

B. 보기를 참고로 하여 문장들을 만들어보세요.

ex) 엑스레이를 찍다   → 나 엑스레이 찍었어. (← 누군가가 엑스레이를 찍었어.)

(1) 체온을 재다   → 정답 : I got my temperature taken.
                   나 체온 쟀어. (← 누군가가 내 체온을 쟀어.)

(2) 혈압을 재다   → 정답 : I got my blood pressure checked.
                   나 혈압 쟀어. (← 누군가가 내 혈압을 쟀어.)

(3) 시력검사를 하다   → 정답 : I got my eyes tested.
                   나 시력검사 받았어. (← 누군가가 내 시력을 검사했어.)

056 How many kids do you have?
넌 자녀가 몇이야?

A. Let's practice the dialogues. Replace the underlined sentences with the ones in the *Ready-to-Use Boxes*.

(1) A: How many siblings do you have?
B: <u>I have two siblings, one older brother and a younger sister.</u>

Ready-to-Use Box

I don't have any.
I have no siblings.
I have just one, my little sister.
I have a sister and two brothers.
I have three. All of them are sisters.

(2) A: How many kids do you have?
B: <u>I have three kids. One is a boy and the other two are girls.</u>

Ready-to-Use Box

I don't have any.
I have no kids.
I have just one daughter.
I have two. Both of them are girls.

B. Use the *Cheat Box* to fill in the blanks.

(1) I have my mom's nose.
(2) I take _____ my father. (= I look like my father.)
(3) She got that _____ you.
(4) It's in my _____.
(5) It _____ in the family.
(6) My sister and I are two years _____.
(7) She's my soon-to-be bride. (= She's my bride-to-be.)
(8) Like father, like son.
(9) Like two peas in a _____.
(10) Blood is thicker than water.

Cheat Box

pod
from
runs
after
apart
blood

A. Ready-to-Use Box 속 표현들로 밑줄 부분을 바꿔가며 대화문들을 연습해봅시다.

(1) A: 넌 형제자매가
　　 몇이야?

B: 난 형제자매가
　　 둘이야. 오빠(/형)
　　 하나랑 여동생
　　 하나.

I don't have any.	난 (형제자매가) 없어.
I have no siblings.	난 형제자매가 없어.
I have just one, my little sister.	딱 하나, 여동생뿐이야.
I have a sister and two brothers.	자매 하나랑 형제 둘 있어.
I have three. All of them are sisters.	셋인데, 모두 자매야.

(2) A: 넌 자녀가 몇이야?

B: 난 자녀가 셋이야.
　　 하나는 아들이고,
　　 나머지 둘은 딸.

I don't have any.	난 (자녀가) 없어.
I have no kids.	난 자녀가 없어.
I have just one daughter.	난 딸 하나뿐이야.
I have two. Both of them are girls.	둘인데, 모두 딸이야.

Tip

1) "How many siblings do you have?"는 "How many brothers or sisters do you have?" 또는 "How many brothers and sisters do you have?"처럼 표현하기도 해요.

2) 자신보다 어린 동생은 "little sister", "little brother" 또는 "baby sister", "baby brother"이라고 표현하기도 해요. "little"은 그냥 "어린"이라는 뜻이지만, "baby"는 "아기" 또는 "막내"라는 뜻이라서 "baby sister"와 "baby brother"는 각각 "꼬마 여동생", "꼬마 남동생"이라는 의미일 수도 있고, "막내 여동생", "막내 남동생"이라는 의미일 수도 있답니다. 참고로, "sister"은 "sis"로, "brother"은 "bro"로 줄여서 표현하기도 하며, 심지어 "little"마저도 "lil' sis"처럼 어파스트러피를 동반해 축약해서 표현하기도 해요.

3) "kid"와 "child" 모두 "아이"라는 뜻으로, 서로 바꿔 사용할 수 있어요. 하지만 "kid"가 "child"에 비해 약간 더 가볍고 편한 느낌을 주죠. "child"는 "우리 집 아이", "kid"는 "우리 집 애"에 해당한다고 하면 이해가 될까요? 참고로, "kid"의 복수형은 "kids"이지만 "child"의 복수형은 "children"이니 복수 표현 시 유의하세요.

B. 다음은 가족과 관련된 유용한 표현들입니다. Cheat Box 속 표현들로 빈칸을 채워보세요.

(1) 내 코는 우리 엄마 코를 닮았어.
(2) 난 우리 아버지를 닮았어. → 정답 : after
(3) 걘 그거 당신 닮은 거야. / 걘 당신 닮아서 그런 거야. → 정답 : from
(4) (그건) 타고난 거야. / (그건) 집안 내력이야. / (그건) 우리 집 전통이야. → 정답 : blood
(5) (그건) 집안 내력이야. → 정답 : runs
(6) 내 여동생(/언니/누나)과 난 두 살 차이야. → 정답 : apart
(7) 그녀는 곧 내 신부가 될 사람이야.
(8) 그 아버지에 그 아들이네. / 부전자전이라니까.
(9) 붕어빵이네. / 완전 똑같이 생겼네. → 정답 : pod
(10) 피는 물보다 진한법이야.

Tip

4) 아직 이루어지진 않았으나 곧 이루어질 관계 또는 신분을 말할 때는 "soon-to-be"라는 표현을 사용해요. 이는 곧 어떤 관계나 신분이 될 것이라는 의미를 가진 형용사로, 예를 들어, "soon-to-be dad"라고 하면 "곧 아빠가 될 사람"이라는 뜻이 된답니다. 또는 "bride-to-be"처럼 관계나 신분을 나타내는 명사 뒤에 간단히 "-to-be"만 붙여도 비슷한 의미가 돼요.

Gotta Remember
Show'em Who's Boss!

A. Complete the dialogues.

(1) A: I wonder why he's not smart like you.
B: He _____ after you. That's why.

(2) A: Why is she stubborn like that?
B: She _____ from you.

(3) A: She's my _____ bride.
B: Wow, you're damn lucky.

(4) A: I _____ my mom's nose.
B: Too bad you don't look more like her.

(5) A: Look at him sleep.
B: Like father, _____.

(6) A: Why is everyone in your family so stubborn?
B: What can I say? It runs _____.

(7) A: Look at them.
B: I know. They're _____ in a pod.

(8) A: How old is your older sister?
B: She's 25. We're two _____.

B. Answer the questions below.

(1) Q: How many siblings do you have?
A: _____.

(2) Q: Do you have any children?
A: _____.

Translations & Answers

A. 알맞은 표현으로 다음 각 대화문을 완성해보세요.

(1) A: 쟤는 왜 당신만큼 공부를 못하는 거지?
   B: 당신 닮았으니 그렇죠, 뭐.

   → 정답 : takes

(2) A: 쟨 누굴 닮아서 저렇게 고집이 세?
   B: 당신 닮아서 그런 거야.

   → 정답 : got that
           / gets that

(3) A: 그녀는 곧 내 신부가 될 사람이야.
   B: 와, 넌 진짜 복도 지지리도 많네.

   → 정답 : soon-to-be

(4) A: 내 코는 우리 엄마 코를 닮았어.
   B: 다른 곳도 닮지 그랬냐.

   → 정답 : have

(5) A: 쟤 자는 것 좀 봐.
   B: 어쩜 저렇게 아빠랑 똑같니.

   → 정답 : like son

(6) A: 너희 집 사람들은 왜 하나같이 고집불통이야?
   B: 어쩌겠어? 집안 내력인걸.

   → 정답 : in the family

(7) A: 쟤네 좀 봐.
   B: 그러게. 완전 똑같이 생겼네.

   → 정답 : like two peas

(8) A: 네 언니는 몇 살이야?
   B: 스물다섯이야. 우린 두 살 차이 나.

   → 정답 : years apart

B. 다음 응답들은 참고용입니다. 각 질문에 자유롭게 응답해보세요.

(1) Q: How many siblings do you have?
   A: I have three brothers. I'm the only daughter and the youngest.

   Q: 당신은 형제자매가 몇인가요?
   A: 오빠만 셋이에요. 전 고명딸(유일한 딸)이자 막내죠.

(2) Q: Do you have any children?
   A: Not yet.

   Q: 당신은 자녀가 있나요?
   A: 아직은 없어요.

우리 남편은 집에서 일해.

Gotta Know

A. Use the *Cheat Box* to fill in the blanks.

(1) I'm a computer programmer at Good Software.
(2) I work at a small company.
(3) My husband works _____ home.
(4) He works for a foreign company.
(5) He works for the city _____ a police officer.
(6) He works in the construction industry.
     (= He works in construction.)
(7) My job pays pretty well.
(8) My job is killing me.
(9) It pays _____ money.
(10) I had to work _____.
(11) I work part-time.
(12) I don't work tomorrow.
(13) I called in _____ today.
(14) I have the day off tomorrow. (= Tomorrow is my day off.)

Cheat Box
as
out
from
good
sick
stuck
between
commute
overtime
promoted

(15) I have my own business.
(16) I'm _____ jobs.
(17) I'm looking for a job now.
(18) It's hard to get a job these days.
(19) I have a job interview tomorrow.
(20) I'm not cut _____ for this job.
(21) I got fired.
(22) I got _____ yesterday.
(23) I'm retired.
(24) I hate my boss.
(25) My boss is driving me crazy.
(26) I'm _____ at work.
(27) I was late for work.
(28) How long is your _____?

A. 다음은 직업과 관련된 유용한 표현들입니다. Cheat Box 속 표현들로 빈칸을 채워보세요.

(1) 난 컴퓨터 프로그래머야. "굿 소프트웨어"에 다녀.
(2) 난 작은 회사에 다녀.
(3) 우리 남편은 집에서 일해. → 정답 : from
(4) 걘 외국계 회사에서 일해.
(5) 걘 시 정부를 위해 경찰 일을 하고 있어. → 정답 : as
(6) 걘 건설업에 종사해.
(7) 내 직업은 연봉이 꽤 세.
(8) 나 직장 때문에 죽을 지경이야.
(9) 거긴 돈을 많이 줘. → 정답 : good
(10) 나 야근해야 했어. → 정답 : overtime
(11) 나 파트타임으로 일해.
(12) 나 내일 일 안 해. / 나 내일 일 없어.
(13) 나 오늘 병가 냈어. → 정답 : sick
(14) 나 내일 쉬는 날이야. / 나 내일 비번이야. / 나 내일 휴가야.
(15) 난 사업을 해. / 난 자영업자야.
(16) 난 쉬면서 다른 일자리 알아보고 있어. → 정답 : between
(17) 난 지금 직장을 구하고 있어.
(18) 요즘엔 직장을 구하기가 어려워.
(19) 나 내일 (구직)면접 있어.
(20) 난 이 일에 (적성에) 안 맞아. → 정답 : out
(21) 나 잘렸어. / 나 해고됐어.
(22) 나 어제 승진했어. → 정답 : promoted
(23) 난 은퇴했어.
(24) 난 내 상사가 엄청 싫어. / 난 우리 사장이 엄청 싫어.
(25) 나 상사 때문에 미쳐버리겠어. / 나 우리 사장 때문에 미치겠어.
(26) 나 지금 꼼짝 못 하고 일하고 있어. → 정답 : stuck
(27) 나 회사에 늦었어.
(28) 넌 통근 시간이 얼마나 걸려? → 정답 : commute

Tip

1) 어디서 일하는지 물을 때는 "Where do you work?"라고 표현해요. 이에 응답할 때는 "work at"을 사용하기도 하고, "work for"를 사용하기도 하는데, "work for" 뒤에는 장소 외에도 사람이나 목적, 일의 결과물 등이 등장하기도 하죠. 그 외에도 어떤 분야에서 일한다고 말할 때는 "work in"을 사용해요.

2) "재택근무"는 집에서 일한다는 의미라서 "난 재택근무해."라고 말하려면 "I work at home."이라고 표현하면 돼요. 하지만, 이보다 "I work from home."이라고 표현하는 게 훨씬 더 일반적이랍니다.

3) "good money"는 "좋은 돈"이라는 뜻이 아니라 **상당한 돈**, **많은 보수**, **좋은 벌이**를 뜻하는 표현이에요. "decent money", "okay money", "a good wage", 또는 "a good living"이라고 표현하기도 하죠.

4) "call in sick"은 말 그대로 "아파서(in sick) 전화를 걸어(call) 회사에 못 나가겠다고 알리는 것", 즉 "(전화로) 병가를 내다"라는 뜻이에요.

Gotta Remember
Show 'em Who's Boss!

A. Circle the correct answers.

(1) My little brother is a doctor. He works (at / **for**) my father.

(2) Janet works (**at** / by) a bank. She's a teller.

(3) He works (**for** / in) Samsung.

(4) She works (**at** / from) a hospital as a physical therapist.

(5) I work (**for** / on) a law firm on the second floor.

(6) She's an English teacher (**at** / for) Dream High School.

B. Complete the dialogues. (Some answers may vary.)

(1) A: What have you been doing lately?
B: I'm _____ jobs. Right now I'm looking for something I can make into a career.

(2) A: I'm not _____ this job.
B: Then stop wasting your time and find a new one!

(3) A: Are you working tomorrow?
B: No, I have _____ tomorrow.

(4) A: How long is your commute?
B: I _____ home.
A: Really? That's great.

(5) A: Is it okay to _____ today?
B: Sure, go ahead. Hope you feel better soon.

(6) A: What's wrong? You look stressed.
B: It's my boss. He's _____ me crazy.
A: Why?
B: He's picking on me all the time.

C. Answer the question below.

Q: Where do you work?
A: _____ .

Translations & Answers

A. 괄호 속 표현 중 각 문장에 올바른 것을 골라보세요.

(1) 내 남동생은 의사야. 아버지 밑에서 일해. → 정답 : for
(2) 재닛은 은행에서 일해. 걘 은행원이야. → 정답 : at
(3) 걘 삼성에서 일해. → 정답 : for
(4) 걘 병원에서 물리 치료사로 일해. → 정답 : at
(5) 난 2층에 있는 법률회사에서 일해. → 정답 : for
(6) 걘 드림 고등학교의 영어 교사야. → 정답 : at

B. 알맞은 표현으로 다음 각 대화문을 완성해보세요. (일부 정답은 응답자에 따라 다를 수 있음)

(1) A: 너 요즘 뭐 하며 지내? → 정답 : between
 B: 일 안 하고 쉬고 있어. 지금은 경력에 도움이
  될 만한 일을 찾는 중이야.

(2) A: 이 일은 나한테 안 맞는 거 같아. → 정답 : cut out for
 B: 그럼 시간 낭비 그만하고 빨리 딴 직장 알아봐!

(3) A: 너 내일 일해? → 정답 : the day off
 B: 아니, 나 내일 쉬는 날이야.

(4) A: 너 출퇴근 시간 얼마나 걸려? → 정답 : work from
 B: 난 집에서 일해.   / work at
 A: 정말? 진짜 좋겠다.

(5) A: [전화상으로] 오늘 병가 내도 될까요? → 정답 : call in sick
 B: 네, 그렇게 해요. 빨리 나으시고요.

(6) A: 무슨 일이야? 너 스트레스 받은 것 같아. → 정답 : driving
 B: 내 상사 때문에. 그 사람 때문에 미쳐버리겠어.
 A: 왜?
 B: 맨날 괴롭혀.

C. 다음 응답은 참고용입니다. 질문에 자유롭게 응답해보세요.

Q: Where do you work?   Q: 당신은 어디서 일하나요?
A: I work for a trading company.   A: 전 무역회사 다녀요.

Wish me luck.

행운을 빌어 줘.

A. Let's practice the dialogues using the given information.

A: What do you hope to be?
B: I hope to be <u>a vet</u>.

① model

A: I wish I **were** <u>a pilot</u>.
B: What would you do
   if you were?

② sorcerer

B. Use the *Cheat Box* to fill in the blanks.

(1) You wish!
(2) I will do _____ you wish.
(3) You can do whatever you wish.
(4) I have everything I could wish _____.
(5) Be _____ what you wish for.
(6) I wish to travel abroad.
(7) Wish me _____.
(8) I wish you the very best of luck.
(9) _____ a wish.
(10) I _____ my wish. (= My wish came true.)
(11) I hope all your wishes _____ true.
(12) I have no wish to sell my car.
(13) I _____ against my parents' wishes.
(14) Your wish is my _____.
(15) He sends you his _____ wishes.
(16) Best wishes!

Cheat Box		
as	best	make
for	come	went
got	luck	careful
		command

A. 주어진 정보를 이용해 다음 대화문들을 연습해봅시다.

수의사	A: 넌 어떤 사람이 되고 싶어? B: 난 수의사가 되고 싶어.	→	① 모델
파일럿	A: 난 내가 파일럿이면 좋겠어. B: 그러면 어쩔 건데?	→	② (남자) 마법사

Tip

1) 가능성을 따지지 않고 그냥 어떠한 사람이 되길 원한다고 말할 때는 "I want to be …", 되고 싶긴 하지만 가능성이 희박하거나 아예 불가능할 경우엔 "I wish I could be …", 되길 원하고, 또 언젠가는 꼭 그런 사람이 되고 싶다고 말할 때는 "I hope to be …" 라고 표현해요.

2) "I wish …" 뒤에는 과거 시제가 등장하는데, 그래서 이를 문법적으로 "**가정법 과거**" 라고 해요. 가정법 과거는 현재 사실의 반대 상황을 가정하는 것으로, 지금은 그렇지 못함을 아쉬워하는 느낌을 준답니다. 가정법 과거에서 특이한 점이 한 가지 있다면, be동사를 모두 "**were**"로 표현하는 것인데, 대화 시에는 이런 문법 규칙을 무시하고 그냥 "**was**"로 표현하는 경우도 자주 있어요.

ex) I wish I were handsome.   (내가) 잘생겼으면 좋을 텐데.
ex) I wish you were here.   네가 여기 있으면 좋으련만.
ex) I wish I knew.   내가 알면 좋을 텐데.
ex) I wish I had time.   내게 시간이 있으면 좋을 텐데.

B. 다음은 "wish"를 이용한 유용한 표현들입니다. Cheat Box 속 표현들로 빈칸을 채워보세요.

(1) 꿈 깨! / 됐거든! / 네 바람이겠지!
(2) 네가 바라는 대로 할게.   → 정답 : as
(3) 넌 하고 싶은 건 뭐든 해도 돼. / 뭐든 너 하고 싶은 거 해.
(4) 난 내가 바랄 수 있는 건 다 가졌어. / 난 원하는 건 다 가졌어.   → 정답 : for
(5) (원하지 않은 결과가 나올 수도 있으니) 소원 신중히 빌어.
    / 말이 씨가 되니 말조심해.   → 정답 : careful
(6) 나 해외여행 가고 싶어.
(7) 행운을 빌어 줘.   → 정답 : luck
(8) 아무쪼록 행운을 빌어.
(9) 소원을 빌어.   → 정답 : Make
(10) 내 소원이 이루어졌어.   → 정답 : got
(11) 네 모든 소원이 다 이루어지길 바라.   → 정답 : come
(12) 난 내 차 팔 마음(의도) 없어.
(13) 난 부모님의 기대(바람)를 저버렸어.   → 정답 : went
(14) 분부대로 합죠.   → 정답 : command
(15) 그가 행운을 빈다고 전해 달래.   → 정답 : best
(16) 행운을 빌어! / 좋은 일만 가득하길! / 행복이 넘치길! / 늘 건강하길!

A. Circle the correct answers.

(1) I (hope / wish) I get smarter.

(2) I (hope / wish) I were rich.

(3) I (hope / wish) I could tell the future.

(4) I (hope / wish) you can come, too.

(5) I (hope / wish) today were Friday.

(6) I (hope / wish) this all works out.

B. Complete the dialogues.

(1) A: So, you have a job interview tomorrow, right?
B: Yep. _____.
A: Good luck.
B: Thanks.

(2) A: Come back when you're done.
B: Your wish is _____.

(3) A: Do you think I have a chance with her?
B: _____!

(4) A: What should I do?
B: Doesn't matter. Do _____.

(5) A: Why are you so chipper?
B: All my wishes _____.

(6) A: I wish I could live in the limelight.
B: Be careful _____.

(7) A: I _____.
B: What was that?
A: Not having the exam today.
B: Oh, you don't have the exam today?
A: No, it's a snow day.
B: You are super lucky!
A: You know it.

Translations & Answers

A. 괄호 속 표현 중 각 문장에 올바른 것을 골라보세요.

(1) 난 내가 더 똑똑해지면 좋겠어. / 내가 더 똑똑해져야 할 텐데.　　→ 정답 : hope
(2) (내가) 부유하면 좋을 텐데.　　→ 정답 : wish
(3) (내가) 미래를 알 수 있다면 좋을 텐데.　　→ 정답 : wish
(4) 너도 올 수 있으면 좋겠네.　　→ 정답 : hope
(5) 오늘이 금요일이라면 좋을 텐데.　　→ 정답 : wish
(6) 이 모든 게 잘 풀려야 할 텐데. / 이 모든 게 효과가 있어야 할 텐데.　　→ 정답 : hope

B. 알맞은 표현으로 다음 각 대화문을 완성해보세요.

(1) A: 그래서, 내일 (구직)면접 있는 거 맞지?　　→ 정답 : Wish me luck
　　B: 응. 행운을 빌어 줘.
　　A: 행운을 빌어.
　　B: 고마워.

(2) A: 일 끝나면 다시 와.　　→ 정답 : my command
　　B: 분부대로 합죠.

(3) A: 내가 걔랑 잘될 가능성이 있을까?　　→ 정답 : You wish
　　B: 꿈 깨!

(4) A: 나 어쩌면 좋을까?　　→ 정답 : as you wish
　　B: 난 상관 안 해. 너 하고 싶은 대로 해.

(5) A: 왜 그렇게 기분이 좋아?　　→ 정답 : came true
　　B: 내 모든 소원이 다 이루어졌거든.

(6) A: 주목받는 인생을 살 수 있으면 좋을 텐데.　　→ 정답 : what you wish for
　　B: 너 그러다 안 좋은 쪽으로 주목받게 되면
　　　어쩌려고 그래?

(7) A: 드디어 내 소원이 이루어졌어.　　→ 정답 : got my wish
　　B: 그게 뭐였는데?
　　A: 시험 안 치게 해달라는 거.
　　B: 오, 너 오늘 시험 안 쳐?
　　A: 응. 오늘 눈이 많이 와서 휴교 됐거든.
　　B: 너 운 열라 좋네.
　　A: 내가 운이 좀 좋지.

※ "snow day"는 "눈이 오는 날(snowy day)"이 아니라 "눈이 많이 와서 임시로 쉬는 날"을 말해요.

059 Where is the dairy section?

유제품 코너가 어디죠?

Gotta Know

A. Let's practice the dialogues. Replace the underlined sentences with the ones in the *Ready-to-Use Boxes*.

(1) A: <u>Can you tell me where the dairy section is?</u>
    B: That would be aisle 13.

Ready-to-Use Box
Where is the dairy section?
Do you know where the dairy section is?
Which way is it to the dairy section?
Point me toward the dairy section, please.
I'm looking for the dairy section.

(2) A: Excuse me, where's the seafood section?
    B: <u>It's in aisle two.</u>
    A: Thanks.

Ready-to-Use Box
It's right over there.
It's right next to the meat department.
It's close to the deli section.
It's nearby the main entrance.
That would be aisle two.
You'll find it in aisle two.
Aisle two is where you'll find the seafood.

B. Let's look at the examples and change the sentences accordingly.

ex1) What time is it?   → Do you know what time it is?
ex2) Where does she work?   → Do you know where she works?

(1) What is his name?   → _____?
(2) How old is he?   → _____?
(3) Who is she?   → _____?
(4) Where does he live?   → _____?
(5) How much is this?   → _____?
(6) When is she coming back?   → _____?

A. Ready-to-Use Box 속 표현들로 밑줄 부분을 바꿔가며 대화문들을 연습해봅시다.

(1) A: 유제품 코너가 어디 있는지 좀 알려주실래요?
B: 그건 13번 통로일 거예요.

Where is the dairy section?	유제품 코너가 어디죠?
Do you know where the dairy section is?	유제품 코너가 어디 있는지 아세요?
Which way is it to the dairy section?	유제품 코너로 가려면 어느 쪽으로 가야 하죠?
Point me toward the dairy section, please.	유제품 코너가 어디 있는지 좀 알려주세요.
I'm looking for the dairy section.	유제품 코너를 찾고 있어요.

(2) A: 실례합니다만, 해산물 코너가 어디죠?
B: 2번 통로에 있어요.
A: 고마워요.

It's right over there.	(그건) 바로 저기에 있어요.
It's right next to the meat department.	(그건) 육류제품 코너 바로 옆에 있어요.
It's close to the deli section.	(그건) 조리 음식 코너와 가까운 곳에 있어요.
It's nearby the main entrance.	(그건) 정문 근처에 있어요.
That would be aisle two.	그건 2번 통로일 거예요.
You'll find it in aisle two.	(그건) 2번 통로로 가면 있을 거예요.
Aisle two is where you'll find the seafood.	2번 통로에 가면 해산물이 있을 거예요.

Tip
1) 우리나라에서는 슈퍼마켓이나 마트 내 특정 코너를 그냥 "**코너**"라고 통칭하지만, 실제로 영어권 국가에서는 해당 코너에 진열된 상품에 따라 "**department**", "**section**", "**area**", "**center**", "**aisle**" 등으로 다양하게 불러요.

2) "**aisle**"에서 "**s**"는 소리가 나지 않는 "**묵음(silent syllable)**"이에요. "**아일**" 또는 "**아이을**"에 가깝게 발음되죠.

B. 보기를 참고로 하여 주어진 문장들을 바꿔봅시다.

ex1) (지금) 몇 시야? → (너) (지금) 몇 시인지 알아?
ex2) 걔 어디서 일해? → (너) 걔 어디서 일하는지 알아?

(1) 걔 이름 뭐야? → 정답 : Do you know what his name is? (너) 걔 이름이 뭔지 알아?
(2) 걔 몇 살이야? → 정답 : Do you know how old he is? (너) 걔 몇 살인지 알아?
(3) 쟤 누구야? → 정답 : Do you know who she is? (너) 쟤 누구인지 알아?
(4) 걔 어디 살아? → 정답 : Do you know where he lives? (너) 걔 어디 사는지 알아?
(5) 이거 얼마야? → 정답 : Do you know how much this is? (너) 이거 얼마인지 알아?
(6) 걔 언제 돌아와? → 정답 : Do you know when she's coming back?

(너) 걔 언제 돌아오는지 알아?

Tip
3) 누군가의 나이를 알고 싶을 때는 "**걔 몇 살이야?**"라고 물을 수도 있지만 "**걔 몇 살인지 알아?**"처럼 둘러서 묻기도 하는데, 이때 "**간접의문문**"이라는 개념이 등장해요. 일반적인 의문문 어순과 달리, 간접의문문은 의문사를 제외한 나머지 부분이 평서문의 어순을 취하게 되며, 문장 속에서 하나의 명사로 사용되죠.

Gotta Remember
Show'em Who's Boss!

A. Complete the dialogues using the given information. (Answers may vary.)

(1) A: _____

B: It's in aisle five.

fruit

(2) A: _____

B: It's nearby the hygiene items section.

kitchenware

(3) A: _____

B: It's right next to the seafood department.

vegetable

(4) A: _____

B: You'll find that close to the bakery.

frozen food

B. Complete the dialogues using the given questions.

(1) A: Do you know _____? (← What is this?)

B: I'm not sure, but I think I've seen it somewhere before.

(2) A: Do you know _____? (← Where does Angela live?)

B: You know where Mia lives, right? She lives right next door.

(3) A: Tell me _____. (← Why were you fired today?)

B: I made some dumb mistakes.

(4) A: Tell me _____. (← What do you want me to do?)

B: What? You want me to spell it out for you?

Translations & Answers

A. 다음 대화문들은 참고용입니다. 오늘 학습한 내용을 바탕으로 자유롭게 각 대화문을 완성해보세요.

(1) A: <u>Can you tell me where the fruit section is?</u> A: 과일 코너가 어디죠?
    B: It's in aisle five.   B: 5번 통로에 있어요.

(2) A: <u>Where's the kitchenware section?</u>   A: 주방용품 코너는 어디에 있죠?
    B: It's nearby the hygiene items section.   B: 위생용품 코너 근처에 있어요.

(3) A: <u>Which way is it to the vegetable section?</u> A: 채소 코너로 가려면 어디로 가야 하죠?
    B: It's right next to the seafood department. B: 그건 해산물 코너 바로 옆에 있어요.

(4) A: <u>I'm looking for the frozen food section.</u>   A: 냉동식품 코너를 찾고 있어요.
    B: You'll find that close to the bakery.   B: 그건 제과 코너 근처에 보면 있을
                                                 거예요.

※ 보통, 특정 종류의 제품군을 말할 때는 "dairy products"처럼 "products"라는 말을 붙여야겠지만 실제로는 이를 빼고 말하는 경우가 더 많아요. 게다가, 마트 내에서 특정 코너를 말할 때는 "products"나 "section"을 아예 빼고 그냥 "the dairy"처럼 말하기도 하죠.

※ 마트의 육류제품 코너에는 단순히 육류제품들이 진열되어 있기도 하지만, 직접 고기를 손질해주는 곳이 있는 경우도 있는데, 이런 곳은 "meat department"라고 해요. 한국의 정육점과 같은 역할을 하는 곳이죠.

※ 한국의 경우 동네 구멍가게 < 편의점 < 슈퍼마켓 < 동네 대형 슈퍼마켓 < 이마트나 홈플러스와 같은 초대형 마트 < 코스트코와 같은 창고형 초대형 마트 순으로 마트의 크기가 다양하지만, 미국은 한국을 기준으로 따져보면 주로 (1) 주유소(= 한국의 편의점 역할) (2) "Hy-vee"나 "Whole Foods"와 같은 이마트 정도 크기의 대형 슈퍼마켓 (3) "코스트코"와 같은 창고형 대형 마트 이렇게 세 가지 규모의 마트가 가장 일반적이며, 그중에서도 장을 볼 때는 대부분 (2)번 또는 (3)번에 해당하는 곳을 이용한다고 보면 돼요.

B. 주어진 의문문을 이용해 다음 각 대화문을 완성해보세요.

(1) A: 너 이게 뭔지 알아?   → 정답 : what this is
    B: 확실하진 않지만, 전에 어디선가 본 것 같아.

(2) A: 너 앤젤라 어디 사는지 알아?   → 정답 : where Angela lives
    B: 미아 사는 곳 알지? 걘 바로 옆집에 살아.

(3) A: 너 오늘 왜 잘렸는지 말해봐.   → 정답 : why you were fired today
    B: 바보 같은 실수를 몇 가지 저질렀거든.

(4) A: 내가 뭘 해줬으면 하는지 말해봐.   → 정답 : what you want me to do
    B: 뭐? 내가 그걸 일일이 말로 해줘야겠어?

060 How's your diet going?
너 다이어트하는 거 어떻게 돼 가?

Gotta Know

A. Let's practice the dialogues using the given information.

| A: How's <u>your diet</u> going?
B: Not too great. | A: How did <u>your interview</u> go?
B: Great! Thanks for asking. |

| ① project | ② date | ③ meeting | ④ vacation |

B. Let's look at the examples and change the sentences accordingly.

ex1) Go **and** ask your mom.　　→ Go ask your mom.
ex2) Come **and** join us for lunch.　→ Come join us for lunch.

(1) Let's go and see a movie tonight.　→ _____.
(2) Let's go and grab some coffee.　→ _____.
(3) Come and have dinner with me.　→ _____.
(4) Go and look in the mirror.　→ _____.
(5) I'll go and get him for you.　→ _____.
(6) Come and see for yourself.　→ _____.

C. Use the *Cheat Box* to fill in the blanks.

(1) Let's go. (= Let's _____ going.)
(2) Let go _____ my hand.
(3) I'll go with this.
(4) Who wants to go first?
(5) I'll go first.
(6) Go _____. (= Go nuts.)
(7) Nothing's going my way.
(8) Did you go _____ my paper?
(9) _____ to go!
(10) I think I'm going crazy.
(11) If I'm late again, my boss will go bananas.
(12) My dad will go _____ if I get an F again.
(13) Are you nuts? (= Are you crazy?)

Cheat Box		
of	way	over
get	nuts	ahead

256　How's your diet going?

A. 주어진 정보를 이용해 다음 대화문들을 연습해봅시다.

A: 다이어트 어떻게 돼 가? B: 썩 잘 돼 가고 있진 않아.	A: 인터뷰 본 건 어땠어? B: 아주 좋았어! 물어봐 줘서 고마워.

① 프로젝트	② 데이트	③ 회의	④ 방학/휴가

B. 보기를 참고로 하여 다음 문장들을 바꿔봅시다.

ex1) 가서 엄마한테 물어봐.
ex2) 와서 우리랑 점심 같이 먹어.

(1) 오늘 밤에 영화 보러 가자.	→ 정답 : Let's go see a movie tonight.
(2) 커피 한잔하러 가자.	→ 정답 : Let's go grab some coffee.
(3) 와서 나랑 같이 저녁 먹어.	→ 정답 : Come have dinner with me.
(4) 가서 거울 좀 봐.	→ 정답 : Go look in the mirror.
(5) 가서 걔 불러올게. / 가서 걔 데려올게.	→ 정답 : I'll go get him for you.
(6) 와서 (네가) 직접 봐.	→ 정답 : Come see for yourself.

Tip
1) 한 문장에 동사를 연이어 사용하려면 "and", "or", "but" 같은 접속사가 필요해요. 하지만 대화 시에는 "Go ask James."처럼 동사가 연이어 등장하는 표현을 심심찮게 보게 되는데, 주로 "go"나 "come"과 같은 동사가 그렇죠. 원래는 "Go and ask James." 또는 "Go to ask James."라는 문장에서 "and"나 "to"를 빼고 말하면서 이런 현상이 나타나게 되는 것이랍니다.

C. 다음은 "go"를 활용한 유용한 표현들입니다. Cheat Box 속 표현들로 빈칸을 채워보세요.

(1) [어딘가로 출발하며] 가자. / 출발하자. / 떠나자.	→ 정답 : get
(2) 내 손 놔.	→ 정답 : of
(3) 나 이걸로 할래. / 나 이걸로 살래.	
(4) 누가 먼저 할래?	
(5) 내가 먼저 할게. / 내가 먼저 갈게.	
(6) 해봐. / 그러세요. / 먼저 하세요.	→ 정답 : ahead
(7) (제대로) 되는 일이 없네. / 일이 잘 안 풀리네.	
(8) 너 내 리포트 살펴봤어?	→ 정답 : over
(9) 잘했어!	→ 정답 : Way
(10) 내가 미쳐가고 있는 것 같아.	
(11) 나 또 늦으면 상사가 완전 화낼 거야.	
(12) 내가 또 F를 받으면 아빠가 완전 화내실 거야.	→ 정답 : nuts
(13) 너 정신 나갔어?	

Tip
2) "go nuts"는 "엄청 화가 나다", "~에 엄청 화를 내다", "~에 미치다", "~에 환장하다", "~에 열광하다"라는 뜻이지만, 단순히 "Go nuts."처럼 사용될 때는 "Go ahead."와 같은 뜻이 돼요. 정확히 구분하자면 "Go nuts."가 "Go ahead."에 비해 조금 더 강한 어감이죠.

Gotta Remember
Show'em Who's Boss!

A. Make any sentences you want using the phrase "Let's go ..."

(1) Let's go _____.

(2) Let's go _____.

(3) Let's go _____.

(4) Let's go _____.

B. Complete the dialogues. (Some answers may vary.)

(1) A: Who wants to _____?
B: Not me. I'll go last.

(2) A: I'm all done.
B: Way _____! Keep up the good work.

(3) A: What time is it?
B: It's almost 10. Let's _____.

(4) A: What's going on?
B: I'm so frustrated. Nothing's going _____.

(5) A: Which one do you like better?
B: I like them both, but if I had to choose one,
I'd _____ the blue one.

(6) A: Can I use your cell phone real quick?
B: Go _____.
A: Thanks.
B: You bet.

(7) A: I'm thinking about selling this watch.
B: Are you _____? You just got it last week.

C. Answer the question below.

Q: How's your English study going?
A: _____.

Translations & Answers

A. 다음 문장들은 참고용입니다. "Let's go ..."를 이용해 자유롭게 문장을 만들어보세요.

(1) Let's go <u>catch a movie</u>.   (우리) 영화 보러 가자.
(2) Let's go <u>shoot some pool</u>.   (우리) 당구 치러 가자.
(3) Let's go <u>grab dinner</u>.   (우리) 저녁 먹으러 가자. / (우리) 가서 저녁 먹자.
(4) Let's go <u>get bombed</u>.   (우리) 떡이 되도록 술 마시러 가자.
                                      / (우리) 가서 떡이 되도록 술 마시자.

B. 알맞은 표현으로 다음 각 대화문을 완성해보세요. (일부 정답은 응답자에 따라 다를 수 있음)

(1) A: 누가 먼저 할래?   → 정답 : go first
    B: 난 싫어. 난 끝에 할래.

(2) A: 난 모두 다 끝났어.   → 정답 : to go
    B: 잘했어! 계속 그렇게 하도록 해.

(3) A: 지금 몇 시야?   → 정답 : go
    B: 10시 다 됐어. 가자.   / get going

(4) A: 무슨 일이야?   → 정답 : my way
    B: 정말 짜증 나. 내 뜻대로 되는 게 아무것도 없어.

(5) A: 어느 게 더 좋아?   → 정답 : go with
    B: 둘 다 좋아. 하지만 하나만 골려야 한다면 파란 거로 할래.

(6) A: 잠깐 네 휴대폰 써도 돼?   → 정답 : ahead
    B: 그래.   / nuts
    A: 고마워.
    B: 응.

(7) A: 나 이 시계 팔려고.   → 정답 : nuts
    B: 너 미쳤어? 그거 지난주에 산 거잖아.   / crazy

C. 다음 응답은 참고용입니다. 질문에 자유롭게 응답해보세요.

Q: How's your English study going?
A: <u>It's not going anywhere. I've been too lazy to get any studying done.</u>
<u>I'll have to put in some serious study time before I make any progress.</u>

    Q: 영어 공부하고 있는 거 어떻게 돼 가요?
    A: 별 진전이 없어요. 게을러터져서 그동안 공부를 전혀 안 했거든요.
       실력을 늘리려면 제대로 시간을 좀 투자해야 할 것 같아요.

061 He's a friend of mine.
.걘 내 친구 중 하나야.

Gotta Know

A. Let's look at the example and make corrections.

ex) I saw your a neighbor today. (x)
   → I saw a neighbor of yours today. (o)

(1) He's my a friend. (x)
   → _____. (o)

(2) His this book is really interesting. (x)
   → _____. (o)

(3) You can take my some if you want. (x)
   → _____. (o)

(4) Your any friend is a friend of mine. (x)
   → _____. (o)

(5) It was your no mistake. (x)
   → _____. (o)

(6) Your every friend seems really nice. (x)
   → _____. (o)

B. Use the *Cheat Box* to fill in the blanks.

(1) I've never been to such _____.
(2) It's hard to make such _____.
(3) Don't make such a dumb mistake again.
(4) It was such _____ today.
(5) It was such a long time ago.
(6) My life is such _____ right now.
(7) Don't make such _____.
(8) You're such a baby.
(9) He's such an idiot.
(10) His "tough guy" attitude is such _____.
(11) She's such a girly girl.
(12) I had such _____ that I'm still feeling full.
(13) I didn't know there was such _____.

Cheat Box
places
a way
a fuss
a mess
a put-on
a busy day
a decision
a heavy lunch

A. 보기를 참고로 하여 주어진 문장들을 바르게 고쳐봅시다.

ex) 나 오늘 네 이웃 사람 한 명 만났어.

(1) →정답 : He's a friend of mine.
갠 내 친구 중 하나야.

(2) →정답 : This book of his is really interesting.
그가 쓴 이 책은 정말 재밌어.

(3) →정답 : You can take some of mine if you want.
원한다면 내 거 몇 개 가져가도 돼.

(4) →정답 : Any friend of yours is a friend of mine.
네 친구가 다 내 친구지.

(5) →정답 : It was no mistake of yours.
그건 네 실수가 아니었어.

(6) →정답 : Every friend of yours seems really nice.
네 친구는 하나같이 모두 정말 좋은 사람들인 거 같아.

Tip

1) 영어에서는 "my a friend(나의 한 친구)"라고 말하지 않아요. 이는 일종의 언어적 규칙, 즉 문법적인 제한사항으로, 소유 형용사는 "a", "an", "the", "this", "that", "these", "those", "some", "any", "every", "each", "no", "such" 등과 함께 쓰일 수 없다는 것이죠. 이때는 소유 형용사 대신 "... of 소유 대명사"처럼 표현하는데, 이를 "이중 소유격 (double genitive)"이라고 해요. 사실, 이중 소유격은 "하나", "이/저", "그", "그런", "어떤" 등의 의미를 꼭 강조해서 말해야 할 경우에만 사용하며, 그 외에는 사용할 일이 별로 없어요.

B. 다음은 "such"를 활용한 유용한 표현들입니다. Cheat Box 속 표현들로 빈칸을 채워보세요.

(1) 난 한 번도 그런 곳에 가본 적이 없어. → 정답 : places
(2) 그런 결정을 내리는 건 어려워. → 정답 : a decision
(3) 다신 그렇게 멍청한 실수 하지 마.
(4) 오늘은 정말 바쁜 하루였어. → 정답 : a busy day
(5) 그건 엄청 오래전 일이었어.
(6) 내 삶은 지금 엉망진창이야. → 정답 : a mess
(7) 그렇게 야단법석 떨지 마. → 정답 : a fuss
(8) 넌 정말 유치해. / 넌 정말 애 같아. / 너 완전 아기처럼 구네.
(9) 갠 정말 머저리야.
(10) 개 센 척하는 거 완전 쇼하는 거야. → 정답 : a put-on
(11) 갠 천생 여자야.
(12) 나 점심을 너무 과하게 먹었더니 아직도 배가 빵빵해. → 정답 : a heavy lunch
(13) 난 그런 방법이 있는지 몰랐어. → 정답 : a way

Tip

2) "such"는 "그러한"이라는 뜻으로, 대화를 나누는 사람들이 이미 알고 있는 대상을 조금 더 강조하여 다시 가리킬 때 사용하는 표현이에요. 때론 상황에 따라 "이러한"이라는 뜻으로 쓰이기도 하죠. 단, 어떤 상황이나 사람의 성격 등을 묘사할 때는 단순히 "그러한", "그처럼"이라는 의미라기보다 그 상황이나 사람의 성격을 훨씬 더 강조하는 의미가 돼요.

3) "I'm so tired (that) I can't go out. (나 너무 피곤해서 놀러 못 나가겠어.)"에서 "so"는 형용사나 부사만 꾸며줄 수 있어요. 즉, 형용사나 부사를 강조할 상황이 아니라면 "so ~ that ..." 구문을 사용할 수 없죠. 강조할 대상이 명사인 경우는 "such"를 써서 "such ~ that ..."처럼 표현할 수 있어요.

Gotta Remember
Show 'em Who's Boss!

A. Find the incorrect expressions and correct them. (Some answers may vary.)

(1) A: Who is she?
B: She's a Jamie friend.

(2) A: Who is that?
B: Tiffany. She's my a friend.

(3) A: Which your car do you like best?
B: I would say this red Ferrari.

(4) A: Who is that handsome guy?
B: You mean Dan? He's my an old buddy.

B. Complete the dialogues. (Some answers may vary.)

(1) A: Don't make _____ again.
B: I won't. I promise.

(2) A: How was your day?
B: It was _____.

(3) A: You're _____.
B: Look who's talking.

(4) A: He did what? He's _____.
B: I hear you.

(5) A: When was the last time you talked to Ken?
B: I don't remember. It was _____.

C. Circle the correct answers.

(1) I'm (so / such) sleepy that I can't think straight.
(2) She's (so / such) a selfish person that she never cares about anyone else.
(3) It was (so / such) a tough question that nobody got it right.
(4) She lives (so / such) far away that I can't see her more than once a month.
(5) That pie was (so / such) good that I ended up eating five pieces.
(6) It was (so / such) a busy day that I didn't even have time to sit down and have lunch.

Translations & Answers

A. 각 대화문 내용 중 틀린 부분을 찾아 바르게 고쳐보세요. (일부 정답은 응답자에 따라 다를 수 있음)

(1) A: 쟨 누구야?
    B: 제이미 친구 중 하나야.
    → 정답 : a Jamie friend → a friend of Jamie's 또는 a friend of Jamie

(2) A: 쟨 누구야?
    B: 티파니. 내 친구 중 하나야.
    → 정답 : my a friend → my friend 또는 a friend of mine

(3) A: 넌 네 차 중에서 어느 차가 제일 좋아?
    B: 이 빨간색 페라리가 제일 좋은 것 같아.
    → 정답 : Which your car → Which of your cars 또는 Which car of yours

(4) A: 저 잘생긴 남자는 누구지?
    B: 댄 말하는 거야? 쟨 내 오랜 친구야.
    → 정답 : my an old buddy → my old buddy 또는 an old buddy of mine

---

B. 알맞은 표현으로 다음 각 대화문을 완성해보세요. (일부 정답은 응답자에 따라 다를 수 있음)

(1) A: 다신 그렇게 멍청한 실수 하지 마.   → 정답 : such a dumb mistake
    B: 안 그럴게. 약속해.

(2) A: 오늘 하루 어땠어?   → 정답 : such a busy day
    B: 정말 바쁜 하루였어.

(3) A: 넌 정말 애 같아.   → 정답 : such a baby
    B: 사돈 남 말 하시네.

(4) A: 걔가 어쨌다고? 정말 머저리네.   → 정답 : such an idiot
    B: 그러게.

(5) A: 너 켄이랑 마지막으로 통화한 게 언제였어?   → 정답 : such a long time ago
    B: 기억 안 나. 엄청 오래됐어.

C. 괄호 속 표현 중 각 문장에 올바른 것을 골라보세요.

(1) 난 너무 졸려서 생각을 똑바로 할 수가 없어.   → 정답 : so
(2) 걘 정말 이기적인 사람이라서 다른 사람은 절대로 신경 안 써.   → 정답 : such
(3) 그 문제는 너무 어려워서 그걸 맞힌 사람이 아무도 없었어.   → 정답 : such
(4) 걘 너무 먼 곳에 살아서 한 달에 한 번 이상은 못 봐.   → 정답 : so
(5) 저 파이는 너무 맛있어서 다섯 개나 먹고 말았어.   → 정답 : so
(6) 너무 바빠서 난 앉아서 점심 먹을 시간도 없었어.   → 정답 : such

062 You did a good job.

잘했어.

A. Use the *Cheat Box* to fill in the blanks.

(1) You did a good job. (= Good job. = Good _____.)

(2) Good boy.

(3) Good choice.

(4) Good _____ with your exams.

(5) Good thinking.

(6) Good idea.

(7) Good grief!

(8) Good God!

(9) You're pretty good.

(10) Are you any good _____ this?

(11) Try it. It's pretty good.

(12) It wasn't that good.

(13) It's no good.

(14) Is this movie _____ good?

(15) Is this good enough?

(16) How good is your English?

(17) What's good here?

(18) Are we still good _____ time?

(19) Is this a good time?

(20) You're good for _____.

(21) No, I'm good.

(22) I'm good to go now.

(23) It's good for your health.

(24) I'm not a good cook.

(25) I'm not good _____ kids.

(26) He has good taste _____ clothes.

(27) This is my good camera.

(28) I'm leaving for good this time.

(29) This coupon is only good _____ next Friday.

(30) I've lived here for a good five years.

Cheat Box
at
in
any
for
luck
with
work
until
nothing

A. 다음은 "good"을 활용한 유용한 표현들입니다. Cheat Box 속 표현들로 빈칸을 채워보세요.

(1) 잘했어. → 정답 : work

(2) 잘했어. / 착하지.

(3) 좋은 선택이야.

(4) 행운을 빌어. 시험 잘 쳐. → 정답 : luck

(5) 생각 잘했어. / 좋은 생각이야.

(6) 좋은 아이디어야.

(7) 맙소사! / 세상에!

(8) 큰일 났군! / 야단났군!

(9) 너 꽤 잘하네.

(10) 너 이거 잘해? → 정답 : at

(11) (그거) 한번 먹어 봐. 꽤 맛있어. / (그거) 한번 해 봐. 꽤 좋아.

(12) (그건) 그리 좋지 않았어. / (그건) 그렇게 맛있지 않았어.

(13) (그건) 안 좋아. / 소용없어.

(14) 이 영화 볼만해? → 정답 : any

(15) 이만하면 됐어? / 이거면 괜찮아?

(16) 네 영어 실력은 얼마나 좋아?

(17) 여긴 뭐가 맛있죠? / 여긴 뭐가 좋죠?

(18) 우리 아직 시간 괜찮아? / 우리 아직 (시간) 여유 있어? → 정답 : for

(19) 지금 시간 괜찮아? / 지금이 적기야?

(20) 넌 아무짝에도 쓸모없어. / 넌 무용지물이야. → 정답 : nothing

(21) 아니, 난 됐어.

(22) 나 이제 갈 준비 됐어.

(23) 그건 (네) 건강에 좋아.

(24) 난 요리에 소질 없어.

(25) 난 애들과 안 맞아. / 난 애들 보는 거 잘 못해. → 정답 : with

(26) 걘 옷에 대한 감각이 뛰어나. / 걘 옷 입는 센스가 뛰어나. → 정답 : in

(27) 이건 내가 (평소) 애지중지하는 카메라야.

(28) 난 이번에 아주 떠나는 거야. / 난 이번에 가면 다신 안 와.

(29) 이 쿠폰은 다음 주 금요일까지만 쓸 수 있어. → 정답 : until

(30) 난 여기 산 지 5년은 족히 넘었어.

Tip

1) 무언가에 소질이 있는지 물을 때는 간단히 **"Are you any good?"**이라고 물을 수 있어요. **"any"** 때문에 **"잘하긴 해?"**라는 부정적인 뜻으로 오해하기 쉽지만, 그냥 **"너 잘해?"**라는 뜻이랍니다. 무언가가 좋은지, 혹은 맛있는지 물어볼 때도 **"Is it any good? (그거 맛있어? / 그거 좋아?)"**이라고 표현하면 돼요.

2) **"my good"**처럼 앞에 **"my"**가 붙게 되면 **"내가 가진(my) 좋은(good)"**이라는 의미가 되어, 전체적으로는 **"내가 아끼는"**, **"내가 좋아하는"**이라는 의미가 돼요.
   ex) This is my good guitar. 이건 내가 (평소) 애지중지하는 기타야.
   ex) These are my good sunglasses. 이건 내가 (평소) 아끼는 선글라스야.
   ex) It's my good scarf. 그건 내가 (평소) 아끼는 목도리야.
   ex) He's my good friend. 걘 나랑 친한 친구야.

3) **"good"** 앞에 기간을 알려주는 전치사 **"for"**가 등장하면 **"영원히"**라는 뜻이 돼요.

A. Complete the dialogues.

(1) A: I forgot to pay the electric bill.
    B: _____!

(2) A: You did a _____. Keep it up.
    B: Thank you.

(3) A: Is this a _____?
    B: Not really. I'm kind of busy right
       now. Can you come back later?
    A: Yeah, sure.

(4) A: I wish I could taste your cooking.
    B: Sorry to disappoint you, but I'm not a _____.
       I'll just buy you dinner instead.

(5) A: Are we still _____?
    B: Yes, we are. We still have at least 20 minutes left.

(6) A: This coupon is only _____ next Friday.
    B: Oh, really? Then we'd better use it before
       it's too late.

(7) A: I'll show you how to use this.
    B: Thanks a lot. I'm just not _____ machines.

(8) A: I'm leaving Jessica _____ this time.
    B: I'm glad to hear it. She's no good for you.

(9) A: She has _____ clothes, don't you think?
    B: No way! She dresses like a hippie.

B. Answer the questions below.

(1) Q: How good is your English?
    A: _____.

(2) Q: What is something you're good at?
    A: _____.

Translations & Answers

A. 알맞은 표현으로 다음 각 대화문을 완성해보세요.

(1) A: 나 전기 요금 내는 거 깜빡했어. → 정답 : Good grief
     B: 맙소사!

(2) A: 잘했어. 계속 그렇게 해. (계속 수고 좀 해줘.) → 정답 : good job
     B: 고마워.

(3) A: 지금 시간 괜찮아? → 정답 : good time
     B: 아니. 나 지금 좀 바빠. 나중에 다시 올래?
     A: 응, 그래.

(4) A: 너한테 밥 얻어먹어 보는 게 소원이야. → 정답 : good cook
     B: 실망시켜서 미안한데, 난 요리에 소질이 없어.
        그냥 저녁이나 한 번 사줄게.

(5) A: 우리 아직 시간 있지? → 정답 : good for time
     B: 응. 아직 20분 넘게 남았어.

(6) A: 이 쿠폰은 다음 주 금요일까지만 쓸 수 있어. → 정답 : good until
     B: 아, 그래? 그럼 늦기 전에 빨리 써야겠다.

(7) A: 이거 어떻게 사용하는지 알려줄게. → 정답 : good with
     B: 정말 고마워. 난 기계 다루는 데엔 영 소질이 없어.

(8) A: 나 이번엔 제시카랑 완전히 헤어질 거야. → 정답 : for good
     B: 그런다니 다행이네. 걘 너랑 안 어울려.

(9) A: 걘 옷 입는 센스가 뛰어나. 그렇게 생각하지 않아? → 정답 : good taste in
     B: 말도 안 돼! 걘 히피족처럼 입는단 말이야.

B. 다음 응답들은 참고용입니다. 각 질문에 자유롭게 응답해보세요.

(1) Q: How good is your English?
     A: It's far from good. Someday, I want to be able to speak fluent English, though.
        Q: 당신의 영어 실력은 얼마나 좋은가요?
        A: 얼마나 안 좋으냐고 묻는 게 더 정확할걸요. 하지만 언젠가는 영어로 유창하게
           말할 수 있게 되면 좋겠어요.

(2) Q: What is something you're good at?
     A: I think I'm good at writing and cooking, but drawing is what I'm best at.
        Q: 당신은 어떤 것에 소질이 있나요?
        A: 글쓰기랑 요리에도 소질이 있지만, 제일 잘하는 건 그림 그리기인 것 같아요.

063 I'm good at cooking.

나 요리 잘해.

Gotta Know

A. Let's practice the dialogues using the given information.

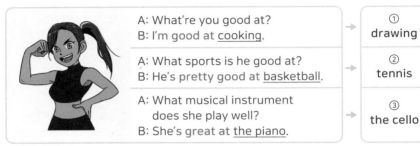

A: What're you good at?
B: I'm good at <u>cooking</u>.

→ ① drawing

A: What sports is he good at?
B: He's pretty good at <u>basketball</u>.

→ ② tennis

A: What musical instrument
   does she play well?
B: She's great at <u>the piano</u>.

→ ③ the cello

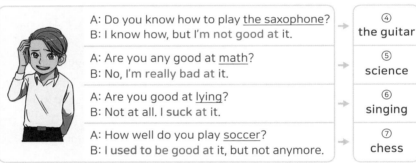

A: Do you know how to play <u>the saxophone</u>?
B: I know how, but I'm not good at it.

→ ④ the guitar

A: Are you any good at <u>math</u>?
B: No, I'm really bad at it.

→ ⑤ science

A: Are you good at <u>lying</u>?
B: Not at all. I suck at it.

→ ⑥ singing

A: How well do you play <u>soccer</u>?
B: I used to be good at it, but not anymore.

→ ⑦ chess

B. Let's look at the examples and change the sentences accordingly.

ex1) I'm good at sports.　　→ I used to be good at sports.

(1) I'm bad at baking.　　→ _____.
(2) I'm very fat.　　→ _____.
(3) I smoke a lot.　　→ _____.
(4) I live here.　　→ _____.

ex2) Are you good at driving?　→ How good are you at driving?

(5) Are you busy?　　→ _____?
(6) Are you sick?　　→ _____?
(7) Are you sleepy?　　→ _____?
(8) Are you serious?　　→ _____?

A. 주어진 정보를 이용해 다음 대화문들을 연습해봅시다.

A: 넌 뭐 잘해? B: 난 요리를 잘해.	→ ① 그리기
A: 걘 어떤 운동 잘해? B: 걘 농구를 꽤 잘해.	→ ② 테니스
A: 걘 어떤 악기를 잘 다뤄? B: 걘 피아노를 아주 잘 쳐.	→ ③ 첼로

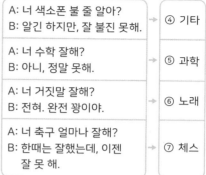

A: 너 색소폰 불 줄 알아? B: 알긴 하지만, 잘 불진 못해.	→ ④ 기타
A: 너 수학 잘해? B: 아니, 정말 못해.	→ ⑤ 과학
A: 너 거짓말 잘해? B: 전혀. 완전 꽝이야.	→ ⑥ 노래
A: 너 축구 얼마나 잘해? B: 한때는 잘했는데, 이젠 잘 못 해.	→ ⑦ 체스

Tip 1) 어떤 대상을 잘 다루거나, 무언가와 관련해서 소질이 있는 경우에는 **"be good with …"** 라고 표현하기도 해요.

ex) I'm good with faces. 난 얼굴을 잘 기억해.
ex) I'm not good with names. 난 이름을 잘 못 외워.
ex) I'm not good with numbers. 난 숫자에 약해.

B. 보기를 참고로 하여 주어진 문장들을 바꿔봅시다.

ex1) 난 운동에 소질이 있어. → 난 (한때는) 운동에 소질이 있었어.

(1) 난 빵 굽기엔 소질이 없어. → 정답 : I used to be bad at baking.
난 (예전엔) 빵 굽기에 소질이 없었어.

(2) 난 아주 뚱뚱해. → 정답 : I used to be very fat.
난 (예전엔) 엄청 뚱뚱했었어.

(3) 나 담배 많이 피워. → 정답 : I used to smoke a lot.
나 (예전엔) 담배를 엄청 많이 피웠어.

(4) 나 여기 살아. → 정답 : I used to live here.
나 (예전에) 여기 살았어.

ex2) 너 운전 잘해? → 너 운전 얼마나 잘해?

(5) 너 바빠? → 정답 : How busy are you? 너 얼마나 바빠?
(6) 너 아파? → 정답 : How sick are you? 너 얼마나 아파?
(7) 너 졸려? → 정답 : How sleepy are you? 너 얼마나 졸려?
(8) 너 진심이야? → 정답 : How serious are you? 너 어느 정도까지 진심이야?

Tip 2) **"used to"**는 현재까지 이어지지 않는 과거의 규칙적인 습관이나 상태를 말할 때 사용 되는 표현이에요. **"(예전엔/옛날엔/한때는) ~했어."**라는 뜻이죠.

Gotta Remember

Show'em Who's Boss!

A. Make any sentences you want using the phrase "I used to ..."

(1) I used to _____.

(2) I used to _____.

(3) I used to _____.

(4) I used to _____.

(5) I used to _____.

B. Answer the questions below.

(1) Q: What're you good at?
A: _____.
Q: What else are you good at?
A: _____.

(2) Q: What sports are you good at?
A: _____.
Q: What else are you good at?
A: _____.

(3) Q: Do you play any musical instruments?
A: _____.
Q: Are you good at it?
A: _____.

(4) Q: Are you any good at cooking?
A: _____.

C. Rearrange the words to form sentences.

(1) you / tennis / at / good / are / how   → _____ ?

(2) things / she's / of / at / a lot / good   → _____.

(3) pretty / everything / much / good / at / I'm
→ _____.

(4) playing / you / piano / are / good / the / at
→ _____ ?

Translations & Answers

A. 다음 문장들은 참고용입니다. "I used to ..."를 이용해 자유롭게 문장을 만들어보세요.

(1) I used to <u>like him a lot</u>.   나 (한때는) 걔 많이 좋아했었어.
(2) I used to <u>come here often</u>.   나 (예전엔) 여기 자주 왔었어.
(3) I used to <u>work out every day</u>.   나 (예전엔) 매일 운동했었어.
(4) I used to <u>suck at everything</u>.   난 (예전엔) 뭐 하나 제대로 하는 게 없었어.
(5) I used to <u>know how, but not anymore</u>.
        나 (예전엔) 방법을 알았었는데, 이젠 모르겠어.

B. 다음 응답들은 참고용입니다. 각 질문에 자유롭게 응답해보세요.

(1) Q: What're you good at?   Q: 당신은 무엇을 잘하나요?
    A: <u>I'm good at dancing.</u>   A: 전 춤을 잘 춰요.
    Q: What else are you good at?   Q: 그 외엔 무엇을 잘하나요?
    A: <u>I'm also good at swimming.</u>   A: 전 수영도 잘해요.

(2) Q: What sports are you good at?   Q: 당신은 어떤 운동에 소질이 있나요?
    A: <u>I'm pretty good at basketball.</u> A: 전 농구를 꽤 잘해요.
    Q: What else are you good at?   Q: 그 외엔 어떤 운동을 잘하나요?
    A: <u>Table tennis.</u>   A: 탁구요.

(3) Q: Do you play any musical instruments? Q: 악기 다룰 줄 아는 거 있나요?
    A: <u>Yes, I play the guitar.</u>   A: 네, 기타를 다뤄요.
    Q: Are you good at it?   Q: 잘 치나요?
    A: <u>I'm okay, I guess.</u>   A: 들어줄 만한 것 같아요.

(4) Q: Are you any good at cooking?   Q: 당신은 요리를 잘하나요?
    A: <u>No, I suck at it. I wish I were, though.</u> A: 아뇨, 형편없어요. 잘했으면 싶긴 해요.

C. 단어들을 재배열하여 문장을 만들어보세요.

(1) 너 테니스 얼마나 잘 쳐? → 정답 : How good are you at tennis?
(2) 걘 잘하는 게 많아.   → 정답 : She's good at a lot of things.
(3) 난 못하는 게 거의 없어.   → 정답 : I'm good at pretty much everything.
                                 또는 I'm pretty much good at everything.
(4) 너 피아노 잘 쳐?   → 정답 : Are you good at playing the piano?

※ "pretty much"는 "almost"나 "nearly" 정도에 해당하는 표현으로, 대화 시 아주 빈번하게 사용돼요.
    ex) I'm pretty much finished.   난 거의 끝냈어.
    ex) I'm pretty much broke.   난 거의 알거지야. / 난 거의 빈털터리야.

064 Do you jog every day?

너 매일 조깅해?

Gotta Know

A. Let's practice the dialogues. Replace the underlined sentences with the ones in the *Ready-to-Use Box*.

(1) A: Do you go to the spa regularly?
B: <u>No, I don't have time for that.</u>

(2) A: Do you come here often?
B: <u>I used to, but not anymore.</u>

Ready-to-Use Box
Yes, almost every day.
Yes, every week.
Yes, every Saturday.
Yes, on weekends.
Yes, twice a week.
Yes, once a month.
Yes, once or twice a month.
No, I'm too busy.
No, only once in a while.
Not at all.

B. Let's look at the examples and change the sentences accordingly.

ex1) Do you jog daily? → Do you jog every day?

(1) Do you take a shower daily? → _____?
(2) Do you go on a business trip weekly? → _____?
(3) Do you pay the rent monthly? → _____?
(4) Do you visit your grandparents yearly? → _____?

ex2) I meet him every two days. → I meet him every other day.

(5) She swings by here every two days. → _____.
(6) She calls me every two weeks. → _____.
(7) He takes the test every two months. → _____.
(8) He comes back every two years. → _____.

A. Ready-to-Use Box 속 표현들로 밑줄 부분을 바꿔가며 대화문들을 연습해봅시다.

(1) A: 너 스파 자주 가?
    B: 아니, 그럴 시간 없어.

(2) A: 너 여기 자주 와?
    B: 예전엔 그랬는데,
       이젠 안 그래.

Yes, almost every day.	응, 거의 매일.
Yes, every week.	응, 매주.
Yes, every Saturday.	응, 토요일마다.
Yes, on weekends.	응, 주말마다.
Yes, twice a week.	응, 일주일에 두 번.
Yes, once a month.	응, 한 달에 한 번.
Yes, once or twice a month.	응, 한 달에 한두 번.
No, I'm too busy.	아니, 난 너무 바빠.
No, only once in a while.	아니, 가끔씩만.
Not at all.	전혀.

Tip

1) "every" 뒤에 "day", "week", "month", "year"과 같은 일정한 주기 표현이 등장하면 "매 ~마다"라는 뜻이 돼요.

B. 보기를 참고로 하여 문장들을 바꿔봅시다.

ex1) 너 매일 조깅해?

(1) 너 매일 샤워해? → 정답 : Do you take a shower every day?
(2) 너 매주 출장 가? → 정답 : Do you go on a business trip every week?
(3) 너 매달 집세 내? → 정답 : Do you pay the rent every month?
(4) 너 매년 조부모님 찾아봬? → 정답 : Do you visit your grandparents every year?

ex2) 난 이틀에 한 번꼴로 걔 만나.

(5) 걘 이틀에 한 번꼴로 여기 들러. → 정답 : She swings by here every other day.
(6) 걔한테서는 한 주 걸러 연락이 와. → 정답 : She calls me every other week.
(7) 걘 격월로 시험을 봐. → 정답 : He takes the test every other month.
(8) 걘 2년마다 돌아와. → 정답 : He comes back every other year.

Tip

2) "격일", "격주", "격월", "격년" 단위로 이루어지는 반복된 활동을 이야기할 때는 "every two ..."처럼 표현할 수도 있지만, "every other ..."이라고 표현하기도 해요. 이때 "every two ..." 뒤에는 복수명사를, "every other ..." 뒤에는 단수명사를 사용해야 함에 유의하세요.

3) "every" 자체도 "모든", "매"라는 뜻이 있지만, 이를 더욱 강조하기 위해 바로 뒤에 "single"을 붙여주기도 해요.

   ex) I see her every single day.   난 그녀를 하루도 안 빼고 매일 만나.

4) "every"는 "모든"이라는 뜻이지만 전체보다는 구성요소 하나하나에 의미를 부여하여 "매", "하나하나 다"라는 뜻으로 쓰여요. 예를 들어, "She knows every student in the class."라고 하면 "그녀는 반 학생들을 한 명 한 명 다 알고 있다."라는 뜻이 되죠. 이러한 의미 때문에 "every" 뒤에는 단수 명사가 등장한답니다. 그런데 간혹 "every five hours"처럼 "every" 뒤에 복수 명사가 등장할 때가 있는데, 이런 경우는 "five hours"를 하나의 단위로 보기 때문이에요. 즉, "(매) 다섯 시간마다"라는 뜻이죠. 참고로, "every" 뒤에 "하루(one day)", "한 사람(a person)"처럼 기본 단위가 등장하는 경우에는 "a"나 "one"을 생략하고 그냥 "every day", "every person"처럼 표현해요.

Gotta Remember
Show'em Who's Boss!

A. **Look at the example and complete the dialogues. (Some answers may vary.)**

ex) | one day → A: How often do you drink?
B: I drink almost every day because of my work.

(1) | one week → A: Do you go to church _____?
B: Yes, every single week.

(2) | two days → A: I come here _____.
B: That often? You must like this place a lot.

(3) | five minutes → A: Are you hungry?
B: What's wrong with you? You've been asking me that question _____ or so.

(4) | two weeks → A: How often do you eat out?
B: About _____.

B. **Answer the questions below.**

(1) Q: Do you work out regularly?
A: _____
_____.

(2) Q: Do you visit your parents often?
A: _____
_____.

(3) Q: What is something that you do almost every single day?
A: _____
_____
_____.

(4) Q: What is something that you do regularly?
A: _____
_____
_____.

Translations & Answers

A. 보기를 참고로 하여 다음 각 대화문을 완성해보세요. (일부 정답은 응답자에 따라 다를 수 있음)

ex) 하루 → A: 너 술 얼마나 자주 마셔?
B: 일 때문에 거의 매일 마셔.

(1) 일주일 → A: 너 교회 매주 나가?
B: 어. 한 주도 빠짐없이 매주 나가.
→ 정답 : every week

(2) 이틀 → A: 난 여기 이틀에 한 번꼴로 와.
B: 그렇게 자주? 여길 엄청 좋아하나 보네.
→ 정답 : every other day
/ every two days

(3) 5분 → A: 너 배고파?
B: 너 대체 왜 그래? 5분 정도마다
그 질문이잖아.
→ 정답 : every five minutes

(4) 2주 → A: 넌 외식 얼마나 자주 해?
B: 2주에 한 번 정도.
→ 정답 : every other week
/ every two weeks

B. 다음 응답들은 참고용입니다. 각 질문에 자유롭게 응답해보세요.

(1) Q: Do you work out regularly?
A: I used to, but I don't really have time for that these days.
Q: 당신은 운동을 규칙적으로 하나요?
A: 예전엔 그랬는데, 요즘엔 딱히 운동할 시간이 안 나요.

(2) Q: Do you visit your parents often?
A: Actually, I live with them, because I'm still single and my house is very near where I work.
Q: 당신은 부모님을 자주 찾아뵙나요?
A: 사실, 전 부모님과 함께 살아요. 아직 싱글이기도 하고, 집이 일하는 곳에서 가깝기도 해서요.

(3) Q: What is something that you do almost every single day?
A: I go to the gym after work and work out for about an hour almost every single day.
Q: 당신이 거의 매일 하루도 안 빼먹고 하는 것은 무엇인가요?
A: 전 거의 하루도 빠짐없이 일 끝나고 헬스장에 들러 한 시간 정도 운동해요.

(4) Q: What is something that you do regularly?
A: Since my parents live far from where I live, I can't visit them often enough, so I call them every Saturday instead.
Q: 당신이 규칙적으로 하는 활동은 무엇인가요?
A: 부모님이 저희 집과 먼 곳에 사셔서 찾아뵙고 싶어도 자주 찾아뵙지 못하는데, 그래서 대신 매주 토요일마다 전화를 드려요.

065 I come here almost twice a month.
난 여기 거의 한 달에 두 번꼴로 와.

Gotta Know

A. Let's practice the dialogues. Replace the underlined words with the ones in the *Ready-to-Use Box*.

(1) A: How often do you eat out?
   B: I eat out <u>every week</u>.

(2) A: How often do you come here?
   B: I come here <u>almost twice a month</u>.

(3) A: How often do you visit your parents?
   B: I visit them <u>around three or four times a year</u>.

Ready-to-Use Box
about once a month
nearly once a day
twice or three times a week
twice a week or so
at least 10 times a month
at most five times a year
twice a month or more
more than twice a week
no more than once a week

B. Let's look at the example and change the questions accordingly.

ex) Do you go to the gym? / a week
   → How many times a week do you go to the gym?

(1) Do you call your boyfriend? / a day
   → _____ ?

(2) Do you cook? / a week
   → _____ ?

(3) Do you go to the movies? / a month
   → _____ ?

(4) Do you go on a vacation? / a year
   → _____ ?

A. Ready-to-Use Box 속 표현들로 밑줄 부분을 바꿔가며 대화문들을 연습해봅시다.

(1) A: 넌 얼마나 자주 외식해?
    B: 난 매주 외식해.

(2) A: 너 여기 얼마나 자주 와?
    B: 난 여기 거의 한 달에
    두 번꼴로 와

(3) A: 넌 부모님 얼마나 자주
    찾아봬?
    B: 일 년에 서너 번 정도
    찾아봬.

about once a month	약 한 달에 한 번
nearly once a day	거의 하루에 한 번
twice or three times a week	일주일에 두세 번
twice a week or so	일주일에 두 번 정도
at least 10 times a month	적어도 한 달에 열 번
at most five times a year	많아야 일 년에 다섯 번
twice a month or more	한 달에 두 번 이상
more than twice a week	일주일에 최소 두 번
	/ 일주일에 두 번 넘게
no more than once a week	겨우 일주일에 한 번

Tip

1) 횟수는 한 번일 경우 "once", 두 번일 경우 "twice", 그 이상일 경우에는 기수(cardinal number) 뒤에 "times"를 붙여서 표현해요.

2) 특정 기간마다 반복되는 활동을 표현할 때는 "every two weeks"처럼 "every"를 이용해서 표현해요. 횟수까지 표현하려면 이 앞에 "once", "twice" 등을 붙여주면 되죠. "하루", "일주일", "한 달"처럼 기간이 하나의 단위로 딱 떨어지는 경우에는 "once every month"처럼 표현하기도 하지만, 간단히 "once a month"처럼 표현하기도 해요.

3) "서너 번"처럼 다소 정확하지 않은 대략적인 횟수를 표현할 때는 기본적으로는 "기수 or 기수 times"라고 표현하며, "한두 번(once or twice)"이나 "두세 번(twice or three times)"의 경우만 형태가 달라져요. 참고로, "두세 번"은 "two or three times"라고 표현하기도 해요.

4) 반복된 활동이 아니라 단순히 특정 기간 내에 어떠한 활동이 특정 횟수 이루어졌다고 말할 때는 "횟수 in 기간"처럼 표현해요. 이 표현 역시 상황에 따라서는 반복된 활동을 의미할 수도 있지만, 일반적으로는 특정 기간에 한정된 활동으로 이해되죠.
   ex) She got into a car accident twice in just one month.
       걘 한 달 새 벌써 두 번이나 차 사고가 났어.

B. 보기를 참고로 하여 질문들을 바꿔봅시다.

ex) 너 헬스장 다녀? / 일주일   → 넌 헬스장에 일주일에 몇 번 가?

(1) 너 남자 친구한테 전화해? / 하루
    → 정답 : How many times a day do you call your boyfriend?
            넌 남자 친구한테 하루에 몇 번 전화해?

(2) 너 요리해? / 일주일
    → 정답 : How many times a week do you cook?
            넌 일주일에 몇 번 요리해?

(3) 너 영화 보러 가? / 한 달
    → 정답 : How many times a month do you go to the movies?
            넌 한 달에 몇 번 영화 보러 가?

(4) 너 휴가 가? / 일 년
    → 정답 : How many times a year do you go on a vacation?
            넌 일 년에 몇 번 휴가 가?

Gotta Remember
Show'em Who's Boss!

A. Rearrange the words to form sentences.

(1) at least / once / work / I / a / overtime / week

→ _____.

(2) about / hit the gym / week / three / a / I / times

→ _____.

(3) out / twice / or / a / times / I / month / three / eat

→ _____.

B. Find the incorrect sentences and correct them. (Some answers may vary.)

(1) I drink at most twice times a month.

(2) They meet together once every two years.

(3) I go to the movies twice one month.

(4) She calls me two or thrice times a week.

(5) They argue at least once every month.

(6) I check the time nearly 100 times a daily.

(7) She comes here three or four times a month.

(8) This is a once-a-lifetime opportunity for both of us.

C. Answer the questions below.

(1) Q: How often do you drink?

A: _____

_____.

(2) Q: How often do you go to the movies?

A: _____

_____.

(3) Q: How many times a week do you eat out?

A: _____

_____.

Translations & Answers

A. 단어들을 재배열하여 문장을 만들어보세요.

(1) 난 적어도 일주일에 한 번은 야근해. →정답 : I work overtime at least once a week.

(2) 난 일주일에 세 번 정도 헬스장에 가. →정답 : I hit the gym about three times a week.

(3) 난 한 달에 두세 번은 외식해. →정답 : I eat out twice or three times a month.

B. 틀린 문장을 찾아 바르게 고쳐보세요. (일부 정답은 응답자에 따라 다를 수 있음)

(1) 난 기껏해야 한 달에 두 번 술 마셔.
→ 정답 : I drink at most twice a month. (times 삭제)
또는 I drink at most two times a month.

(2) 걔넨 2년마다 한 번씩 만나.

(3) 난 한 달에 두 번 영화 보러 가.
→ 정답 : I go to the movies twice a month.

(4) 걘 나한테 일주일에 두세 번은 연락해.
→ 정답 : She calls me twice or three times a week.
또는 She calls me two or three times a week.

(5) 걔넨 매달 한 번 이상은 꼭 싸워.

(6) 난 하루에 시간을 거의 100번 정도 확인해.
→ 정답 : I check the time nearly 100 times a day.
또는 I check the time nearly 100 times daily.

(7) 걘 한 달에 서너 번 여기 와.

(8) 이건 우리 둘 모두에게 평생 단 한 번 있을까 말까 한 기회야.
→ 정답 : This is a once-in-a-lifetime opportunity for both of us.

C. 다음 응답들은 참고용입니다. 각 질문에 자유롭게 응답해보세요.

(1) Q: How often do you drink?
A: I'm not a drinker, which is why I'm always the designated driver.
Q: 당신은 술을 얼마나 자주 마시나요?
A: 전 술을 별로 안 좋아해요. 그래서 늘 술자리가 끝나면 운전 담당이죠.

(2) Q: How often do you go to the movies?
A: I used to go to the movies at least once or twice a month,
but I've been too busy to do so as of late.
Q: 당신은 영화를 얼마나 자주 보러 가나요?
A: 예전엔 한 달에 적어도 한두 번은 보러 갔는데, 요즘엔 너무 바빠서 그럴 시간이 없어요.

(3) Q: How many times a week do you eat out?
A: My family and I go out to eat once a week, usually on Saturdays.
Q: 당신은 일주일에 몇 번 외식하나요?
A: 전 일주일에 한 번, 주로 토요일에 가족들과 함께 외식하러 나가요.

066 I'm on a diet.
나 다이어트 중이야.

Gotta Know

A. Let's practice the dialogues. Replace the underlined sentences with the ones in the *Ready-to-Use Box*.

(1) A: <u>I need to go on a diet.</u>
   B: Why? You look great as it is.

(2) A: <u>I need to lose (some) weight.</u>
   B: You should try aerobics and weight training.

Ready-to-Use Box

I need to slim down (a bit).
I need to lose a few (pounds).
I need to watch what I eat.

B. Use the *Cheat Box* to fill in the blanks.

(1) Where's the rest of you?
(2) How did you lose so much weight?
(3) Have you _____ some weight lately?
(4) Have you lost some weight lately?
(5) Don't you think I'm _____ weight?
(6) What's the best way to lose weight?
(7) I'm _____ a diet.
(8) Since when are you on a diet?
(9) I can't _____ to lose any weight.
(10) I'm gaining weight these days.
(11) I gained 10 lbs _____ just two weeks.
(12) I lost five pounds.
(13) I've _____ down a bit.
(14) I've slimmed down from a size 10 to a six.
(15) I'm too fat.
(16) I can't fit _____ my pants.
(17) Everything I eat goes straight to my thighs.
(18) I should get rid of my beer _____.
(19) You're slim.
(20) She's thin.
(21) She's too skinny.
(22) You're all _____.
(23) You look fit.

Cheat Box

in
on
into
seem
belly
bones
gained
losing
trimmed

A. Ready-to-Use Box 속 표현들로 밑줄 부분을 바꿔가며 대화문들을 연습해봅시다.

(1) A: 나 다이어트해야겠어.
B: 왜? 넌 지금도 완벽해.

I need to slim down (a bit).	나 살 (좀) 빼야겠어.
I need to lose a few (pounds).	나 살 (좀) 빼야겠어.
I need to watch what I eat.	나 체중 관리 좀 해야겠어.

(2) A: 나 살 (좀) 빼야겠어.
B: 에어로빅과 웨이트
   트레이닝을 한번 해봐.

Tip

1) 간혹, "**살**을 **빼다**"라고 말할 땐 동사로 "**lose**" 대신 "**shed**"를 이용하기도 해요.

2) 반대로, "**살 좀 찌워야겠어.**"라고 말하려면 다음 표현들을 이용할 수 있어요.

- I need to gain (some) weight. 난 살 좀 찌워야겠어.
- You need to put on some pounds. 넌 살 좀 찌워야겠어.
- You should eat more. 넌 더 많이 먹어야겠어.

B. 다음은 몸무게나 살과 관련된 유용한 표현들입니다. Cheat Box 속 표현들로 빈칸을 채워보세요.

(1) 네 살들 다 어디 갔어?
(2) 너 그 많은 살을 어떻게 다 뺀 거야?
(3) 너 요새 살 좀 쪘어?   → 정답 : gained
(4) 너 최근에 살 좀 빠졌어?
(5) 나 살 빠지고 있는 것 같지 않아?   → 정답 : losing
(6) 살 빼는 데 뭐가 최고지?
(7) 나 다이어트 중이야.   → 정답 : on
(8) 네가 언제부터 다이어트를 했다고 그래?
(9) 나 도무지 살 빠질 기미가 안 보여.   → 정답 : seem
(10) 나 요즘 살이 붙고 있어.
(11) 나 2주 만에 살이 10파운드 쪘어.   → 정답 : in
(12) 나 살 5파운드 뺐어. / 나 살 5파운드 빠졌어.
(13) 나 살 좀 뺐어.   → 정답 : trimmed
(14) 나 10사이즈에서 6까지 살 뺐어.
(15) 난 너무 뚱뚱해.
(16) 나 바지가 안 맞아.   → 정답 : into
(17) 난 먹으면 다 허벅지 살로 가.
(18) 나 뱃살 좀 빼야겠어.   → 정답 : belly
(19) 넌 날씬해.
(20) 걘 말랐어.
(21) 걘 너무 깡말랐어.
(22) 넌 뼈밖에 없어. / 넌 피골이 상접해.   → 정답 : bones
(23) 너 몸매 좋아 보여. / 너 몸 좋아 보여.

Tip

3) "**똥배**"는 둥그런 항아리가 들어가 있는 것 같다고 하여 "**potbelly**"라고 표현하기도 하고, 술을 많이 마시면 튀어나온다고 하여 "**beer belly**"라고 표현하기도 해요. 정확히 말하면 "**beer belly**"는 "**술배**"라는 뜻이겠죠?

Gotta Remember
Show 'em Who's Boss!

A. Complete the dialogues. (Some answers may vary.)

(1) A: Should I go _____?
B: I hate to say this, but you should. Look at your love handles!

(2) A: I think I'm _____ weight.
B: You need to watch your carbs.

(3) A: Have you lost some weight lately?
B: Yeah, I've _____ down from a size 10 to a six.

(4) A: What do you need to do to _____ weight?
B: Cut down on eating fast foods before anything else.

(5) A: Harry? Is that you?
B: It's me.
A: Where's the _____?

(6) A: Want a piece of cake?
B: Sure. Wait, I shouldn't. I'm on a diet.
A: To hell with diet. Here, have some.
B: No, It'll _____ to my hips.
   I gotta watch my weight.
A: Whatever!

B. Rearrange the words to form sentences.

(1) get / belly / you / rid / beer / of / your / should
→ _____.

(2) you / lately / some / lost / weight / have
→ _____?

C. Answer the question below.

Q: Do you think you need to lose some weight?
A: _____.

Translations & Answers

A. 알맞은 표현으로 다음 각 대화문을 완성해보세요. (일부 정답은 응답자에 따라 다를 수 있음)

(1) A: 나 다이어트 해야 해?
   B: 이런 말 하긴 그렇지만, 넌 좀 해야겠어.
   옆구리 살 좀 봐!

   → 정답 : on a diet

(2) A: 나 살이 붙고 있나 봐.
   B: 너 탄수화물 섭취량에 신경 좀 써야겠다.

   → 정답 : gaining (some)
   / putting on (some)

(3) A: 너 최근에 살 좀 빠졌어?
   B: 응, 사이즈 10에서 6까지 줄였어.

   → 정답 : slimmed
   / trimmed

(4) A: 살 빼려면 어떻게 해야 해?
   B: 우선 패스트푸드 좀 줄여.

   → 정답 : lose (some)

(5) A: 해리? 너 맞아?
   B: 응, 나야.
   A: 네 살들 다 어디 갔어?

   → 정답 : rest of you

(6) A: 케이크 한 조각 줄까?
   B: 좋지. 잠시만, 안 되겠다. 나 다이어트 중이야.
   A: 다이어트는 무슨, 얼어 죽을... 자, 좀 들어.
   B: 안 돼, 난 먹으면 바로 엉덩잇살로 간단 말이야. 체중 좀 신경 써야 해.
   A: 그러시든지!

   → 정답 : go straight

※ 옆구리 살은 영어로 "**love handles**"라고 해요. 연인들이 허리 부분을 껴안을 때 잡기 편하다고 해서 붙여진 귀여운 표현이죠. 옆구리에 타이어를 끼고 있다고 하여 "**spare tire**"라고도 하고, 윗부분이 아랫부분보다 과하게 툭 튀어나온 머핀을 닮았다고 하여 "**muffin top**"이라고도 한답니다.

B. 단어들을 재배열하여 문장을 만들어보세요.

(1) 너 뱃살 좀 빼야겠다.   → 정답 : You should get rid of your beer belly.
(2) 너 최근에 살 좀 빠졌어?   → 정답 : Have you lost some weight lately?

C. 다음 응답은 참고용입니다. 질문에 자유롭게 응답해보세요.

Q: Do you think you need to lose some weight?
A: <u>I do, but I just can't stop eating.</u>

   Q: 당신은 자신이 살을 좀 빼야 한다고 생각하나요?
   A: 살을 빼야 한다고 생각은 하는데, 음식을 보면 참질 못해요.

067 What's your hobby?
넌 취미가 뭐야?

A. Let's practice the dialogues using the given information.

take pictures	A: What's your hobby? B: I like <u>to take pictures</u>. / I like <u>taking pictures</u>.	→	① collect figurines

bowl try new foods	A: What kind of hobbies do you have? B: I love <u>bowling and trying new foods</u>. / I love <u>to bowl and to try new foods</u>.	→	② do yoga play ping-pong

watch movies read books cook	A: Do you have any hobbies? B: I enjoy <u>watching movies, reading books and cooking</u>.	→	③ study English listen to music play tennis

bite my nails	A: Do you have any bad habits? B: Yeah, I do. I <u>bite my nails</u> when I'm nervous.	→	④ shake my leg

B. Let's look at the example and change the sentences accordingly.

ex) I love this pizza. → I'm crazy about this pizza.

(1) I love singing. → _____.

(2) I like gardening so much. → _____.

(3) I'm so interested in history.
→ _____.

(4) I'm so into model building.
→ _____.

(5) I'm mad about this show.
→ _____.

(6) I can't live without her.
→ _____.

A. 주어진 정보를 이용해 다음 대화문들을 연습해봅시다.

사진을 찍다	A: 넌 취미가 뭐야? B: 난 사진 찍는 걸 좋아해.	→ ① 피규어를 수집하다
볼링을 치다 새로운 음식을 먹어보다	A: 넌 어떤 취미들을 가지고 있어? B: 난 볼링이랑 새로운 음식을 먹어보는 걸 정말 좋아해.	→ ② 요가를 하다 탁구를 치다
영화를 보다 책을 읽다 요리하다	A: 넌 취미 삼아 하는 거 있어? B: 난 영화 보는 거랑 책 읽는 거, 그리고 요리하는 걸 좋아해.	→ ③ 영어를 공부하다 음악을 듣다 테니스를 치다
손톱을 깨물다	A: 너 나쁜 습관 있어? B: 응. 난 긴장하면 손톱을 물어뜯어.	→ ④ 다리를 떨다

Tip

1) 취미가 여러 개라고 예상하고 묻는 경우에는 "**What're your hobbies?** (넌 취미가 뭐야?)"라고 묻기도 해요.

2) 어떤 활동을 "좋아하다", 또는 "즐기다"라고 말할 때는 동사로 "**like**"나 "**love**" 또는 "**enjoy**"를 주로 사용해요. 단, "**like**"와 "**love**" 뒤에는 to부정사가 등장하기도 하고 동명사가 등장하기도 하지만 "**enjoy**" 뒤에는 반드시 동명사만 등장할 수 있다는 차이점이 있죠.

3) "**like**"와 "**love**" 뒤에 to부정사와 동명사 중 어떤 것이 등장하는가에 따라 의미 차이를 두기도 하지만 대화 시에는 거의 구분 없이 사용해요. 단, 자신이 직접 하는 것을 좋아한다고 말할 때는 to부정사로만 표현해요. 동명사로 표현하면 자신이 직접 하는 것을 좋아한다는 의미일 수도 있고, TV로 보는 걸 좋아한다는 의미일 수도 있죠.

B. 보기를 참고로 하여 문장들을 바꿔봅시다.

ex) 난 이 피자가 너무 맛있어. → 난 이 피자가 엄청 좋아.

(1) 난 노래 부르는 걸 정말 좋아해. → 정답 : I'm crazy about singing.
(난 노래 부르는 걸 너무 좋아해.)

(2) 난 정원 가꾸는 걸 엄청 좋아해. → 정답 : I'm crazy about gardening.
(난 정원 가꾸는 것에 푹 빠져 있어.)

(3) 난 역사에 관심이 아주 많아. → 정답 : I'm crazy about history.
(난 역사에 푹 빠져 있어.)

(4) 난 모형 만드는 것에 푹 빠져 있어. → 정답 : I'm crazy about model building.
(난 모형 만드는 것에 푹 빠져 있어.)

(5) 난 이 프로가 너무 좋아. → 정답 : I'm crazy about this show.
(난 이 프로가 너무 좋아.)

(6) 난 걔 없인 못 살아. → 정답 : I'm crazy about her.
(난 걔한테 푹 빠져 있어.)

Gotta Remember
Show'em Who's Boss!

A. Choose the things you like and dislike from below, and complete the sentences. (Answers may vary.)

take selfies	make new friends
read novels	eat spicy food
read comics	learn new things
bake cookies	try new things
study English	shop online
play pool	meet new people
play games	spend time alone
go fishing	work out at the gym
go hiking	watch cartoons
go out to bars	watch foreign movies

What do you like to do?	What do you hate to do?
I like _____.	I don't like _____.
I love _____.	I hate _____.
I enjoy _____.	I really hate _____.
I'm crazy about _____.	

B. Answer the questions below.

(1) Q: What's your favorite hobby?
A: _____.

(2) Q: Is there any new hobby you want to try?
A: _____.

(3) Q: Do you have any bad habits?
A: _____.

Translations & Answers

A. 다음 활동 중 자신이 좋아하는 것, 또는 자신이 싫어하는 것을 주어진 표현들을 이용해 자유롭게 말해보세요. (아래 문장들은 참고용임)

take selfies	셀카를 찍다	make new friends	새 친구들을 사귀다
read novels	소설을 읽다	eat spicy food	매운 음식을 먹다
read comics	만화책을 보다	learn new things	새로운 것들을 배우다
bake cookies	쿠키를 굽다	try new things	새로운 것들을 시도하다
study English	영어를 공부하다	shop online	온라인 쇼핑을 하다
play pool	당구를 치다	meet new people	새로운 사람들을 만나다
play games	게임을 하다	spend time alone	혼자 시간을 보내다
go fishing	낚시하러 가다	work out at the gym	헬스장에서 운동하다
go hiking	하이킹하러 가다	watch cartoons	만화를 보다
go out to bars	술 마시러 나가다	watch foreign movies	외국 영화를 보다

당신은 무엇을 하는 것을 좋아하나요?	당신은 무엇을 하는 것을 싫어하나요?
I like <u>taking selfies</u>. 난 셀카 찍는 걸 좋아해.	I don't like <u>watching foreign movies</u>. 난 외국 영화 보는 거 안 좋아해.
I love <u>to play pool</u>. 난 당구 치는 걸 엄청 좋아해.	I hate <u>to meet new people</u>. 난 새로운 사람들을 만나는 걸 싫어해.
I enjoy <u>trying new things</u>. 난 새로운 것들을 시도하는 걸 좋아해.	I really hate <u>going hiking</u>. 난 하이킹 가는 걸 정말 싫어해.
I'm crazy about <u>working out at the gym</u>. 난 헬스장에서 운동하는 걸 너무 좋아해.	

B. 다음 응답들은 참고용입니다. 각 질문에 자유롭게 응답해보세요.

(1) Q: What's your favorite hobby?
A: <u>Hmm... It's hard to pick one. If I had to choose, it would be scuba diving.</u>
Q: 당신이 가장 좋아하는 취미활동은 무엇인가요?
A: 음... 하나만 고르자니 어렵네요. 정 골라야 한다면 스쿠버다이빙인 것 같아요.

(2) Q: Is there any new hobby you want to try?
A: <u>I'd like to learn billiards.</u>
Q: 당신은 해보고 싶은 새로운 취미활동이 있나요?
A: 당구를 배워보고 싶어요.

(3) Q: Do you have any bad habits?
A: <u>I sometimes crack my knuckles unconsciously.</u>
Q: 당신은 나쁜 습관이 있나요?
A: 가끔 저도 모르게 손가락 마디를 꺾어요.

※ "scuba(스쿠버)"란 "Self-Contained Underwater Breathing Apparatus"의 머리 글자를 딴 약어로, "독립식 수중 호흡 장비"를 뜻해요.

068 I just want you to trust me.

난 단지 네가 날 믿어주면 좋겠어.

Gotta Know

A. Let's practice the dialogues using the given information.

trust me	A: What do you want <u>me</u> to do? B: I just want <u>you</u> to <u>trust me</u>.	→ ① leave me alone
Mr. Rollins quit smoking	A: What do you want <u>Mr. Rollins</u> to do? B: I want <u>him</u> to <u>quit smoking</u>.	→ ② Ms. Gomez stop drinking
do the dishes	A: What do you need <u>me</u> to help <u>you</u> with? B: I need <u>you</u> to help <u>me</u> <u>do the dishes</u>.	→ ③ prepare dinner

B. Let's look at the examples and change the sentences accordingly.

ex1) Do you want to sign up for this?
→ Would you like to sign up for this?

(1) Do you want to come with us?
→ _____ ?

(2) Do you want to have some more?
→ _____ ?

(3) Do you want to go see a movie tonight?
→ _____ ?

ex2) Do you want me to take you home?
→ Would you like me to take you home?

(4) Do you want me to pick you up?
→ _____ ?

(5) Do you want me to carry your bag?
→ _____ ?

(6) Do you want me to wait outside?
→ _____ ?

A. 주어진 정보를 이용해 다음 대화문들을 연습해봅시다.

나를 믿다	A: 내가 뭘 (어떻게) 해주면 좋겠어? B: (네가) 그냥 날 믿어주면 좋겠어.	→	① 나를 혼자 내버려 두다
롤린스 씨 (남자) 담배를 끊다	A: 롤린스 씨가 뭘 해주면 좋겠어? B: (그가) 담배를 끊으면 좋겠어.	→	② 고메스 씨 (여자) 술을 끊다
설거지하다	A: 내가 뭘 도와줘야 해? B: 나 설거지하는 것 좀 도와줘.	→	③ 저녁을 준비하다

Tip

1) 누군가가 어떤 일을 해주길 바랄 때는 "**want + 사람 + to부정사**"의 형태로 표현해요. 마찬가지로, 누군가에게 어떤 일을 요구할 때는 "**need + 사람 + to부정사**"처럼 표현하죠.

2) "I want you to ..."나 "I need you to ..." 모두 우리말로 옮길 때는 "~해줘"라고 해석되는 경우가 많아요. 예를 들어, "I want you to come back right after work."와 "I need you to come back right after work."는 둘 다 "일 끝나면 바로 와줘."라고 해석되죠. 하지만 "want"와 "need"의 차이로 인해 전자는 "일 끝나면 바로 집에 와 달라"는 "부탁"에 가깝고, 후자는 "일 끝나면 바로 집에 오라"는 "명령"에 가깝다고 볼 수 있습니다.

B. 보기를 참고로 하여 문장들을 바꿔봅시다.

ex1) 이거 신청(/등록/가입)할래? → 이거 신청(/등록/가입)할래요?

(1) 우리와 함께 갈래?   → 정답 : Would you like to come with us?
                                   우리와 함께 갈래요?

(2) 좀 더 먹을래?   → 정답 : Would you like to have some more?
                                     좀 더 먹을래요?

(3) 오늘 밤에 영화 보러 갈래?   → 정답 : Would you like to go see a movie tonight?
                                     오늘 밤에 영화 보러 갈래요?

ex2) 내가 집까지 바래다줄까? → 제가 집까지 바래다줄까요?

(4) 내가 픽업해줄까?   → 정답 : Would you like me to pick you up?
                                     제가 픽업해드릴까요?

(5) 내가 가방 들어줄까?   → 정답 : Would you like me to carry your bag?
                                     제가 가방 들어줄까요?

(6) 나 밖에서 기다릴까?   → 정답 : Would you like me to wait outside?
                                     (저) 밖에서 기다릴까요?

Tip

3) 상대방에게 무언가를 제안하거나 권할 때는 "**Would you like to ...?**"라고 표현하기도 해요. 이는 상당히 공손한 표현이라서 친구나 지인 사이에서 사용되기보다 잘 모르는 낯선 사람에게 사용하는 경우가 많답니다. "**제가 ~해드릴까요?**"라고 말하고 싶을 땐 "**Would you like me to ...?**"라고 표현하면 돼요.

Gotta Remember
Show'em Who's Boss!

A. Complete the dialogues using object pronouns. (If an object is not needed, put an X.)

(1) A: Can you go mow the lawn?
B: Sure. Do you want _____ to do it right now?

(2) A: Do you want _____ to have a drink after work?
B: Sounds good.

(3) A: I need _____ to come over here.
B: What's this about?

(4) A: What do you want from your parents?
B: I want _____ to come home early.

(5) A: What do you want _____ to do after this?
B: Well, I want to go straight home and hit the shower first.

(6) A: Do you want _____ to help you clean your house?
B: If you're not too busy.

B. Rearrange the words to form sentences.

(1) me / with / I / to / be / want / honest / you
→ _____ .

(2) you / like / dinner / tonight / would / to / join / us / for
→ _____ ?

(3) home / like / would / to / me / you / you / drive
→ _____ ?

C. Make any sentences you want using the given phrases.

(1) I want you to _____ .

(2) I need you to _____ .

(3) Do you want me to _____ ?

(4) What do you want me to _____ ?

(5) Would you like to _____ ?

(6) Would you like me to _____ ?

Translations & Answers

A. 알맞은 목적어로 빈칸을 채워 각 대화문을 완성해보세요. (목적어가 불필요한 경우에는 X 표시 하세요.)

(1) A: 가서 잔디 좀 깎을래?
    B: 응. 지금 바로 할까?
    → 정답 : me

(2) A: 일 끝나고 술 한잔할래?
    B: 좋지.
    → 정답 : X

(3) A: 네가 이리로 좀 와줬으면 해.
    B: 뭐 때문에 그러는데?
    → 정답 : you

(4) A: 너 부모님께 원하는 게 뭐야?
    B: 집에 일찍 들어오시면 좋겠어.
    → 정답 : them

(5) A: 너 이거 끝나면 뭐 하고 싶어?
    B: 글쎄, 집으로 곧장 가서 샤워부터 하고 싶어.
    → 정답 : X

(6) A: 내가 너 집 청소하는 거 도와줄까?
    B: 그리 안 바쁘다면.
    → 정답 : me

B. 단어들을 재배열하여 문장을 만들어보세요.

(1) 난 네가 나한테 솔직히 말해주면 좋겠어.
    → 정답 : I want you to be honest with me.

(2) 오늘 저녁에 우리랑 같이 저녁 먹을래요?
    → 정답 : Would you like to join us for dinner tonight?

(3) 제가 (차로) 집까지 태워줄까요?
    → 정답 : Would you like me to drive you home?

C. 다음 문장들은 참고용입니다. 주어진 표현들을 이용해 자유롭게 문장을 만들어보세요.

(1) I want you to <u>keep your word</u>. 난 네가 약속을 지키면 좋겠어.
(2) I need you to <u>pick up milk on the way back</u>. 돌아오는 길에 우유 좀 사다 줘.
(3) Do you want me to <u>hook you up with a girl</u>? 내가 여자 한 명 소개해줄까?
(4) What do you want me to <u>get you for your birthday</u>?
    내가 네 생일 선물로 뭐 사다 줬으면 해?
(5) Would you like to <u>have some tea</u>? 차 좀 드릴까요?
(6) Would you like me to <u>give you a hand</u>? 제가 좀 도와드릴까요?

069 Why not meet a little earlier?

좀 더 일찍 만나는 게 어때?

Gotta Know

A. Let's look at the examples and change the sentences accordingly.

ex1) Why don't we meet a little earlier? → Why not meet a little earlier?
ex2) Why don't you have some more?   → Why not have some more?

(1) Why don't we go grab a bite?   → _____ ?
(2) Why don't we get together tonight? → _____ ?
(3) Why don't you look for a new job? → _____ ?
(4) Why don't you ask her first?   → _____ ?

ex3) Why don't we go with this?   → How about (if) we go with this?
ex4) Why don't you go first?   → How about (if) you go first?

(5) Why don't we go see a movie tonight?
    → _____ ?

(6) Why don't we skip this question for now?
    → _____ ?

(7) Why don't you walk home?
    → _____ ?

(8) Why don't you give it a try?
    → _____ ?

B. Use the *Cheat Box* to fill in the blanks.

(1) Why is _____?
(2) Why _____ of a sudden?
(3) Why me?
(4) Why me, _____ all people?
(5) Why not?
(6) Why _____?!
(7) Why not tomorrow?
(8) Why the _____ face?
(9) Why don't you?
(10) Why didn't you?

(11) That's why.
(12) I don't know why.

Cheat Box

of
all
not
long
that

292   Why not meet a little earlier?

A. 보기를 참고로 하여 주어진 문장들을 바꿔봅시다.

ex1) (우리) 좀 더 일찍 만나는 게 어때? → 좀 더 일찍 만나는 게 어때?
ex2) (너) 좀 더 듣지 그래? → 좀 더 듣지 그래?

(1) (우리) 뭐 좀 먹으러 가는 게 어때? → 정답 : Why not go grab a bite?
뭐 좀 먹으러 가는 게 어때?

(2) (우리) 오늘 밤에 만나서 노는 거 어때? → 정답 : Why not get together tonight?
오늘 밤에 만나서 노는 게 어때?

(3) (너) 새 일자리를 찾아보는 게 어때? → 정답 : Why not look for a new job?
새 일자리를 찾아보는 게 어때?

(4) (너) 걔한테 먼저 물어보는 게 어때? → 정답 : Why not ask her first?
걔한테 먼저 물어보는 게 어때?

ex3) (우리) 이걸로 하는 게 어때?
ex4) (너) 먼저 가는 게 어때? / (너) 먼저 하는 게 어때?

(5) (우리) 오늘 밤에 영화 보러 가는 거 어때?
→ 정답 : How about (if) we go see a movie tonight?

(6) (우리) 일단 이 문제는 넘어가는 게 어때?
→ 정답 : How about (if) we skip this question for now?

(7) (너) 집에 걸어가는 게 어때?
→ 정답 : How about (if) you walk home?

(8) (너) 한번 해보는 게 어때?
→ 정답 : How about (if) you give it a try?

B. 다음은 "why"를 활용한 유용한 표현들입니다. Cheat Box 속 표현들로 빈칸을 채워보세요.

(1) 왜? / 왜 그런데? → 정답 : that
(2) 왜 갑자기? / 갑자기 왜? / 갑자기 웬일? → 정답 : all
(3) 왜 나야?
(4) 많고 많은 사람들 중에 왜 하필 나야? → 정답 : of
(5) 왜 안 돼? / 왜 아니겠어?
(6) [누군가의 제안에] 좋아! / 그래, 그러자. / 그러지 뭐. → 정답 : not
(7) 내일은 어때? / 내일은 왜 안 돼?
(8) 왜 그렇게 우울한 표정이야? / 왜 그렇게 시무룩한 표정이야? → 정답 : long
(9) 그러지 그래?
(10) 그러지 그랬어?
(11) 그래서 그렇구나. / 그래서 그랬구나.
(12) 왜 그런지 모르겠어. / 왜인지 이유를 모르겠어.

Tip 1) "why not"은 어떤 어감으로 쓰이느냐에 따라 의미가 달라져요. "Why not?"처럼 질문하듯이 표현하면 "왜 안 되는지"에 대한 이유를 묻는 표현이 되고, "Why not?!"처럼 대답하듯이 표현하면 상대방의 제안에 **"그렇게 하자."**고 동의하는 표현이 되죠.

A. Change the underlined parts with either "Why don't we" or "Why don't you."

(1) A: <u>Why not</u> do this later?
   B: Yeah, let's do that. It's just too hard and time-consuming.

(2) A: <u>Why not</u> drop by my house for dinner?
   B: Okay, let me think about it and get back to you soon.

(3) A: <u>Why not</u> go ahead and eat first?
   B: No, that's fine. I'm not so hungry now. I'll wait for you.

(4) A: <u>Why not</u> swing by there?
   B: We don't have time. We are already late.

(5) A: I want you to think about what you want to do after watching the movie.
   B: <u>Why not</u> just play it by ear?

(6) A: Do you have some time to go for a walk with me?
   B: No, I don't. <u>Why not</u> go with Matthew?

B. Complete the dialogues. (Some answers may vary.)

(1) A: I'm kind of pissed.
   B: _____ Did I do something wrong?

(2) A: _____
   B: I didn't do well in the interview.
   A: That's not a big deal. Cheer up!

(3) A: Why today? _____
   B: Because I have a prior engagement tomorrow.

(4) A: Can we take a break?
   B: _____ Let's take 10 minutes.

Translations & Answers

A. 밑줄 친 부분을 "Why don't we"와 "Why don't you" 중 알맞은 표현으로 바꿔보세요.

(1) A: 우리 이거 나중에 하는 게 어때?　　　　　　→ 정답 : Why don't we
B: 응, 그러자. 이건 너무 어렵고 시간도 많이 잡아먹어.

(2) A: 우리 집에 들러서 저녁 먹고 갈래?　　　　　→ 정답 : Why don't you
B: 그래, 생각 좀 해보고 다시 연락해줄게.

(3) A: 먼저 먹지 그래?　　　　　　　　　　　　→ 정답 : Why don't you
B: 아니야, 괜찮아. 나 지금 그렇게 배고프진 않아. 너 기다릴게.

(4) A: 우리 거기 들렀다 가는 게 어때?　　　　　→ 정답 : Why don't we
B: 시간 없어. 우리 이미 늦었어.

(5) A: 영화 보고 나서 뭐 하고 싶은지 생각해 봐.　→ 정답 : Why don't we
B: 그냥 봐서 정하는 게 어때?

(6) A: 나랑 같이 산책하러 갈 시간 돼?　　　　　→ 정답 : Why don't you
B: 아니. 매튜랑 가는 건 어때?

B. 알맞은 표현으로 다음 각 대화문을 완성해보세요. (일부 정답은 응답자에 따라 다를 수 있음)

(1) A: 나 약간 열 받았어.　　　　→ 정답 : Why is that? / Why?
B: 왜? 내가 뭐 잘못했어?

(2) A: 너 왜 그렇게 시무룩한 표정이야?　→ 정답 : Why the long face?
B: 면접 잘 못 봤어.
A: 뭐, 그까짓 게 대수야? 힘내!

(3) A: 왜 내일이 아니고 오늘이야?　→ 정답 : Why not tomorrow?
B: 내일은 선약이 있거든.

(4) A: 우리 좀 쉴까?　　　　　　→ 정답 : Why not?!
B: 응! 10분만 쉬자.

> ※ "long face"는 말 그대로 "길어 보이는 얼굴"을 말해요. 보통 우울하거나 시무룩할 때 입이 밑으로 처지면서 턱이 길어져 얼굴 전체도 길어 보이게 되는데 이로 인해 "long face"는 "시무룩한 얼굴", "우울한 얼굴"이라는 뜻을 갖게 되었답니다. 괜히 아는 척해 보려다가 "Why the wrong face?"라고 발음을 실수하지 않도록 주의하세요.

Let me get it this time.
이번엔 내가 살게.

Gotta Know

A. Let's try matching A1 through A6 with B1 through B6.

A1) Let me help you with that.　　・
A2) Let me drive you home.　　・
A3) Let me think.　　・
A4) Let me ask you something.　　・
A5) Let me pick up the tab.　　・
A6) Let me know if you need anything.　・

・ B1) Thanks. I'll get it next time.
・ B2) Sure, I will. Thanks.
・ B3) Sure, take your time.
・ B4) It's okay. It's not too heavy.
・ B5) I'll just grab a cab.
・ B6) What's up?

B. Let's practice the dialogue using the given information.

A: Let me introduce <u>my son</u> (to you).
B: Hey, good to finally meet you. I've heard a lot about you.

①	②	③	④

my wife	my friend Luis	my daughter	my sister Jenny

C. Let's look at the example and change the sentences accordingly.

ex) Let me buy you a drink.　→ Why don't I buy you a drink?

(1) Let me buy you lunch.
　　→ _____ ?

(2) Let me call you back.
　　→ _____ ?

(3) Let me give you a ride to the airport.
　　→ _____ ?

(4) Let me fix you up with a friend of mine.
　　→ _____ ?

A. 각 문장에 적절한 응답을 연결해보세요.

A1) 내가 그거 도와줄게. → 정답 : B4) 괜찮아. 그렇게 무겁지 않아.
A2) 내가 너 집까지 태워줄게. → 정답 : B5) 그냥 택시 잡아타고 갈게.
A3) 생각 좀 해볼게. → 정답 : B3) 그래, 천천히 생각해.
A4) (너한테) 뭐 좀 물어볼게. → 정답 : B6) 뭔데?
A5) 내가 계산할게. → 정답 : B1) 고마워. 다음번엔 내가 낼게.
A6) 뭐든 필요한 게 있으면 알려줘. → 정답 : B2) 응, 그럴게. 고마워.

Tip
1) "let"은 원래 "~하게 하다"라는 뜻이에요. "Let's ..."는 "Let us ...", 즉 "우리로 하여금 ~하게 하라"라는 뜻이 되면서 "~하자"라는 표현이 되는 것이죠. 여기서 "us"만 "me"로 바꿔 "Let me ..."라고 표현하면 "나로 하여금 ~하게 하라"라는 뜻이 되어, 대부분 "내가 ~할게"라는 뜻이 된답니다.

2) "Let me ..." 뒤에는 "Let me out. (나 꺼내줘.)"처럼 동사가 아닌 부사가 등장하기도 해요.

B. 주어진 정보를 이용해 다음 대화문을 연습해봅시다.

A: 내 아들을 소개할게.
B: 안녕, 드디어 만났네. 네 이야기 많이 들었어.

① 내 아내 ② 내 친구 루이스 ③ 내 딸 ④ 내 누나/언니/여동생 제니

Tip
3) 사람들 앞에서 자신을 소개할 때는 다음과 같은 표현들로 말문을 열어요.
• Let me introduce myself (to you). 제 소개를 하겠습니다.
• I'd like to introduce myself (to you). 제 소개를 하겠습니다.
• Please allow me to introduce myself (to you). 제 소개를 하도록 하겠습니다.

C. 보기를 참고로 하여 주어진 문장들을 바꿔봅시다.

ex) 내가 (너한테) 한잔 살게. → 내가 (너한테) 한잔 살까?

(1) 내가 (너한테) 점심 살게. → 정답 : Why don't I buy you lunch?
내가 (너한테) 점심 살까?

(2) 내가 (너한테) 다시 전화할게. → 정답 : Why don't I call you back?
내가 (너한테) 다시 전화하는 건 어떨까?

(3) 내가 너 공항까지 태워줄게. → 정답 : Why don't I give you a ride to the airport?
내가 너 공항까지 태워줄까?

(4) 내가 친구 하나 소개해줄게. → 정답 : Why don't I fix you up with a friend of mine?
내가 친구 하나 소개해줄까?

Tip
4) 자주 쓰이진 않지만, "Why don't I ...?"는 "How about I ...?"라고 표현할 수도 있어요. 단, "Why not ...?"처럼 짧게 줄여서 표현하진 않는답니다.
ex) How about I go pick her up? 내가 걔 픽업하러 갈까 하는데 어때?

Gotta Remember
Show'em Who's Boss!

A. Complete the dialogues with the expressions in the box.

(1) A: You're right on time.
B: Good. _____ get started.

Let me	How about we
Let's	Why don't I
Let's not	Why don't you

(2) A: _____ let me give it a try?
B: Sure, go ahead.

(3) A: _____ drag this out anymore.
B: You're right. Let's just do it right away and get it over with.

(4) A: _____ wait here?
B: No, it'll take too long. You should go on ahead.

(5) A: Can I ask you a big favor?
B: That depends. How big is it?
_____ hear it first.

(6) A: I'm starved to death. _____ go grab some burgers?
B: That's cool with me. I was actually getting hungry, too.

B. Make any sentences you want using the given phrases.

(1) Let me _____.
(2) Let me _____.
(3) Why don't I _____?
(4) Why don't I _____?

C. Rearrange the words to form sentences.

(1) if / mind / me / you / change / let / your / know
→ _____.

(2) you / a / of / coffee / cup / about / I / how / buy
→ _____?

Translations & Answers

A. 상자 속 표현들을 이용해 다음 각 대화문을 완성해보세요.

Let me	(내가) ~할게.	How about we	(우리) ~하면 어떨까?
Let's	(우리) ~하자.	Why don't I	(내가) ~하는 건 어때?
Let's not	(우리) ~하지 말자.	Why don't you	(너) ~하는 게 어때?

(1) A: 너 딱 시간 맞춰 왔네.　　　　　　　　　　→ 정답 : Let's
　　 B: 다행이군. 시작하자.

(2) A: 내가 한번 해보면 어떨까?　　　　　　　　→ 정답 : Why don't you
　　 B: 그래, 해봐.

(3) A: 이걸로 더 이상 시간 끌지 말자.　　　　　→ 정답 : Let's not
　　 B: 맞아. 그냥 지금 바로 해서 빨리 끝내버리자.

(4) A: 여기서 기다릴까?　　　　　　　　　　　→ 정답 : Why don't I
　　 B: 아니야. 엄청 오래 걸릴 거야. 먼저 가.

(5) A: 어려운 부탁 하나 해도 돼?　　　　　　　→ 정답 : Let me
　　 B: 어떤 부탁인가 봐서. 얼마나 어려운 부탁인데? 일단 말해봐.

(6) A: 나 배고파 죽겠어. 우리 햄버거라도 먹으러 가면 어떨까?　→ 정답 : How about we
　　 B: 좋아. 사실 나도 슬슬 배가 고프던 참이었어.

B. 다음 문장들은 참고용입니다. 주어진 표현들을 이용해 자유롭게 문장을 만들어보세요.

(1) Let me <u>take a look</u>.　　　　　내가 한번 볼게. / 어디 한번 보자.
(2) Let me <u>put it this way</u>.　　　이렇게 설명해볼게.
(3) Why don't I <u>call her and ask</u>?　내가 걔한테 전화해서 물어보는 게 어떨까?
(4) Why don't I <u>come along</u>?　　　내가 같이 가줄까?

※ "**Let me put it this way.**"는 이해를 돕기 위해 뭔가를 다르게 설명할 때 입버릇처럼 사용하는 표현이에요.

C. 단어들을 재배열하여 문장을 만들어보세요.

(1) 마음 바뀌면 말해.
　　→ 정답 : Let me know if you change your mind.

(2) 내가 너한테 커피 한 잔 살까 하는데 어때?
　　→ 정답 : How about I buy you a cup of coffee?